शकुनि

शकुनि

पासों का महारथी

आशुतोष नाड़कर

वाणी प्रकाशन

प्रकाशन के उत्कृष्टतम 61 वर्ष

पेपरबैक पहला संस्करण : 2020
पेपरबैक दूसरा संस्करण : 2024

vaniprakashan.com

वाणी प्रकाशन

4695, 21-ए, दरियागंज, नयी दिल्ली-110 002

फ़ोन : +91 11 23273167, 23275710

शाखाएँ

अशोक राजपथ, पटना-800 004, बिहार

कॉफ़ी हाउस कैम्पस, महात्मा गांधी मार्ग, प्रयागराज-211 001, उत्तर प्रदेश

महात्मा गांधी अन्तरराष्ट्रीय हिन्दी विश्वविद्यालय, वर्धा-442 001, महाराष्ट्र

36/ए, शेक्सपियर सरणी, रानी बिरला गर्ल्स कॉलेज के पास, कोलकाता-700 017, प. बंगाल

sales@vaniprakashan.in
vaniprakashan@gmail.com

SHAKUNI
by Ashutosh Nadkar

ISBN : 978-93-89563-45-0
Novel

मूल्य : ₹ 395

जी.एस. ऑफ़सेट द्वारा दिल्ली-110 095 में मुद्रित

वाणी प्रकाशन का लोगो मक़बूल फ़िदा हुसेन की कूची से

अक्षरों से प्रथम परिचय करवाने वाले
'आई–बाबा' को
व
स्व. दिलीप जाधव को
जो इस पुस्तक की पाण्डुलिपि के पहले पाठक थे...

आभार

शौक़िया तौर पर मेरी क़लम से निकले कुछ विचार पौराणिक उपन्यास की शक्ल में आपके सामने हैं। वैसे 'लेखक' ये शब्द मुझे ख़ुद के लिए काफ़ी भारी लगता है। पिछले दो दशकों की पत्रकारिता में क़लम का साथ तो बहुत गहरा रहा, लेकिन लेखन 'न्यूज़ राइटिंग' और 'न्यूज़ बेस्ड आर्टिकल्स' तक ही सीमित रहा।

मायथोलॉजी से मेरा परिचय कॉमिक्स और टीवी सीरियल्स के ज़रिये हुआ। रुचि निरन्तर बढ़ती गयी। महाभारत व उस पर आधारित पुस्तकें और उपन्यास पढ़ने का चस्का लग गया। महाभारत के कई पात्रों को केन्द्र में रखकर कथाकारों ने कई अद्‌भुत कहानियाँ और उपन्यास लिखे हैं, लेकिन शकुनि जैसे अहम किरदार की अनदेखी हुई है। महाभारत में ज़्यादातर पात्र ऐसे हैं जिन्हें पूरी तरह से सही या पूरी तरह से ग़लत नहीं कहा जा सकता। इसी कड़ी में 'शकुनि' का किरदार भले ही नकारात्मक हो, लेकिन उसकी नज़र से भी इस महागाथा को देखने की आवश्यकता है।

मित्रों ने इन विचारों को शब्दों में ढालने की सलाह दी। की–बोर्ड पर अँगुलियाँ चलने लगीं। बालसखा अविनाश दत्त (मनु) ने पुस्तक का प्रथम आलोचक बनकर उसमें गुणात्मक सुधार करवाया। प्रणय उपाध्याय, आकांशा पारे, प्रशान्त, आशीष दशोत्तर, विक्रान्त ने भी अपनी बहुमूल्य टिप्पणी दी। बहुत शुक्रिया

अभय मिश्रा जी का जिन्होंने मेरा सम्पर्क वाणी प्रकाशन की टीम से करवाया। धन्यवाद वाणी प्रकाशन का जिन्होंने मेरे जैसे ग़ैर–स्थापित लेखक की पुस्तक के प्रकाशन में रुचि दिखायी।

अब ज़िक्र उसका जिसके प्राण मैंने सबसे ज़्यादा खाये हैं। ममता उपाध्याय तुम्हें क्या कहूँ मैं। भारी–भरकम लफ़्फ़ाजी मुझे सूट नहीं करेगी। बस इतना कहूँगा कि आगे भी इसी तरह पूरे अधिकार से तुम्हारे 'प्राण' खाता रहूँगा।

मेरी धर्मपत्नी मेघा और अग्रज 'दादा' को भी शुक्रिया कहने का मन है, लेकिन हो न पायगा मुझसे...

–आशुतोष

अनुक्रम

शकुनि

आज मेरे धैर्य का बाँध टूट गया है। धैर्य की भी एक सीमा होती है। सालों और शताब्दियों से मैंने चुपी साध रखी थी, लेकिन कब तक? आख़िर क्यों मुझे अपराधी कहा जाता है? आख़िर क्यों मैं छल, कपट, धूर्तता का पर्याय बन गया हूँ? किसी भी कठोर प्रतिज्ञा का पालन करने वाला व्यक्ति सम्मान का पात्र होता है। तो मैं क्यों नहीं? मैंने भी तो एक प्रतिज्ञा की थी और अपने प्राण का मूल्य देकर भी उस प्रतिज्ञा को निभाया है तो मेरे हिस्से में क्यों श्रद्धा और सम्मान को बजाय केवल और केवल घृणा ही आयी। मैंने तो काम के मोह में अपने वंश को दाँव पर नहीं लगाया। मैंने तो किसी स्त्री की इच्छा के विरुद्ध उसका हरण नहीं किया। मैंने अपने शौर्य के बल पर स्वयंवर में जीती हुई पत्नी को किसी अन्य के साथ नहीं बाँटा। मैंने तो अपने दुधमुँहे शिशु को नदी के प्रवाह में नहीं बहाया। मैंने तो द्यूत में अपनी पत्नी को दाँव पर नहीं लगाया। मैंने तो भरी सभा में किसी स्त्री को वेश्या नहीं कहा। मैंने तो किसी की प्रतिभा के दमन के लिए उसके हाथ का अँगूठा नहीं माँगा था। तो फिर क्यों मैं ही इस महागाथा का सबसे बड़ा खलनायक हूँ। जी हाँ, मैं हूँ गान्धार कुमार, जिसे आज का युग छल और कपट के पर्याय शकुनि के रूप में जानता है। बरसों से जिस खलनायक से आप घृणा करते आये हैं, आज वह आपसे कुछ

कहना चाहता है। आप सोचेंगे कि द्वापर युग में पाप और अधर्म की सारी सीमाएँ लाँघने वाला ये शकुनि आज सहस्त्रों वर्षों के पश्चात् कलियुग में क्या कहने आया है। नहीं। मैं अपने कर्मों का कोई स्पष्टीकरण प्रस्तुत नहीं कर रहा हूँ, परन्तु आपको ये अवश्य बताना चाहूँगा कि इस महागाथा में मेरी भूमिका कैसे तय हुई।

मेरा गान्धार

आर्यावर्त के सुदूर उत्तर–पश्चिम इलाक़े में बसा मेरा गान्धार राज्य। विशाल पर्वत शृंखलाओं से घिरे इस पर्वतीय प्रदेश का शेष आर्यावर्त से सम्पर्क कम ही था और कदाचित् गान्धारवासियों ने कभी इसकी आवश्यकता भी महसूस नहीं की। अत्यन्त शीतल जलवायु वाले इस प्रदेश में कृषि की सम्भावना न्यून ही थी। इसके बावजूद राज्य के लोगों की आवश्यकता की पूर्ति के लिए अन्न पैदा करने की क्षमता गान्धार में हमेशा से रही थी। गान्धार देश की सीमाएँ भले ही बहुत फैली हुई न हों, लेकिन यहाँ के लोगों के परिश्रम और कला ने सम्पूर्ण आर्यावर्त में उसकी गरिमा को स्थापित कर दिया था। गान्धार की भेड़ों के रेशों से बने गरम वस्त्रों की लोकप्रियता जम्बूद्वीप के कोने–कोने तक पहुँच चुकी थी। यहाँ के हष्ट–पुष्ट अश्वों और ऊँटों को देखकर भला कौन इन्हें अपनी सेना या बेड़े में शामिल करने के लिए लालायित न होता। औषध विज्ञान के क्षेत्र में तो गान्धार का विशेष स्थान था। इन पर्वतों और रेत के मैदानों में यूँ तो वनस्पति बमुश्किल पैदा होती, परन्तु जो वनस्पति यहाँ प्राप्त होती थी, उसका महत्त्व संजीवनी से कम भी नहीं था। सौन्दर्य प्रसाधन से लेकर असाध्य रोगों को ठीक करने की क्षमता इन चमत्कारी वनस्पतियों में पायी जाती थी। बात अगर रत्न–माणिक्य की हो तो गान्धार के ये पहाड़ और खाई ऐसे रत्न उगलते रहे हैं, जिन्हें धारण करना चक्रवर्ती सम्राटों के लिए भी गौरव का विषय होता। कुल मिलाकर गान्धार एक छोटा, लेकिन समृद्ध राज्य था।

मेरे पिता सुबल इस समृद्ध राज्य के लोकप्रिय राजा थे। प्रजा का हित और प्रजा की प्रसन्नता ही उनका एकमात्र लक्ष्य था। गान्धार का युवराज होने के बावजूद मेरी लोकप्रियता पिता की तुलना में कम ही थी। कदाचित् इसलिए कि मेरे विचार अपने पिता से कुछ भिन्न थे। महाराज सुबल गान्धार की सम्पन्नता, व्यापार, व्यवसाय और प्रजा के सुख को ही सब–कुछ मानते थे। एक स्वतन्त्र राज्य को सामरिक दृष्टि से कितना शक्तिशाली होना चाहिए, इसे वे विशेष महत्त्व नहीं देते थे, लेकिन मेरा विचार था कि गान्धार की अस्मिता को बनाये रखने के लिए महाराज को राज्य की सामरिक शक्ति जैसे विषय की भी अनदेखी नहीं करनी चाहिए। इसे लेकर पिता से अक्सर मेरा वैचारिक वाद–विवाद भी होता रहता था। पिता महाराज का तर्क था कि एक तो पूरे आर्यावर्त में गान्धार की किसी से शत्रुता नहीं है। दूसरा, पहाड़ों और मरुस्थल से घिरे इस राज्य में ऐसा कुछ नहीं है, जिसके लिए किसी राजा को अपनी सेना लेकर इस पर आक्रमण करने पर कोई लाभ मिल सके। इसी विचारधारा के कारण महाराज सुबल ने कभी किसी बड़ी सेना के गठन का प्रयास भी नहीं किया। गान्धार की आधिकारिक सेना अवश्य थी, लेकिन उसका उपयोग सामान्यतः आस–पास के दस्युओं और संगठित अपराधियों से निपटने के लिए ही होता था। अपने राज्य की सीमाओं को लेकर महाराज इतने आश्वस्त थे कि उन्होंने अपने युवराज, यानी मुझे भी शस्त्र विद्या का केवल सामान्य प्रशिक्षण ही दिलवाया था।

वैसे तो धनुष, खड्ग, भाला और गदा जैसे सभी शस्त्र चलाने मुझे भली–भाँति आते थे, लेकिन इन शस्त्रों के संचालन में महारथ प्राप्ति से मैं काफ़ी दूर था। मेरा शरीर सौष्ठव और भुजाएँ असाधारण रूप से शक्तिशाली भले ही न हों, लेकिन आकर्षक अवश्य थे। गान्धार की धरा पर जन्म लेने के कारण गौरवर्ण मुझे विरासत में मिला था। इस गौरवर्ण का मुझे अभिमान हो या न हो, मेरी माता के लिए यह बड़े गौरव का विषय था। मुझे स्मरण है कि बचपन में स्नान के बाद माता मुझे काला टीका लगाती

थीं और कहती थीं कि मेरे शकु जितना सुन्दर और गौरवर्णी पूरे आर्यावर्त में कोई न होगा। जानता हूँ कि प्रत्येक माता को अपना पुत्र हमेशा सुन्दर लगता है, चाहे वह कितना भी कुरूप क्यों न हो, लेकिन मुझे तो अपनी आँखों से विशेष प्रेम था। मेरी माता की ही तरह मेरी आँखें भी कंजी थीं। मैं सोचता था कि इन कंजी आँखों के कारण मैं भी अपनी माता की ही तरह सुन्दर दिखायी देता हूँ। तब मुझे कल्पना भी नहीं थी कि कभी इन्हीं कंजी आँखों को छल–कपट और धूर्तता के पर्याय के रूप में देखा जायेगा।

मुझे उच्च स्तरीय शस्त्र प्रशिक्षण न दिये जाने के पीछे मेरी शारीरिक विकलांगता भी कारण बताई जाती थी। इतिहास शकुनि को एक लँगड़े के रूप में स्मरण करता है, परन्तु मैंने स्वयं को कभी विकलांग समझा ही नहीं। जिसे लोग 'लँगड़ाना' कहते थे, मैं उसे अपने चलने की शैली मानता था। कई–कई कोसों तक पैदल चलने, दौड़ने और भागने में मुझे कभी कोई कष्ट नहीं हुआ। गान्धार के ऊँचे–ऊँचे पहाड़ों पर मैं आसानी से चढ़ जाता था, फिर भला मैं स्वयं को विकलांग कैसे मानता।

गान्धार में शीत और ग्रीष्म दोनों ही ऋतुओं की तीव्रता कुछ अधिक रहती थी। इन दिनों में मैदानी खेलों के साथ–साथ चारदीवारी के भीतर खेले जाने वाले खेल भी बेहद लोकप्रिय थे। इन्हीं में से एक खेल था चौसर। चौसर का खेल मुझे बचपन से ही काफ़ी आकर्षित करता था। पासों की मदद से खेले जाने वाले इस खेल में भाग्य और खेलने वाले की योग्यता दोनों ही बेहद महत्त्वपूर्ण थे। चौसर के खेल में पासों को कुशलता से फेंकने और रणनीति के अनुसार गोटियों को जमाने में मेरा कोई सानी नहीं था। यही वजह थी कि चौसर में मुझे पराजित करना किसी के लिए भी बहुत मुश्किल होता था। इसके बावजूद शस्त्र मुझे निरन्तर आकर्षित करते थे। मैंने अपने पिता महाराज सुबल से उच्च स्तरीय धनुर्विद्या सीखने की हठ भी कई बार की, लेकिन उन्होंने मुझे इसकी अनुमति नहीं दी।

पिता और महाराज, दोनों की आज्ञाओं का पालन ही मेरा धर्म था। अतः वैचारिक रूप से इस विषय पर एकमत न होने पर भी गान्धार में महाराज सुबल की नीति ही चलती रही। गान्धार एक ख़ुशहाल देश के रूप में फल–फूल रहा था। मुझे भी यह विश्वास होने लगा था कि पिता की नीति सही है। पर्वतों और मरुस्थल के बीच बसे मेरे गान्धार को किसी विशाल सेना की कोई आवश्यकता ही नहीं है। तभी मेरे जीवन में वह काल आया, जिसने न केवल मेरे जीवन की, बल्कि तत्कालीन आर्यावर्त की दिशा ही बदल दी।

गान्धार में भीषण शीत का प्रकोप ख़त्म हो चुका था और ऋतुराज बसन्त के आगमन का समय था। गान्धारवासियों के लिए व्यावसायिक दृष्टि से यह समय बहुत महत्त्वपूर्ण होता है। पशुपालक, वस्त्र व्यवसायी, रत्न व्यापारी सभी व्यापार के लिए अपनी वस्तुओं को लेकर दक्षिण–पूर्व की ओर प्रस्थान कर चुके थे या फिर करने की तैयारी में थे। इसी दौरान गान्धार के सीमावर्ती ग्रामों से सूचना आयी कि भारी लाव–लश्कर वाला सैनिकों का एक काफ़िला गान्धार की ओर बढ़ता चला आ रहा है। गुप्तचर के माध्यम से मिले इस समाचार को लेकर मैं तुरन्त महाराज सुबल के पास पहुँचा। मैं इस समाचार से न केवल चिन्तित था, बल्कि काफ़ी हद तक बेचैन भी था।

"महाराज, आख़िर वही हुआ, जिसका मुझे भय था।" मेरे व्यथित होने के बाद भी महाराज की मुख–मुद्रा शान्त दिखायी दे रही थी। "क्या बात है शकुनि? ऐसी कौन–सी सूचना है, जिसने तुम्हें इतना व्यथित कर दिया है?" मुझे और भी आश्चर्य हुआ कि राज्य की सीमा से कुछ ही दूरी पर कोई सशस्त्र सेना खड़ी है और महाराज को अब तक इसकी सूचना भी नहीं है। आख़िर कैसा राजा है ये! अपने राज्य की सुरक्षा की इसे कोई चिन्ता नहीं। सिंहासन पर बैठा ये राजा मेरा पिता भी था। महाराज के रूप में इनसे विवाद नहीं किया जा सकता था, लेकिन पुत्र के

रूप में मेरा असन्तोष पूरी तरह से प्रकट हो गया। मैंने उनसे सीधे ही प्रश्न किया, "पिताश्री, राज्य की सीमाओं पर क्या हो रहा है, क्या आपको इसकी सूचना भी नहीं है या फिर जिस प्रकार आपको विशाल सेना की आवश्यकता नहीं है, वैसे ही अब गुप्तचर–तन्त्र भी अनावश्यक प्रतीत होता है?" मेरी नाराज़गी को देखते हुए पिताजी कुछ मुस्कुराए और कहा, "युवराज शकुनि, जो सूचना तुम्हें अब मिली है, वह मेरे पास पहले ही पहुँच गयी थी, इसलिए मेरे गुप्तचर–तन्त्र की चिन्ता मत करो। रही बात सीमा पर हो रही घटनाओं की तो मेरा अनुभव कहता है कि जिन लोगों के सम्बन्ध में ये सूचना मिली है, वह कदाचित् दस्युओं का एक संगठित दल होगा, जो गान्धार के पशुधन को लूटने या चुराने के उद्देश्य से आया होगा। शकुनि, विशाल सेना को भले ही मैंने आवश्यक नहीं समझा, लेकिन गान्धार की वर्तमान सेना इतनी दुर्बल भी नहीं कि दस्युओं के दल से भी न निपट सके। पूर्वी सेनानायक को इसके लिए आवश्यक निर्देश भी दे दिये गये हैं और तक्षशिला और पुरुषपुर के अधिपतियों को भी सावधान रहने को कहा गया है। युवराज शकुनि, चिन्ता का कोई कारण नहीं है। दस्यु उन्मूलन की सूचना लेकर सेनानायक आते ही होंगे।"

महाराज सुबल की बात सुनकर मैं पुनः विचार करने लगा। क्या मैं व्यर्थ ही चिन्तित हो गया हूँ। दस्युओं का एकत्रित होना तो कोई बहुत बड़ी समस्या नहीं है। कदाचित् पिताजी ठीक ही कह रहे हैं। कुछ ही प्रहर पश्चात् पूर्वी सेनानायक का अश्वारोही सन्देश लेकर भी आ गया। महाराज ने आश्वस्त भाव से सन्देश पत्र पढ़ना आरम्भ किया, लेकिन सन्देश–वाचन के साथ–साथ महाराज के मुख के भाव बदलते गये। निश्चित रूप से सन्देश उनकी अपेक्षा के अनुरूप नहीं था। गान्धार की सीमा पर जमा हुआ ये कोई दस्यु–दल नहीं था, बल्कि योद्धाओं से सुसज्जित एक प्रशिक्षित सेना थी। पिताजी के प्रति मेरी नाराज़गी अब क्रोध

में बदलती जा रही थी और इस क्रोध में मैं ज़्यादा समय तक स्वयं को नियन्त्रित भी नहीं कर सका। उन पर कटाक्ष करते हुए मैंने कहा, "क्या महाराज अब भी यही मानते हैं कि गान्धार को अपनी सुरक्षा के लिए सेना के बड़े लाव–लश्कर की कोई आवश्यकता नहीं है?" महाराज के कपाल की रेखाओं से उनकी चिन्ता को साफ़–साफ़ समझा जा सकता था, लेकिन सहज होने का प्रयास करते हुए उन्होंने कहा, "युवराज शकुनि, ये समय वाद–विवाद का नहीं, अपितु ये विचार करने का है कि आख़िर ये सेना किसकी है। कौन–सा राजा या सेनापति किस उद्देश्य से गान्धार का रुख़ कर रहा है।"

अश्वारोही सन्देश–वाहक ने विस्तार से बताया, "महाराज का निर्देश प्राप्त होते ही पूर्वी सेनानायक ने गुप्तचरों के एक दल को शत्रु के सम्बन्ध में जानकारी एकत्रित करने के लिए तुरन्त रवाना कर दिया और स्वयं सेना को संगठित करने में व्यस्त हो गये। कुछ ही प्रहर के पश्चात् पाँच सौ सशस्त्र अश्वारोहियों के साथ सेनानायक ने भी दस्यु–उन्मूलन के लिए प्रस्थान किया, लेकिन मार्ग में ही गुप्तचरों ने उन्हें जो सूचना दी, उसके पश्चात् कोई भी क़दम उठाने से पूर्व महाराज की अनुमति अति आवश्यक थी। गुप्तचरों की सूचना थी कि सीमा पर लगाये गये डेरे दस्युओं के होना सम्भव नहीं है। पशुओं को चराने के बहाने डेरों के निकट पहुँचे गुप्तचरों ने देखा कि वहाँ बड़े पैमाने पर भोजन पकाया जा रहा था। व्यवस्थित पाकशाला, उत्तम गुणवत्ता के डेरे और सैनिकों की वेशभूषा को देखकर स्पष्ट था कि ये कोई दस्यु–दल नहीं, बल्कि संगठित सेना थी। जिस तरह के आधुनिक शस्त्र सैनिकों के पास दिखायी दे रहे थे, वे किसी दस्यु–दल के पास होना सम्भव नहीं है।"

मैं सन्देशवाहक की बात ख़त्म होने की प्रतीक्षा भी नहीं कर सका और कहा, "स्पष्ट कहो सन्देशवाहक, किस राज्य की है ये सेना, सैनिकों की तादाद कितनी हैं और गान्धार की सीमा पर किस उद्देश्य से आये हैं?"

"क्षमा करें युवराज शकुनि, अभी ये बताना सम्भव नहीं है, लेकिन विषय की गम्भीरता को लेकर सेनानायक जल्द ही स्वयं राजसभा में उपस्थित होंगे।"

कुछ समय पहले गान्धारराज जिन्हें साधारण दस्यु समझकर निश्चिंत दिखायी दे रहे थे, अब उनके चेहरे पर हवाइयाँ उड़ रही थीं। पूरी राजसभा का दृश्य ही बदल गया। सभा में छाई निस्तब्धता को तोड़ने के लिए महामन्त्री ने हस्तक्षेप किया और सन्देशवाहक को जाने का आदेश दिया। सभासदों में चर्चा शुरू हो गयी। महामन्त्री ने कहा, "महाराज। मेरा विचार है कि हमारे आस–पास के सभी राज्यों से न केवल हमारे सम्बन्ध मैत्रीपूर्ण हैं, अपितु उन राज्यों की इतनी शक्ति भी नहीं हैं कि वे इस प्रकार का दुस्साहस कर सकें। गान्धार आर्यावर्त की महाशक्ति भले ही न हो, लेकिन अपने पड़ोसी राज्यों से अधिक शक्तिशाली और सम्पन्न तो है ही। इन राज्यों के व्यवसाय, उद्योग–धन्धे भी गान्धार के ही दम पर हैं। ऐसे में कोई भी पड़ोसी राज्य गान्धार पर सैनिक अभियान की कल्पना भी नहीं कर सकता।"

महाराज ने महामन्त्री से सहमति जताते हुए उनसे ही प्रश्न किया, "तो फिर आपके विचार से ये सेना किसकी हो सकती है?" सभासदों में से किसी के भी पास इस प्रश्न का उत्तर नहीं था। महामन्त्री ने फिर से चर्चा को आगे बढ़ाते हुए कहा, "महाराज, मेरे विचार में जिस प्रकार के सैनिक शिविरों का वर्णन किया गया है, वैसी शक्ति तो किसी विशाल साम्राज्य की ही हो सकती है। वर्तमान में मगध, चेदि, काशी, कोसल, पांचाल, हस्तिनापुर, मत्स्य और यादवों के पास ही ऐसी सेना है। महामन्त्री की बात सुनकर महाराज ने कहा, "भला मगध, पांचाल और हस्तिनापुर जैसे बड़े साम्राज्यों की गान्धार जैसे राज्य में क्या रुचि हो सकती है! किसी बड़े साम्राज्य से अश्वमेध जैसे किसी यज्ञ की सूचना भी प्राप्त नहीं हुई है। फिर इस तरह के सैनिक अभियान का क्या तात्पर्य हो सकता है?" सभासदों के बीच चर्चा आगे बढ़ती

उसके पहले ही पूर्वी सेनानायक ने लगभग हाँफते हुए राजसभा में प्रवेश किया। साधारण परिस्थितियों में बिना अनुमति लिए सभा में अचानक उपस्थित होने को अभद्रता समझा जाता, लेकिन ये स्थिति ऐसी थी कि न तो सेनानायक ने औपचारिकताओं का पालन किया और न ही महाराज और सभासदों को इस तरह की कोई अपेक्षा रह गयी थी।

सब के मन में समाचार जानने की जिज्ञासा थी। सेनानायक ने केवल महाराज का अभिवादन कर सीधे अपनी बात कहनी शुरू की, "महाराज, पूर्वी सीमा पर डेरा जमाये हुए ये सेना हमारे अनुमान से कहीं ज़्यादा विशाल है। सेना के प्रथम सिरे से अन्तिम सिरा दिखायी भी नहीं देता। यही नहीं, सेना में सम्मिलित योद्धा भी पूर्णतः प्रशिक्षित हैं। मेरे अनुमान के मुताबिक़ अश्वारोहियों की संख्या ही दस सहत्र से अधिक है और सेना की अस्थायी भोजनशाला के समीप खड़ी भारवाहक गाड़ियों में इतना अन्न हैं, जितना कि समस्त गान्धार के अन्न–भण्डारों में भी होना सम्भव नहीं है।"

सेनानायक भले ही महाराज को सूचना देने का अपना कर्तव्य निभा रहे थे, लेकिन इस वर्णन को सुनकर महाराज भयभीत दिखायी दे रहे थे। अपनी खीझ सेनानायक पर उतारते हुए उन्होंने कहा, "सेनानायक, आप सूचना दे रहे हैं या उस सेना का प्रशस्ति–गान कर रहे हैं।" हमेशा संयत रहने वाले महाराज की बात सुनकर सेनानायक तनिक भी विचलित नहीं हुआ और बोला, "क्षमा करें महाराज, अपने राजा को सूचना उसकी पूर्णता के साथ प्राप्त हो, ये मेरा कर्तव्य है। मेरा कहा एक–एक शब्द सत्य है और उसमें कोई भी अतिश्योक्ति नहीं है।"

मुझे लगा कि मैं भी अपना आत्म–नियन्त्रण खोता जा रहा हूँ। स्पष्ट था कि सीमा पर जो भी सेना आयी थी, उसका उद्देश्य मैत्री का नहीं था और इसे सुबलराज की नीति का ही परिणाम कहा जा सकता था कि गान्धार की सेना युद्ध करने की स्थिति

में भी नहीं थी। जब मैं किशोरवय में आया और महाराज ने मेरा युवराज्याभिषेक किया, तब से मैं उन्हें सेना के विस्तार और शस्त्रों के आधुनिकीकरण का परामर्श दे रहा था, लेकिन शकुनि को अनुभवहीन और मूर्ख समझने वाले महाराज ने हमेशा ही मेरे परामर्श का तिरस्कार किया। अब ये महाराज सूचना देने वाले सेनानायक पर व्यर्थ ही क्रोध दिखा रहे हैं। मैंने तत्काल हस्तक्षेप किया और कहा, "महाराज, जब आपने स्वयं ही अपनी सेना में सामर्थ्य, शक्ति और योग्यता का विकास नहीं होने दिया तो सेनानायक का किसी शक्तिशाली सेना को देखकर प्रभावित होना स्वाभाविक ही है। क्या अब भी आपको अपनी नीति पर गर्व है?" मेरी वाणी में महाराज के लिए तिरस्कार छिपा नहीं रह सका।

"ये समय मेरी सेना और युद्ध सम्बन्धी नीतियों की मीमांसा का नहीं है युवराज शकुनि।" पिताजी के स्वर में महाराज का तेज नहीं था।

"समय और परिस्थिति तो सेनानायक पर व्यर्थ खिन्नता प्रकट करने की भी नहीं है महाराज। इस परिस्थिति के लिए वास्तव में दोषी कौन है, ये भी मुझे स्पष्ट दिखायी दे रहा है, लेकिन मेरी मंशा उस पर चर्चा कर समय गँवाने की भी नहीं है। इस समय प्राथमिकता ये जानने की है कि जिस सेना का उल्लेख सेनानायक कर रहे हैं, वह किस साम्राज्य की है और उसका नेतृत्व कौन कर रहा है। आप अपनी बात पूर्ण करें सेनानायक।" ये बात मैंने ऐसे तीव्र स्वर में कही थी, जिसे मेरी उदण्डता, महाराज के प्रति मेरा आक्रोश या तिरस्कार कुछ भी माना जा सकता था, लेकिन अब मुझे इसकी किंचित भी चिन्ता नहीं थी। अनायास ही जैसे सत्ता के सूत्र मैंने अपने हाथ में ले लिए थे। सेनानायक ने पुनः बोलना आरम्भ किया। इस बार वह महाराज के स्थान पर मुझे सम्बोधित कर रहा था, "युवराज, सैनिक शिविर में सैकड़ों तम्बू लगाये गये हैं। उन सभी पर श्वेत ध्वज लहरा रहे हैं। उन ध्वजों पर कोई भी चिह्न नहीं है, लेकिन सबसे ऊँचे शिविर पर

लगे विशाल श्वेत ध्वज पर मुझे कुरु राष्ट्र और हस्तिनापुर का राजकीय चिह्न स्पष्ट दिखायी दे रहा था।"

सेनानायक की इस सूचना ने महाराज को मानो झकझोर कर रख दिया था। सेनानायक की बात पुनः काटते हुए बोले, "क्या व्यर्थ प्रलाप कर रहे हो सेनानायक। हस्तिनापुर भला गान्धार पर आक्रमण क्यों करेगा?" मेरे व्यवहार से सेनानायक को भी कुछ बल मिल चुका था। महाराज को दिये उसके उत्तर में आदर का भाव कम ही था, "कौन–सा राजा किस पर तथा क्यों आक्रमण करेगा, इतना समझने की योग्यता मेरी नहीं है महाराज। मैं तो केवल आपको अपने नेत्रों से देखी स्थिति का वर्णन कर रहा हूँ। केवल इतना निवेदन करना चाहूँगा कि आप सूचनाओं को ग्रहण करें और तत्काल कोई निर्णय लें।" सेनानायक का स्वर यद्यपि मेरे पिता के सम्मान के अनुकूल नहीं था, फिर भी मुझे प्रसन्नता हुई कि कोई तो मुझसे सहमति रखता है, वरना इस राजसभा में तो मेरे प्रस्ताव और परामर्शों पर अधिकांशतः असहमति ही बनती थी। नायक ने अपनी बात मुझे सम्बोधित करते हुए जारी रखी, "युवराज, सैनिकों और उनके नायकों को जो व्यक्ति निर्देश दे रहा था, वह काफ़ी ज़्यादा आयु का लग रहा था। उसके अधिकांश केश श्वेत दिखायी दे रहे थे, लेकिन क़द–काठी और शारीरिक सौष्ठव से काफ़ी बलिष्ठ और युवाओं के समकक्ष प्रतीत होता था। जो शस्त्रास्त्र इस आयु के वृद्ध कदाचित् ही उठा पाते हों, उन्हें वह ऐसे उठा रहा था, मानो जैसे वे धनुष, खड्ग और गदाएँ नहीं, बल्कि पुष्प–गुच्छ हों। वृद्ध योद्धा ने स्वयं भी श्वेत उत्तरीय और मुकुट धारण कर रखा था।"

हस्तिनापुर आर्यावर्त के शक्तिशाली साम्राज्यों में से एक था। वहाँ से देर–सवेर से ही सही, लेकिन हस्तिनापुर व कुरु वंश की सारी सूचनाएँ गान्धार तक पहुँचती ही थीं। नायक के वर्णन से मुझे ये लगभग स्पष्ट हो चुका था कि कुरु सेना का नेतृत्व कोई और नहीं, बल्कि स्वयं गंगापुत्र भीष्म कर रहे हैं।

गंगापुत्र भीष्म

सम्पूर्ण आर्यावर्त में भीष्म के नाम से कोई भी अपरिचित नहीं था। वर्षों से कुरु साम्राज्य की ढाल रहा था भीष्म। हस्तिनापुर के राजसिंहासन पर भले ही भीष्म आसीन न हों, परन्तु सम्राट शान्तनु के समय से आज तक सत्ता के सूत्र उसी के हाथ में रहे थे। वह भीष्म ही था, जिसके शौर्य और पराक्रम के चलते हस्तिनापुर का सिंहासन वर्षों तक रिक्त रहा, लेकिन इसके बावजूद किसी दूसरे राजा का उस पर वक्र दृष्टि डालने का साहस नहीं हुआ। कहा जाता था कि सम्पूर्ण विश्व में कोई भी योद्धा ऐसा नहीं है, जो भीष्म को पराजित कर सके। यहाँ तक कि भीष्म ने सम्मुख युद्ध में अपने गुरु परशुराम को भी पराजित कर दिया था। मेरे विचार में समूचे जम्बूद्वीप पर दो ही ऐसे योद्धा थे, जो वय से भले ही वृद्ध कहे जा सकते हों, पर शरीर की शिथिलता इनसे कोसों दूर थी। भीष्म के अतिरिक्त ऐसा ही एक अन्य व्यक्ति था, मगध का सम्राट जरासंघ।

मैं विचारों के इन्हीं चक्रवातों में उलझा हुआ था कि गान्धारराज के स्वर से मेरी तन्द्रा टूटी। वे सेनानायक से पूछ रहे थे, "नायक, तुम्हें पूरा विश्वास है कि सेना के नेतृत्वकर्ता गंगापुत्र भीष्म ही थे।" सेनानायक ने कहा, "मैंने कभी गंगापुत्र भीष्म को देखा तो नहीं है महाराज, लेकिन सेना के सभी अधिकारी उन्हें महामहिम कहकर सम्बोधित कर रहे थे। ऐसे में सन्देह की सम्भावना कहाँ रह जाती है।"

महाराज ने महामन्त्री की ओर देखकर कहा, "महामन्त्री, जहाँ तक मेरी जानकारी है, गंगापुत्र भीष्म एक धर्मपरायण और न्यायप्रिय व्यक्ति हैं। वे अकारण किसी दूसरे राज्य पर आक्रमण नहीं करेंगे।"

महाराज की इस बात ने मेरे गुस्से को और भड़का दिया। मैंने कहा, "क्यों महाराज, धर्मपरायण व्यक्ति अपने राज्य की सीमाओं का विस्तार नहीं करते क्या? प्रतीत होता है कि आप अब भी यह स्वीकार नहीं करना चाहते कि युद्ध आपके राज्य की सीमा पर खड़ा है। नायक से मिली इतनी स्पष्ट सूचना के बाद भी आप अपनी सेना को सज्ज कर इस आक्रमण का प्रतिकार करना आवश्यक नहीं समझते। भीष्म इतनी सेना लेकर यहाँ वसन्तोत्सव मनाने तो नहीं आया होगा।"

"शान्त हो जाइये युवराज।" महामन्त्री ने कहा, "पहली बात तो ये है कि गान्धार की सेना ऐसी नहीं है कि भीष्म की सेना से मुक़ाबला कर सके। दूसरा, भीष्म यदि सैनिक आक्रमण की ठानकर आये होते तो गान्धार की सीमा पर शिविर लगाकर हमें सावधान होने का अवसर ही नहीं देते और अब तक तो हस्तिनापुर की सेना राजधानी में भी प्रवेश कर चुकी होती। ज़रा ये भी तो सोचिए कि कुरु सेना ने अब तक गान्धार की सीमा में प्रवेश तक नहीं किया है। ऐसे में यदि हम अपनी तरफ़ से आक्रमण करते हैं तो इसका क्या परिणाम होगा?"

महामन्त्री का कथन सत्य था, लेकिन फिर भी मैंने असहमति जताते हुए कहा, "तो क्या हम हाथ पर हाथ रखकर बैठे रहें?"

"बिलकुल नहीं युवराज। मेरा परामर्श है कि हमें किसी भी परिस्थिति का सामना करने के लिए सेना को सज्ज कर देना चाहिए और तुरन्त ही राज्य का एक आधिकारिक दूत भीष्म के पास भेजकर उन्हें वार्ता के लिए आमन्त्रित करना चाहिए।"

उस परिस्थिति में कदाचित् कोई और विकल्प भी नहीं था। निश्चित हुआ कि दूत के रूप में महामन्त्री खुद ही भीष्म के पास जायेंगे।

गान्धार की सीमा तक महामन्त्री के जाने और भीष्म से वार्ता कर पुनः गान्धार लौटने में कम–से–कम तीन दिन का समय लगना अपेक्षित था। ये तीन दिन मेरे लिए तीन वर्षों के समान थे।

पिताजी भीष्म को एक धर्मपरायण व्यक्ति मानते थे। उनका विचार था कि भीष्म ने गान्धार पर आधिपत्य ज़माने या फिर यहाँ की सम्पत्ति लूटने के लिए ये सैनिक अभियान नहीं किया होगा। गान्धार की सम्पत्ति हस्तिनापुर के राजकोष की तुलना में नगण्य थी और पर्वतों व मरुस्थलों से घिरे इस राज्य पर आधिपत्य ज़माना मेरी समझ में भीष्म का उद्देश्य नहीं हो सकता था। यदि ऐसा होता तो हस्तिनापुर से गान्धार के मार्ग में दूसरे छोटे–बड़े राज्यों पर भी उसकी नज़र होती। फिर क्यों आया है भीष्म यहाँ? इसी प्रश्न पर विचार करते हुए मैं कुरु राज्य और कुरुवंश के इतिहास के बारे में सोचने लगा। कैसा विचित्र राजवंश है ये! कहते हैं कि भीष्म साक्षात गंगा के पुत्र हैं। क्या कोई पुण्य सलिला नदी भी स्त्री रूप धारण कर धरा पर जन्म ले सकती है? मुझे विश्वास था कि ईश्वर भी मनुष्य रूप में इस मृत्युलोक में अवतार लेते हैं। गंगा जैसी पुण्य नदियों में मनुष्यों की अगाध श्रद्धा रहती है। सम्भव है कि भीष्म या उनकी माता की भी गंगा में ऐसी ही श्रद्धा रही हो और इसीलिए उनकी माता को गंगा और भीष्म को गंगापुत्र नाम दे दिया गया हो, लेकिन मुझे तो भीष्म के जन्म या उनकी माता से कोई सरोकार नहीं था। जो समस्या मेरे और गान्धार के समक्ष थी, उसमें भी इससे कोई अन्तर नहीं पड़ता था। फिर मैं क्यों इस कुरुवंश के सम्बन्ध में इतना गहन विचार कर रहा हूँ। विचारों की तन्द्रा से बाहर आने के लिए मैंने अपने मस्तक को झटका दिया, लेकिन सफल नहीं हो पाया। भीष्म और उनकी माता से हटकर अब मेरे विचार में महाराज शान्तनु आने लगे थे। गंगा के मोहपाश में बँधे शान्तनु ने एक के बाद एक सात पुत्रों को खोया और अपने दिये वचन के चलते पत्नी से ये पूछने का साहस भी न

कर सके कि आख़िर क्यों उसने निरपराध शिशुओं को नदी के प्रवाह में बहा दिया। मुझे तो शंका है कि ये कथा सत्य भी है या फिर लोगों की कल्पना शक्ति की उपज है। मेरी समझ में हाड़–मांस के किसी मनुष्य को अपना वचन इतना प्रिय नहीं हो सकता कि उसकी सात सन्तानों की उसके सामने, उसी की पत्नी हत्या कर दे और पति उससे प्रश्न भी न करें। मूल प्रश्न तो ये भी है कि क्या अपनी ही सन्तान की हत्या करने वाली स्त्री से कोई पुरुष दूसरी सन्तान उत्पन्न करने का विचार भी कर सकता है? कुरुवंश के महान समझे जाने वाले इस कामान्ध सम्राट ने अपने पिछले अनुभवों से भी कोई सीख नहीं ली। जिस अवस्था में मनुष्य वानप्रस्थ या संन्यास आश्रम की ओर अग्रसर होता है, उस अवस्था में ये कामान्ध राजा सत्यवती के मोह में इतना डूब गया कि अपने राज्य, पुत्र और प्रजा को पूरी तरह से भुला बैठा। शान्तनु ने भीष्म को सिंहासन त्याग और आजीवन ब्रह्मचर्य–पालन के लिए बाध्य भले ही न किया हो, लेकिन पिता के रूप में पुत्र की ऐसी प्रतिज्ञा को वे स्वीकार कैसे कर सके। इन्हीं सब बातों पर विचार करते–करते मुझे जाने कब निद्रा ने घेर लिया।

भीष्म के आगमन का प्रयोजन

दूत के रूप में भेजे गये महामन्त्री भीष्म से भेंटकर सभा में उपस्थित हुए थे। महामन्त्री ने बताया कि भीष्म ने उनसे अति सम्मानजनक और आत्मीय व्यवहार किया था। यही नहीं, महामन्त्री के साथ भीष्म ने महाराज के लिए बहुमूल्य उपहार प्रेषित कर उनसे भेंट करने की इच्छा भी प्रकट की थी। महामन्त्री ने सुसज्जित सेना के साथ भीष्म के गान्धार आने के प्रयोजन के बारे में जानना चाहा तो उसने इसे नितान्त निजी बताया। भीष्म ने महामन्त्री से कहा कि इस बारे में महाराज या राजपरिवार के किसी सदस्य से ही चर्चा करेंगे। महाराज की चिन्ता कुछ कम अवश्य हुई, लेकिन मेरी नहीं। सेना लेकर आया ये हस्तिनापुर का सेनापति यहाँ आने का प्रयोजन निजी बता रहा है। हस्तिनापुर के सेनापति और गान्धार के नरेश के बीच निजी विषय क्या हो सकता है! विषय निजी है तो इतनी विशाल सेना लाने का क्या अर्थ है! भीष्म भले ही हस्तिनापुर के सेनापति था, लेकिन वहाँ उसका महत्त्व महाराज से कम नहीं था। विचित्रवीर्य की मृत्यु के बाद से हस्तिनापुर का सिंहासन रिक्त था और भीष्म ही वहाँ के राजकुमारों के अभिभावक की भूमिका में था। विवाह के बिना किसी राजकुमार का राज्याभिषेक नहीं किया जा सकता। तो क्या भीष्म अपने राजकुमारों के विवाह के लिए गान्धार आया था? क्यों नहीं, भीष्म स्वयं भले ही अविवाहित रहा हो, लेकिन अपने राजकुमारों के लिए स्त्रियों का हरण उसके लिए नयी बात नहीं थी। काशी

की तीनों राजकुमारियों का अपने सौतेले भाई विचित्रवीर्य के लिए हरण इसी भीष्म ने किया था। गान्धार का राजकोष या सम्पदा हस्तिनापुर के सामने बहुत कम थी, लेकिन हमें ये स्मरण ही नहीं रहा कि गान्धार के पास एक ऐसी मणि है, जिसकी ख्याति कदाचित् पूरे आर्यावर्त में विस्तारित हो चुकी थी। ये बहुमूल्य मणि था, मेरी छोटी बहन गान्धारी। इस विचार मात्र से ही मेरे कपाल पर स्वेद की बूँदें उभर आयीं। गान्धार की इस राजकुमारी को पिताजी ने बड़े स्नेह से 'गान्धारी' नाम दिया था, लेकिन मैं उसे प्यार से 'शुभा' बुलाया करता था। रूप, गुण, संस्कार और ज्ञान, इन सभी क्षेत्रों में गान्धारी के समकक्ष कोई राजकुमारी पूरे आर्यावर्त में नहीं थी। उसका सौन्दर्य ही कुछ ऐसा था कि कई राजवंशों से उसके लिए विवाह के प्रस्ताव आ चुके थे। भाई होने के नाते मैं पिताजी को गान्धारी का स्वयंवर आयोजित करने का सुझाव दे रहा था, लेकिन पिताजी को पुरुषपुर के राजकुमार का विवाह–प्रस्ताव काफ़ी योग्य लगता था। पिताजी का कहना था कि पुरुषपुर के राजकुमार के लिए गान्धारी की भी मौन सहमति है। गान्धारी के विवाह के सम्बन्ध में हम किसी निर्णय पर पहुँच पाते, इससे पहले ही भीष्म हमारे द्वार पर पूरे बल के साथ खड़ा था। मुझे विश्वास हो गया कि भीष्म इसी मणि को हस्तिनापुर के लिए प्राप्त करने का निश्चय लेकर आया है। हस्तिनापुर के दोनों राजकुमारों के सम्बन्ध में मेरी जानकारी बहुत अधिक नहीं थी, लेकिन इतना अवश्य विदित था कि एक जन्म से नेत्रहीन है और दूसरा पीत रोग से ग्रसित। यानी दोनों ही राजकुमार किसी भी स्थिति में गान्धारी के समकक्ष नहीं थे।

मैंने इस सम्बन्ध में पिताजी से चर्चा करनी चाही, परन्तु ये सोचकर रुक गया कि बिना किसी प्रमाण के वे मेरी बात नहीं मानेंगे। वैसे भी मुझे उनकी दूरदर्शिता पर अब ज़रा भी विश्वास नहीं रह गया था। महाराज ने अमात्य–मण्डल के परामर्श पर भीष्म को आदरपूर्वक गान्धार बुलाने का फ़ैसला किया। अब प्रश्न

ये था कि भीष्म के स्वागत और उन्हें राजकीय सम्मान के साथ लाने का दायित्व किसे सौंपा जाये। महाराज का स्वयं जाना गान्धार की मर्यादा और परम्परा के अनुकूल नहीं था। महामन्त्री को पहले ही दूत के रूप में भेजा जा चुका था। सेनापति या अमात्य–मण्डल के किसी सदस्य को भी पिताजी इस प्रयोजन के लिए भेजना नहीं चाहते थे। अन्ततः ये दायित्व मुझे ही सौंपा गया। अब तक मैं जान चुका था कि मेरा गान्धार और मेरी बहन गान्धारी घोर विपत्ति में घिर चुके हैं। गान्धार के राजा और गान्धारी के पिता में अपने राज्य और पुत्री को इस विपत्ति से बचाने का सामर्थ्य नहीं है। अब एक भाई और युवराज के रूप में मुझे ही अपनी भूमिका चुननी थी।

भीष्म से प्रथम भेंट

भीष्म से ये मेरी पहली भेंट थी। विशाल देह पर धवल वस्त्र धारण किये हुए भीष्म किसी विराट पर्वत की भाँति दिखायी दे रहा था। उसकी बलिष्ठ भुजाएँ और शारीरिक–सौष्ठव कुछ ऐसा था कि किसी नवयुवक का भी क्या होगा। केवल उसके श्वेत केश ही उसकी आयु और अवस्था की ओर संकेत कर रहे थे। मैंने सोचा, इतनी आयु में ऐसा बलशाली शरीर! क्या ब्रह्मचर्य की शक्ति इसे सुगठित बनाये रखती है। मैंने भीष्म से अपने सुसज्जित रथ में बैठने का आग्रह किया, लेकिन उसने अपने ही रथ में बैठना पसन्द किया। सामान्य और औपचारिक वार्ता के दौरान भी भीष्म ने हस्तिनापुर की समृद्धि और सैन्य–शक्ति की भरपूर चर्चा की। साथ ही मुझ से गान्धार की सैन्य–शक्ति के सम्बन्ध में भी सवाल करते रहे। गान्धार की सेना के बारे में कोई भी चर्चा मुझे गान्धार का अपमान ही प्रतीत हो रही थी। विषय को बदलने के लिए मैंने उसके गान्धार आगमन को लेकर भी जिज्ञासा व्यक्त की, लेकिन भीष्म मेरी सभी बातों को टाल गया।

भीष्म को लेकर जब मैंने गान्धार के राजमहल में प्रवेश किया तो महाराज सुबल उनके स्वागत के लिए द्वार पर ही खड़े थे। औपचारिक स्वागत, आदर–सत्कार के पश्चात् मूल विषय पर चर्चा का समय आया। भीष्म पहले ही ये स्पष्ट कर चुका था कि विषय बेहद निजी है, इसलिए महामन्त्री या अमात्य–मण्डल को इस चर्चा में शामिल न किया जाये, इसलिए कक्ष में केवल तीन ही लोग उपस्थित थे–महाराज सुबल, भीष्म और मैं। भीष्म

ने महाराज से अत्यन्त विनम्रतापूर्वक कहा– "महाराज, आप मेरे या हस्तिनापुर की ओर से लेशमात्र भी आतंकित न हों। मेरे यहाँ आने का उद्देश्य आपकी सत्ता को चुनौती देना नहीं, अपितु हस्तिनापुर की सत्ता के लिए एक सम्राज्ञी की तलाश है।" महाराज ने कहा–"मैं गंगापुत्र का आशय नहीं समझा।" परन्तु मुझे सब कुछ स्पष्ट समझ आ रहा था। भीष्म ने कहा–"महाराज, आप तो जानते ही हैं कि हस्तिनापुर का राजसिंहासन वर्षों से ख़ाली पड़ा है। अब समय आ गया है कि मैं सिंहासन राजकुमार को सौंपकर अपने दायित्व से मुक्त हो जाऊँ। आपसे अपेक्षा केवल इतनी है कि हस्तिनापुर के सम्राट के लिए योग्य सम्राज्ञी मुझे आप ही दे सकते हैं। स्पष्ट कहूँ तो मैं आपकी पुत्री गान्धारी के लिए हस्तिनापुर के होने वाले सम्राट धृतराष्ट्र का विवाह–प्रस्ताव लेकर आया हूँ।"

भीष्म के प्रस्ताव ने पिताजी की जिह्वा को मानो पंगु कर दिया। मुझे लगा कि हस्तिनापुर की शक्ति के आगे गान्धार घुटनों के बल खड़ा है। वार्ता में हस्तक्षेप करते हुए मैंने भीष्म से पूछा–"क्या हस्तिनापुर में विवाह–प्रस्ताव इतनी विशाल सेना के साथ इसी तरह लाये जाने की परम्परा है?" मेरी वाणी में कटाक्ष भी था और रोष भी साफ़ झलक रहा था। भीष्म की भृकुटियाँ टेढ़ी हो गयीं। वाणी में कुछ कठोरता लाते हुए उसने कहा–"मैंने हस्तिनापुर का प्रस्ताव गान्धार नरेश के समक्ष रखा है और उत्तर भी उन्हीं से अपेक्षित है। मुझे नहीं लगता कि पिता के होते पुत्र को इसमें हस्तक्षेप करने का अधिकार है।"

मेरा आक्रोश फूट पड़ा। मैंने कहा–"अपनी बहन के विवाह की चर्चा में यदि मुझे बोलने का अधिकार नहीं है तो फिर किसे है? अपने पिता की स्थिति मैं देख रहा हूँ कि हस्तिनापुर के बाहुबल के सामने वे पूरी तरह से नतमस्तक दिखायी दे रहे हैं, इसलिए आप इस चर्चा में किसी और को शामिल नहीं करना चाहते। और क्या है आपका प्रस्ताव? जन्म से अन्धे एक व्यक्ति का प्रस्ताव आप मेरी बहन के लिए लेकर आये हैं। किस दृष्टि

से ये वर आपको मेरी बहन के योग्य लगता है? आपका साहस कैसे हुआ इस प्रकार का प्रस्ताव लाने का?"

भीष्म ने मुझ से इस प्रकार की बातें सुनने की कल्पना भी नहीं की होगी। अपने इस अपमान के कारण क्रोध से उसका चेहरा तमतमा गया। भीष्म ने कहा–"साहस और सामर्थ्य तो हस्तिनापुर में इतना है कि इसी समय राजकुमारी का हरण कर लें और पूरे गान्धार को शमशान बना दें, लेकिन हमारा उद्देश्य सम्बन्ध जोड़ना है, तोड़ना नहीं।"

भीष्म के उग्र तेवर को देखकर पिताजी तो इतने भयभीत हो गये जैसे व्याघ्र के सम्मुख कोई भेड़ खड़ी हो। मुझे आश्चर्य हुआ कि हमारे राज्य में, हमारे ही राजभवन में खड़े किसी व्यक्ति के सामने पिताजी इतने भयभीत क्यों हैं। मिमियाते हुए स्वर में उन्होंने भीष्म से केवल इतना ही कहा कि उन्हें इस सम्बन्ध में विचार करने के लिए कुछ समय दिया जाये।

पिताजी के ये कहने से मामला कुछ समय के लिए टल गया, लेकिन जो समस्या गान्धार के समक्ष उत्पन्न हो गयी थी, उसका समाधान किसी के पास नहीं था। स्पष्ट था कि हमारे पास केवल दो ही विकल्प थे। गान्धारी का विवाह धृतराष्ट्र से मान्य कर लिया जाये या फिर हस्तिनापुर की सेना से संघर्ष। मेरी आँखों के सामने अन्धेरा छाने लगा।

मुझे वे दिन स्मरण होने लगे, जब शुभा तुतलाकर बोलती थी। अपने सपनों के राजकुमार की तलाश उसे तभी से थी। मेरी गोद में चढ़कर वह मुझ से पूछा करती थी–"भैया, मेला लाजकुमाल शपेद घोले पर आयेगा या ऊँत पर।" मैं परिहास में उससे कहता था कि मैं उसके लिए गधे पर बैठने वाला राजकुमार लाऊँगा। मुझे क्या पता था कि हम उसे एक ऐसे राजकुमार के हवाले करने की भी सोच सकते हैं, जो गधे, घोड़े और ऊँट को अपनी आँखों से देख भी नहीं सकता।

शुभा की भगवान शिव में गहरी आस्था थी। उसका व्रत, उपवास, पूजा और साधु–सन्तों की सेवा का क्रम कभी ख़त्म

नहीं होता। यह बात काफ़ी चर्चित थी कि गान्धारी की सेवा और शिव–भक्ति के चलते उसे शतपुत्र प्राप्ति का वरदान भी मिला हुआ था। कदाचित् इसी वरदान के चलते भीष्म हस्तिनापुर सिंहासन के लिए उसे एक योग्य सम्राज्ञी समझते थे, यानी गान्धारी का वरदान ही उसके लिए अभिशाप बन गया था।

मैंने अपने–आप से प्रश्न किया–'शकुनि, तू एक स्वतन्त्र राज्य का युवराज है। क्या तुझमें इतना भी सामर्थ्य नहीं हैं कि तू अपनी लाड़ली बहन का विवाह अपनी मर्ज़ी से कर सके? क्या गान्धार इतना दुर्बल है कि कोई भी सेना लेकर सीमा पर आये और हम अपनी बहन–बेटियाँ राज्य की सुरक्षा के नाम पर उसे सौंप दे। यदि गान्धार की राजकुमारी के साथ ये हो रहा है तो फिर यहाँ के सामान्य नागरिकों और महिलाओं की क्या स्थिति हो सकती है! चाहे जो भी हो, मैं अपनी फूल जैसी बहन को उस अन्धे के पल्ले बाँधने के लिए भीष्म जैसे अपहर्ता को नहीं सौंपूँगा।'

युवराज होने के नाते न सही, लेकिन गान्धारी के भ्राता के नाते पिताजी इस बारे में मुझ से विचार–विमर्श करना चाहते थे, लेकिन मैं चर्चा से पहले ही निर्णय पर पहुँच चुका था। मैंने पूरे दृढ़ निश्चयपूर्वक पिताजी से कहा–"मुझे भीष्म का प्रस्ताव किसी क़ीमत पर स्वीकार नहीं है। हम शुभा का विवाह अन्धे धृतराष्ट्र से कभी नहीं होने देंगे।" पिताजी ने शान्त भाव से मेरी बात सुनी। फिर कहा–"तो फिर क्या करेंगे हम? भीष्म से युद्ध?"

मुझे ये अच्छी तरह से मालूम था कि गान्धार भीष्म से युद्ध करने की स्थिति में क़तई नहीं है, लेकिन मेरे क्रोध ने मेरे भीतर के डर को पूरी तरह ख़त्म कर दिया था। मैंने कहा–"ज़रूरत पड़ेगी तो युद्ध से भी पीछे नहीं हटेंगे।" पिताजी मुस्कुराए, लेकिन उस मुस्कुराहट में निराशा ही छिपी हुई थी–"जानते हो, भीष्म की सेना में जितने सैनिक हैं, उतनी तो गान्धार की कुल जनसंख्या भी नहीं है। और फिर तुम्हें लगता है कि हमारी सेना में कोई ऐसा योद्धा है, जो भीष्म तो दूर, उसकी सेना के किसी नायक का भी मुक़ाबला

कर सके?" मैंने फिर कहा–"तो क्या हम नपुंसकों की तरह अपनी फूल–सी बच्ची उसे कर या शुल्क के रूप में सौंप दें?" मेरा गुस्सा महाराज सुबल पर भी फूट पड़ा। मैंने कहा–"आप ख़ुद को गान्धार का राजा कहते हैं। राजा का काम प्रजा की रक्षा और पालन होता है, लेकिन यहाँ तो आप ख़ुद अपनी बेटी की ही रक्षा नहीं कर पा रहे हैं। धिक्कार है आपके राजा बने रहने पर।"

मेरे इतने क्रोध के पश्चात् भी महाराज पूरी तरह संयमित दिखायी दिये। कदाचित् उन्हें भी अपने राज्य और पुत्री की रक्षा न कर पाने के अपराध–बोध ने ग्रसित कर लिया था। वे बोले–"शकुनि, ये समय मेरे शासन और नीतियों की मीमांसा का नहीं है। मेरे राजा न बने रहने से यदि समस्या सुलझ सकती हो तो मैं उसके लिए भी प्रस्तुत हूँ, परन्तु ये तुम भी भली–भाँति समझते हो कि इससे कोई लाभ नहीं है।''

महाराज की बात बीच में ही काटकर मैंने कहा–"तब भी हमें युद्ध का ही विकल्प चुनना चाहिए। विजय भले ही भीष्म की हो, परन्तु वीरगति प्राप्त कर हमें इस बात का तो सन्तोष रहेगा कि गान्धार ने हस्तिनापुर जैसे शक्तिशाली राष्ट्र के सामने भी घुटने नहीं टेके।''

पिताजी ने कुछ क्षणों के विचार के बाद कहा–''शकुनि, मैं तुम्हारी भावनाओं का सम्मान करता हूँ, लेकिन पुत्र, युद्ध भावनाओं के दम पर नहीं लड़े जाते। गान्धार ने पिछले नौ दशकों से कोई छोटा–मोटा युद्ध भी नहीं लड़ा है। भीष्म की सेना से लड़ना तो दूर, यदि युद्ध की स्थिति आयी तो हमारी सेना दो प्रहर भी उसके सामने खड़ी हो सकेगी, इसका मुझे सन्देह है। यही नहीं, ये भी सम्भव है कि हमारे सैनिक इस आत्मघाती युद्ध में ख़ुद को झोंकने से ही इनकार कर दें। ज़रा विचार करो कि उस समय क्या स्थिति होगी, जब भीष्म के सैनिक हमारी पूरी सेना को रौंद कर नगर में प्रवेश कर जायेंगे। तब क्या तुम्हारी बहन सुरक्षित रह पायेगी? गान्धार की स्त्रियाँ अपने सौन्दर्य के लिए

विख्यात है। क्या वे उन सैनिकों की वासना का शिकार होने से बच पायेंगी? तब निश्चित रूप से न केवल एक गान्धारी का हरण होगा, बल्कि गान्धार की सैकड़ों स्त्रियों का भी हरण होगा। हजारों स्त्रियाँ विधवा होंगी और हो सकता है कि आर्यावर्त के मानचित्र से गान्धार का नाम ही मिट जाये। ऐसे में इतिहास हमें किस प्रकार स्मरण रखेगा? एक ऐसे राजा और युवराज के रूप में, जिन्होंने अपनी पुत्री के मोह में पूरे राज्य और प्रजा को दाँव पर लगा दिया।''

इतिहास मुझे किस प्रकार स्मरण रखेगा, इस विषय में मेरी कोई रुचि नहीं थी। यदि होती तो आज सहस्त्रों वर्षों के पश्चात् मैं सबसे बड़े खलनायक के रूप में अपनी गाथा आपको न सुना रहा होता, लेकिन पिताजी की बात बिलकुल सही थी। युवराज होते हुए भी शस्त्रों से मेरा परिचय केवल आखेट तक ही सीमित था। फिर भी मेरा मन सब–कुछ जानते हुए वास्तविकता स्वीकार करने को तैयार नहीं था। मैंने कहा– "चाहे जो भी हो, मैं अपनी आँखों के सामने अपनी बहन के साथ ये अन्याय होने नहीं दूँगा। परिणाम चाहे जो भी हो, मैं युद्ध के लिए प्रस्तुत हूँ।" पिताजी बोले–"शकुनि, इस समय तुम्हारे हृदय में भावनाओं का ज्वार आया हुआ है और तुम उसी से पराभूत होकर ये सब कह रहे हो। शान्त चित्त से विचार करो और तब किसी निर्णय पर पहुँचना, लेकिन एक बात मैं स्पष्ट कर दूँ। यदि तुम्हें आत्महत्या ही करनी है तो इसके और भी कई तरीक़े हैं। मैं तुम्हें गान्धार की सेना के साथ सामूहिक आत्महत्या कर गान्धार के भविष्य के साथ खिलवाड़ कदापि नहीं करने दूँगा।" इतना कहकर पिताजी कक्ष से बाहर चले गये।

मैं अपनी लाचारी, बेबसी, अपमान और वेदना के साथ कक्ष में अकेला रह गया। रह–रहकर भीष्म के शब्द मेरे कानों में गूँज रहे थे, 'साहस और सामर्थ्य तो हस्तिनापुर में इतना है कि इसी समय राजकुमारी का हरण कर लें और पूरे गान्धार को शमशान

बना दे।' क्या कोई सामर्थ्यशाली किसी दुर्बल पर चाहे जैसा अन्याय कर सकता है। ये सारी सृष्टि ईश्वर की बनायी हुई है। उसी परमपिता परमात्मा ने भीष्म को इतना सबल बनाया है। आज यदि गान्धार सामर्थ्यशाली नहीं है तो क्या भीष्म जैसे लोग इस राज्य में कुछ भी करने के लिए स्वतन्त्र हैं। भीष्म ने गान्धार की ओर रुख़ केवल इसलिए किया है, क्योंकि गान्धार को शक्ति के बल पर पराजित किया जा सकता है। धृतराष्ट्र के विवाह का प्रस्ताव मगध नरेश जरासंध की पुत्रियों के लिए भी तो जा सकता था, लेकिन जरासंध बेहद शक्तिशाली है। ऐसे बेमेल प्रस्ताव को वह अपना अपमान समझकर हस्तिनापुर की ईंट से ईंट बजा सकता था। कदाचित् इसीलिए ख़ुद को वीर समझने वाले भीष्म में ऐसा प्रस्ताव रखने का साहस ही नहीं था। महाराज सुबल के सामने यह प्रस्ताव रखने का साहस भीष्म केवल इसलिए कर सका, क्योंकि वो अच्छी तरह से जानता था कि पहले विनम्रता, फिर दबाव और यदि इस युक्ति से भी काम न बना तो शक्ति के बल पर गान्धारी को उस अन्धे राजकुमार के लिए निश्चित तौर पर प्राप्त किया जा सकता है। मेरा मन भीष्म के प्रति घृणा से भर गया। पूरे आर्यावर्त में अपने ब्रह्मचर्य और पितृभक्ति का ढिंढोरा पीटकर ख़ुद को धर्मात्मा के रूप में प्रचारित करने वाले इस योद्धा का सत्य क्या है। अपनी शक्ति और युद्ध कौशल के बल पर छोटे राज्यों की राजकुमारियों को ज़बरदस्ती उठाकर अपने अपंग, निर्वीर्य और नपुंसक राजकुमारों की शैय्या पर डाल देना, क्या यही भीष्म का शौर्य और धर्म है। हाँ...यही तो उसने काशी की राजकन्याओं के साथ भी किया था।

धृतराष्ट्र के साथ गान्धारी के विवाह को लेकर मेरी आपत्ति केवल इसलिए नहीं थी, क्योंकि धृतराष्ट्र नेत्रहीन था। ऐसा नहीं है कि नेत्रहीनों के विवाह नहीं होते। गान्धार की संगीत–सभा का वीणावादक सुभद्र भी नेत्रहीन है। उसका विवाह राजनर्तकी आम्रपाली से हुआ है, लेकिन इस विवाह की बात बिलकुल अलग

है। आम्रपाली पर सुभद्र से विवाह करने का कोई दबाव नहीं था। ये निर्णय स्वेच्छा से स्वयं आम्रपाली द्वारा प्रेमाभूत होकर लिया गया था, परन्तु यहाँ तो भीष्म अपनी शक्ति के बल पर मेरी बहन को, मेरी ही आँखों के सामने खींचकर उस अन्धे के पल्ले बाँध रहा था। मुझे लगा कि मेरा मस्तिष्क फट पड़ेगा। हे गान्धारराज, आख़िर तुमने मुझे एक योद्धा क्यों नहीं बनाया? यदि आज मैं एक सक्षम योद्धा होता तो भीष्म को उसके दुस्साहस का उचित दण्ड अवश्य दे सकता, लेकिन मैं योद्धा नहीं था। अब वह समय भी निकल चुका था कि मैं युद्ध–कला का प्रशिक्षण ले सकूँ। जीवन में स्वयं को इतना असहाय मैंने कभी नहीं पाया।

हस्तिनापुर राजवंश

हस्तिनापुर और वहाँ होने वाली घटनाओं में पहले कभी मेरी रुचि नहीं रही थी, लेकिन आज वे सारे प्रकरण याद आ रहे थे, जो मेरी आँखों के सामने भले ही न घटित हुए हों, लेकिन पूरे आर्यावर्त का बच्चा–बच्चा इन घटनाओं के विषय में जानता था। आज मैं अनुभव कर सकता था कि तब काशी नरेश पर क्या गुज़री होगी, जब उनकी एक नहीं, तीनों राजकुमारियों को इसी भीष्म ने अपने बाहुबल के दम पर भरी स्वयंवर सभा से उठा लिया था। काशी की तीनों राजकुमारियाँ वीर्यशुल्का नहीं थीं, जिन्हें वीरता और शौर्य के आधार पर हासिल किया जाता। काशीराज ने तो उनके स्वयंवर का आयोजन ही इसलिए किया था कि उन राजकुमारियों को अपने योग्य वर के चयन का अधिकार हो और वे जिसे योग्य समझें, उस राजा या राजकुमार के गले में वरमाला डाल सकें, लेकिन तभी भीष्म वहाँ जा पहुँचा। इसी 'वीर योद्धा' ने उस स्वयंवर समारोह को युद्ध–भूमि में बदल दिया। जहाँ कुछ ही घड़ी पहले तक विवाह का मांगलिक संगीत सुनाई दे रहा था, वहाँ खड्ग टकराने की ध्वनि गूँजने लगी। देखते ही देखते काशी की उन राजकुमारियों का स्वयंवर रक्तरंजित हो गया और भीष्म तीनों राजकुमारियों को भेड़–बकरियों की तरह बलपूर्वक हाँककर ले गया।

अपने जिस सौतेले भाई विचित्रवीर्य के लिए भीष्म ने काशी की तीनों राजकुमारियों का हरण किया था, उसके सम्बन्ध में

प्रसिद्ध था कि भोग के आधिक्य ने उसे न केवल रोगी बना दिया है, बल्कि वह विवाहित जीवन अथवा सन्तानोत्पत्ति के योग्य नहीं है, लेकिन हस्तिनापुर के सिंहासन को उत्तराधिकारी देने के लिए भीष्म किसी भी सीमा तक जा सकता था। विचित्रवीर्य के चरित्र के सम्बन्ध में ये चर्चा हस्तिनापुर से बाहर भी पहुँच चुकी थी। ऐसे राजकुमार से कोई भी सम्भ्रान्त राजवंश अपना सम्बन्ध जोड़ना नहीं चाहता था, लेकिन भीष्म ने बलपूर्वक काशी कुमारी अम्बा, अम्बिका और अम्बालिका के भाग्य को ज़बरदस्ती विचित्रवीर्य से जोड़ दिया था। कुरुकुल के सबसे ज्ञानी और धर्मात्मा समझे जाने वाले इस व्यक्ति से किसी ने ये पूछने का भी साहस नहीं किया कि विचित्रवीर्य से विवाह के लिए तो एक ही राजकन्या काफ़ी थी। फिर उसने तीनों राजकन्याओं का हरण कर, तीनों के साथ ये अन्याय क्यों किया।

आश्चर्य की बात तो ये थी कि काशी की सबसे बड़ी राजकुमारी अम्बा की तो आयु भी विचित्रवीर्य से काफ़ी अधिक थी। राजकुमारी के शाल्व के राजकुमार से प्रेम–सम्बन्ध थे और स्वयंवर में अम्बा शाल्व–कुमार को ही वरमाला पहनाने वाली थी। भीष्म ने जब अम्बा का हरण किया तो शाल्व ने उसे रोकने का प्रयत्न भी किया था, लेकिन भीष्म के बाणों का शाल्व के पास कोई जवाब नहीं था। अपमानित शाल्व अपनी प्रेमिका को, अपनी आँखों के सामने बलपूर्वक ले जाये जाते देखता रह गया।

कहते हैं कि भीष्म को जब पता चला कि अम्बा का शाल्व पर प्रेम है तो उसने अम्बा को ससम्मान शाल्व के पास भेज दिया, लेकिन शाल्व ने इसे भीष्म की दया माना और उसके क्षत्रिय अहंकार ने अम्बा को स्वीकार नहीं किया। अखण्ड ब्रह्मचर्य और आजीवन अविवाहित रहने की अपनी प्रतिज्ञा के चलते स्वयं भीष्म ने भी पुनः आयी अम्बा को स्वीकार नहीं किया। ऐसे में अम्बा के पास अपना जीवन समाप्त कर देने के अतिरिक्त कोई विकल्प नहीं बचा। भीष्म के प्रति अथाह घृणा लिए अम्बा ने अपना जीवन

तो त्याग दिया, परन्तु मरते–मरते भी अम्बा का ये संकल्प था कि अगले जन्म में वह भीष्म की मृत्यु का कारण बनेगी।

मुझे लगा कि मेरे मन में भीष्म के प्रति जो घृणा भरती जा रही है, उतनी तो अम्बा के मन में भी नहीं रही होगी। मेरा मन कुशंका से भर गया। कहीं अम्बा के साथ जो हुआ, वही मेरी शुभा के साथ तो नहीं होगा। मेरे हाथ–पैर शिथिल होने लगे। दोनों की स्थिति में अधिक अन्तर नहीं है। अम्बा का हरण किया गया था और गान्धारी के लिए भी भीष्म इसी मंशा से गान्धार आया था। अम्बा शाल्व–कुमार से प्रेम करती थी और गान्धारी भी पुरुषपुर के राजकुमार के लिए मौन सहमति दे चुकी थी। विचित्रवीर्य रोगी था तो धृतराष्ट्र अन्धा है। नहीं, मैं अपनी बहन को हस्तिनापुर की राजनीति की इस दलदल में नहीं छोड़ सकता। वह नहीं झेल पायेगी कुटिल राजनीति के चक्रवातों को, लेकिन शकुनि, तू कर भी क्या सकता है।

इसी उधेड़–बुन में मैं कब शुभा के कक्ष के बाहर पहुँच गया, इसका मुझे भान ही नहीं रहा। मुझे देखते ही शुभा ने हमेशा की तरह अपनी मधुर मुस्कान से मेरा स्वागत किया, लेकिन उसकी मुस्कुराहट के पीछे की पीड़ा उसकी आँखों से स्पष्ट दिखायी दे रही थी। मेरे आने की आहट सुनकर उसने अश्रु तो पोंछ लिए थे, लेकिन आँखों की नमी और सूजन बता रही थी कि शुभा को पूरे घटनाक्रम की जानकारी हो चुकी है। कदाचित् पिताजी ने ही उसे सब–कुछ बता दिया था। अपने आँसुओं को छिपाने के लिए शुभा ने वातायन से बाहर झाँकते हुए मुझ से औपचारिक प्रश्न किया–"कैसे हैं भैया?" शुभा की वाणी में जो पीड़ा थी, वह मुझ से छिपी नहीं रह सकी। मैंने कहा–"शुभा, आँसुओं से भरे अपने मुख को छिपाने की तुम्हें कोई आवश्यकता नहीं। मुख छिपाने की स्थिति तो मेरी और महाराज सुबल की है, जिनके जीवित रहते आज तुम्हें ये दिन देखना पड़ रहा है। हम तुम्हारे अपराधी हैं शुभा।"

इतना कहते–कहते मेरी आवाज़ भी भर्रा गयी। कठिन से कठिन परिस्थिति में भी मेरी आँखों से आँसू नहीं निकलते थे और

शुभा, जिसे मैंने अपनी बहन से अधिक अपनी पुत्री की तरह स्नेह किया था, उसके सामने तो मुझे अश्रु बहाने की स्वतन्त्रता भी नहीं थी, लेकिन आज भीष्म के आगमन से स्थितियाँ ऐसी निर्मित हो गयी थीं कि मैं अपने आँसुओं का सैलाब रोक नहीं सका और गान्धारी के कंधे पर सर रखकर सिसकने लगा। तभी गान्धारी के कक्ष में माँ और पिताजी ने भी प्रवेश किया। माँ–पिताजी की आँखें भी नम हो गयीं, लेकिन गान्धारी ने गजब का धैर्य दिखाते हुए मुझ से कहा–"भैया, जिसे मैं अपना सबसे बड़ा रक्षक समझ रही हूँ, वह इस तरह से रोने लगेगा तो मेरी रक्षा कौन करेगा।" मैंने कहा–"शुभा, मैं कोई योद्धा नहीं हूँ, फिर भी अपने प्राण देने के लिए प्रस्तुत हूँ।" मेरी बात को बीच से ही काटकर गान्धारी बोली–"मुझे भली–भाँति पता है कि आप मुझे अपने प्राणों से भी अधिक प्रेम करते हैं, लेकिन अभी न तो प्राण देने की स्थिति है और न ही भीष्म से युद्ध करने की आवश्यकता है। भैया, भीष्म यहाँ मेरे प्राण लेने के लिए नहीं आये हैं। वे तो विवाह–प्रस्ताव लेकर आये हैं और ये विवाह–प्रस्ताव मुझे स्वीकार है।"

आश्चर्यचकित होते हुए मैंने कहा–"तुझे पता है शुभा कि धृतराष्ट्र जन्म से अन्धा है और फिर भी तू कह रही है कि ये विवाह–प्रस्ताव तुझे स्वीकार है?"

गान्धारी ने उत्तर दिया–"गान्धार के पूरे राज्य और प्रजा के जीवन में अन्धकार भरने से बेहतर होगा कि मैं अपने जीवन के अन्धकार को स्वीकार कर लूँ और इतना बड़ा निर्णय मैंने इसी विश्वास पर लिया है कि भ्राता शकुनि कितने भी अन्धकार में मेरा साथ नहीं छोड़ेंगे।"

गान्धारी ने एक ऐसा फ़ैसला कर लिया था, जिसे सुनकर मेरा रोम–रोम काँप उठा। उसका फ़ैसला था अन्धे धृतराष्ट्र की ही तरह, अपनी आँखों पर पट्टी बाँधकर ख़ुद को भी अन्धा बना लेने का। गान्धारी की इस कठिन प्रतिज्ञा में मेरी कदापि सहमति नहीं थी। मेरा अनुमान था कि ये अन्धे धृतराष्ट्र से विवाह की विवशता

का ही परिणाम था कि उसे पति सहित ससुराल पक्ष के किसी भी सदस्य का मुख देखना भी गँवारा नहीं था।

वह प्रथम दिन था, जिस दिन मेरी आँखों में अश्रु आये थे। मैंने भी मन–ही–मन ये फ़ैसला कर लिया, "शकुनि, अब तू कभी नहीं रोयेगा। अब रोयेगा भीष्म। विलाप करेगा पूरा हस्तिनापुर। कुरुवंश के हर व्यक्ति की आँखों में मेरे कारण अश्रु होंगे। जिस सिंहासन के लिए भीष्म छोटे और दुर्बल राज्यों की राजकुमारियों का हरण कर उन्हें अनन्त पीड़ा पहुँचाता रहा है, उसी सिंहासन को मैं कुरुवंश के विनाश का कारण बना दूँगा।"

जानता हूँ कि प्रतिज्ञा और प्रतिशोध में काफ़ी भेद होता है, लेकिन मेरे लिए तो प्रतिशोध ही मेरी प्रतिज्ञा और प्रतिज्ञा ही मेरा प्रतिशोध था। मेरा शत्रु विश्व का सर्वश्रेष्ठ धनुर्धारी योद्धा था और मैंने तो धनुष से शशक के आखेट के अतिरिक्त कुछ भी नहीं किया था। मेरे मन में प्रश्न उठा–"शकुनि, तेरे पास ऐसी कौन–सी योग्यता है, जिसके बल पर तू भीष्म से प्रतिशोध ले सके? जिस काल में तुझे शस्त्र–विद्या का प्रशिक्षण लेना चाहिए था, वह काल तूने चौसर खेलने में व्यर्थ गँवा दिया। भले ही चौसर के पासे तेरे इशारों पर नाचते हों, लेकिन क्या ये पासे भीष्म के धनुष का मुक़ाबला कर सकेंगे?' मेरे मन में जन्मे नये शकुनि ने उत्तर दिया–"क्यों नहीं कर सकेंगे। यदि हस्तिनापुर की राजनीति की चौसर मेरे अनुसार बिछायी गयी तो एक दिन यही पासे भीष्म के धनुष की काट बन सकते हैं।"

मैंने सोच लिया कि हस्तिनापुर की राजनीतिक चौसर की गोटियाँ अब मैं ही तय करूँगा। इसके लिए मेरा हस्तिनापुर में रहना आवश्यक था। परम्परा के अनुसार बहन की ससुराल में रहना किसी भी भाई के लिए सम्मानजनक नहीं माना जाता, लेकिन मैं अब तक अपमान का वह विष पी चुका था, जिसके प्रतिशोध के लिए मैं इस प्रकार के सहस्त्रों अपमानों को झेलने के लिए तैयार था। जिस युवराज शकुनि को कल गान्धार के

राजसिंहासन पर विराजित होना था, उसी शकुनि ने अपना राज्य, अपने माता–पिता, पत्नी और पुत्रों को छोड़कर गान्धारी के साथ हस्तिनापुर जाने का निर्णय ले लिया। इस दिन गान्धार के युवराज के रूप में पहचाने जाने वाले शकुनि की मृत्यु हो गयी और जन्म हुआ एक ऐसे शकुनि का, जो केवल गान्धारी का भाई था। जिसका केवल एक ही ध्येय था, भीष्म और उसके वंश का नाश। भीष्म ने मुझे, मेरे पिता, मेरी बहन और मेरे गान्धार को जो पीड़ा पहुँचाई थी, उससे कहीं अधिक पीड़ा भीष्म को देना मेरे जीवन का लक्ष्य था। अपने ध्येय की सफलता के लिए ये शकुनि अधर्म, असत्य, शड्यन्त्र और कपट जैसे हथकण्डे अपनाने के लिए सहर्ष तैयार था।

उस दिन दर्पण में अपनी छवि देखकर मैं अचम्भित रह गया। मेरी कंजी आँखें, जो मुझे अपने–आप में बेहद आकर्षक लगती थीं, वही आँखें स्वयं मुझे बेहद कठोर और कपटी लगने लगी थीं। गान्धार की धरा पर जन्मा प्रत्येक मनुष्य निष्कपट, सहज व सौम्य मुख–मुद्राओं के लिए जाना जाता था, लेकिन अब मेरे चेहरे की वह सौम्यता कहीं खो चुकी थी।

अगले दिन मैं और पिताजी एक बार फिर भीष्म के सामने थे। पिताजी ने गान्धारी और धृतराष्ट्र के विवाह के लिए सहमति दे दी। मैंने भी भीष्म से अपने व्यवहार के लिए क्षमा माँगी और हर्ष व्यक्त किया कि मेरी बहन अब हस्तिनापुर की सम्राज्ञी बनने जा रही है। गान्धारी के साथ मेरे हस्तिनापुर चलने के प्रस्ताव पर भीष्म को कोई आपत्ति नहीं थी। नेत्रहीन धृतराष्ट्र का गान्धार आना सम्भव नहीं था, इसलिए विवाह हस्तिनापुर में ही होना तय किया गया।

हस्तिनापुर पहुँचने पर गान्धारी का भव्य स्वागत किया गया। उसकी आँखों पर पट्टी बँधा होना अवश्य कौतूहल का विषय था, लेकिन इसे गान्धारी के पतिव्रता धर्म से जोड़ दिया गया और हस्तिनापुर में उसकी श्रद्धा–प्रतिष्ठा और अधिक बढ़ गयी।

राजमाता सत्यवती ने गान्धारी की आरती उतारी। श्वेत केशों में राजमाता को देखकर मेरे मन में विचार आया कि यही वह स्त्री है, जिसके सौन्दर्य में वशीभूत शान्तनु अपने कुल और राज्य को भी भूल गये थे। कुरूवंश के लिए मेरा मन एक बार फिर घृणा से भर गया, किन्तु अब मैं अपनी भावनाओं को चेहरे पर प्रकट न होने देने में माहिर हो चुका था। जब मैंने पहली बार गान्धारी के देवर राजकुमार पाण्डु को देखा तो मुझे विश्वास ही नहीं हुआ कि पाण्डु कोई राजपुत्र है। न उसके चेहरे पर कोई तेज था, न नेत्रों में ओज। और काया तो ऐसी थी कि मेरे जैसा सामान्य शक्ति का पुरुष भी उसे अपनी भुजाओं में दबोच ले तो कदाचित् उसके प्राण ही निकल जायें।

धृतराष्ट्र–गान्धारी का विवाह सम्पन्न हो गया। प्रतीक्षा थी धृतराष्ट्र के राज्याभिषेक की, लेकिन कभी योग्य मूहूर्त के न होने के कारण तो कभी राजकुमार पाण्डु की अस्वस्थता के कारण या फिर किसी अन्य कारण से राज्याभिषेक की तिथि तय ही नहीं हो पा रही थी। राजभवन के मामलों में मेरा सीधा हस्तक्षेप योग्य नहीं था, लेकिन मुझे आभास हो रहा था कि धृतराष्ट्र के राज्याभिषेक समारोह का आयोजन निरन्तर टाला जा रहा है। क्या वजह है कि जिस सिंहासन पर उसके उत्तराधिकारी को बिठाने के लिए भीष्म ने उसके विवाह की इतनी जल्दी की थी, उसी के राज्याभिषेक समारोह में इतना विलम्ब हो रहा था। मेरा इस विलम्ब के मूल में जाना सरल नहीं था। आख़िर मैं किस हैसियत से हस्तिनापुर राजभवन के निर्णय में हस्तक्षेप कर सकता था। मैंने हस्तिनापुर के मन्त्रियों से अनौपचारिक मैत्री बढ़ाना आरम्भ कर दिया। मैत्री बढ़ाने का सबसे अच्छा माध्यम थी–गान्धार की मदिरा। उत्कृष्ट गुणवत्ता की गान्धार की मदिरा ने हस्तिनापुर मन्त्रिमण्डल के कुछ मन्त्रियों को तो मेरा मित्र बना ही दिया। इन्हीं में से एक था–कणिक। अपनी लोभी प्रवृत्ति के कारण कणिक हस्तिनापुर राजसभा में कुछ उपेक्षित ही था। सुरा और सुन्दरी के रसिक

कणिक को अपने पक्ष में करने में मुझे अधिक श्रम नहीं करना पड़ा। राजभवन की सूचनाएँ प्राप्त करना अब मेरे लिए सरल हो गया। कणिक से ही मुझे ये सूचना मिली कि धृतराष्ट्र के राज्याभिषेक के निर्णय पर पुनर्विचार चल रहा है। महामन्त्री विदुर की नीति कहती है कि एक जन्म से अन्धा व्यक्ति राजा बनने के योग्य नहीं है। राजा को प्रजापालन और शासन के विभिन्न प्रकार के कार्य करने होते हैं। एक जन्मान्ध भला इतने महत्त्वपूर्ण उत्तरदायित्व कैसे निभा सकता है। विदुर के अनुसार ये भी आवश्यक नहीं था कि ज्येष्ठ राजकुमार ही सिंहासन पर विराजित हो। उसने राजसभा में महाराज शान्तनु और पुरु का उदाहरण देते हुए कहा कि महाराज शान्तनु और पुरु भी ज्येष्ठ राजकुमार नहीं थे। फिर भी तत्कालीन परिस्थितियों के अनुसार उन्हें राजा बनाया गया। वर्तमान में भी परिस्थितियाँ कुछ ऐसी ही हैं। ऐसे में राजकुमार पाण्डु को राजा बनाया जाना ही जनहित में होगा।

"विदुर की बात सुनकर धृतराष्ट्र की क्या प्रतिक्रिया थी?" मैंने उत्सुकता के साथ कणिक से प्रश्न किया। मदिरा में आकण्ठ डूबा कणिक केवल इतना ही बता पाया कि प्रकट रूप में तो धृतराष्ट्र ने विदुर के तर्कों का कोई विरोध नहीं किया। कणिक तो सुरा के आधिक्य से बेसुध हो गया, लेकिन मेरा मस्तिष्क बहुत तेज़ी से कार्य करने लगा। गान्धारी से धृतराष्ट्र के विवाह से मैं किंचित भी प्रसन्न नहीं था। इसमें मेरे लिए सन्तोष की बात केवल इतनी थी कि मेरी बहन आर्यावर्त के सबसे बड़े राजवंश की सम्राज्ञी बनने जा रही थी, लेकिन विदुर की नीति ने इसमें भी अड़ंगा लगा दिया था।

मेरे हस्तिनापुर में आने के दिन से ही विदुर मेरी आँखों में चुभ रहा था और शायद विदुर को भी मैं उतना ही अप्रिय था। वास्तव में, हस्तिनापुर की सत्ता भीष्म के हाथ में थी और भीष्म विदुर के हाथ में थे। राज्य के सामरिक निर्णय भले ही भीष्म करते हों, किन्तु दैनिक क्रियाकलाप और राज्य–संचालन से सम्बन्धित

निर्णय विदुर के ही हुआ करते थे। ये बात और है कि विदुर बड़ी चतुराई से अपने निर्णयों पर भीष्म और दोनों राजकुमारों की सहमति की औपचारिक मुहर लगवा लेता था। पिछली सारी घटनाओं और कष्टकारी अनुभवों को मैंने ये सोचकर सहन किया था कि कम–से–कम मेरी बहन हस्तिनापुर की सम्राज्ञी बनेगी, लेकिन अपनी नीति के कुचक्र से विदुर मुझसे ये ख़ुशी भी छीन लेना चाहता था। हालाँकि विदुर की नीति से पूर्णतः असहमत भी नहीं हुआ जा सकता था। व्यावहारिक रूप से ये बात सही थी कि राजा के रूप में नेत्रहीन को राजकार्य के लिए दूसरों पर निर्भर होना पड़ेगा, किन्तु पीत–रोग से ग्रसित पाण्डु को भी इस योग्य कैसे माना जा सकता था। पाण्डु अपने रोग के कारण पूरी तरह से चिकित्सकों और वैद्यों पर निर्भर था। अपने ही शरीर के रोग से लड़ रहे पाण्डु का भी राजकार्य में हस्तक्षेप कम ही था। निश्चित ही पाण्डु को भी राजा बनने के लिए सुयोग्य नहीं माना जा सकता था।

उधर हस्तिनापुर की प्रजा में विदुर की छवि एक योग्य, बुद्धिमान, दूरदर्शी और धर्मपरायण महामन्त्री की थी। विदुर का जन्म भले ही एक साधारण दासी के गर्भ से हुआ हो, लेकिन धृतराष्ट्र और पाण्डु की ही तरह, वह महर्षि वेदव्यास का नियोग पुत्र था। इस नाते से वह राजकुमारों का भाई भी था। सहसा मेरे मस्तिष्क में एक शंका कौंधी। यदि हस्तिनापुर की राजसभा में ये बात मान्य हो गयी कि धृतराष्ट्र और पाण्डु दोनों ही राजसिंहासन के योग्य नहीं हैं तो आख़िर सिंहासन पर विराजित होने का अधिकार किसे हैं। दोनों राजकुमारों की अयोग्यता प्रमाणित कर विदुर स्वयं सिंहासन पर आरुढ़ होने का स्वप्न तो नहीं देख रहा हैं! राजमाता सत्यवती तो हमेशा से अपने वंश को हस्तिनापुर के शासक के रूप में देखना चाहती रही हैं। उनके लिए तो धृतराष्ट्र, पाण्डु और विदुर तीनों ही उनके कानीन पुत्र वेदव्यास की नियोग सन्तानें हैं। यदि धृतराष्ट्र और पाण्डु किसी कारण से सिंहासन

के योग्य नहीं हैं तो राजमाता सत्यवती सिंहासन विदुर को सौंपने में भी आपत्ति नहीं करेंगी। भीष्म को तो विदुर हमेशा से ही प्रिय हैं। ये बात सत्य है कि हस्तिनापुर के इतिहास में दासीपुत्र को सिंहासन पर बिठाने की कभी कोई परम्परा नहीं रही, लेकिन असाधारण परिस्थितियों को देखते हुए ऐसा असाधारण निर्णय लिया जाना असम्भव भी नहीं था। भले ही विदुर राजपुत्रों के जैसा शस्त्रज्ञाता या योद्धा नहीं था, लेकिन भीष्म जैसे सेनापति के होते ये कोई समस्या नहीं थी। जो अब तक नहीं हुआ था, उसकी सम्भावना ने भी मुझे भयभीत कर दिया था। विदुर के मन में क्या योजना है, ये शत–प्रतिशत तो मुझे ज्ञात नहीं था, लेकिन इतना तो निश्चित था कि विदुर धृतराष्ट्र को सिंहासन से वंचित करना चाहता है, जो मेरे और मेरी बहन के लिए उचित नहीं था। इन परिस्थितियों में ये जानना सबसे महत्त्वपूर्ण था कि धृतराष्ट्र इस सम्बन्ध में क्या सोचते हैं। सम्बन्ध से वे मेरे बहनोई थे इसलिए औपचारिकताओं की सीमा को लाँघकर मैं सीधा धृतराष्ट्र के भवन जा पहुँचा। गोधूलि बेला का समय बीत चुका था और महल मशाल के प्रकाश से जगमगा रहा था। परिचारिकाओं ने मेरे आगमन की सूचना धृतराष्ट्र को दी। धृतराष्ट्र के निजी कक्ष में गीत–संगीत का कार्यक्रम जारी था। गणिकाओं और नर्तकियों के नृत्य की ध्वनि भी बाहरी कक्ष तक आ रही थी। मुझे आश्चर्य हुआ कि इस मूर्ख के हाथ से सिंहासन फिसलता जा रहा है और ये यहाँ गणिकाओं के साथ भोग–विलास में डूबा हुआ है। मेरे आगमन की सूचना मिलते ही संगीत की ध्वनि बन्द हो गयी और परिचारिका ने मुझे अन्दर जाने का संकेत किया। धृतराष्ट्र ने मेरे आने की आहट पाते ही कहा–"स्वागत है गान्धार कुमार।" लेकिन उसके स्वर में कहीं भी प्रसन्नता नहीं थी। धृतराष्ट्र का अभिवादन करते ही मैंने कहा–"लगता है कि मैं ग़लत समय पर आ गया हूँ। यदि कुमार कहें तो बाद में उपस्थित होता हूँ।" इस बार धृतराष्ट्र ने कुछ मुस्कुराते हुए कहा–"नहीं शकुनि,

उसकी कोई आवश्यकता नहीं। आप पधारिये और आसन ग्रहण कीजिए।" धृतराष्ट्र ने संगीत मण्डली को वहाँ से जाने का संकेत कर दिया और कक्ष में उपस्थित निजी सेवक को चषक लाने का आदेश किया।

मैंने फिर कहा—"महाराज के आनन्द में विघ्न डालने के लिए क्षमा चाहता हूँ। यदि मुझे ज्ञात होता कि ये महाराज के प्रमाद का समय है तो मैं इस समय यहाँ आने की धृष्टता क़तई न करता।" मैंने जान—बूझ कर धृतराष्ट्र को 'महाराज' कहकर सम्बोधित किया था। मेरा निशाना बिलकुल ठीक जगह पर लगा। ये धृतराष्ट्र की दुखती रग थी, जिस पर मैंने हाथ रख दिया था। चेहरे पर निराशा के भावों के साथ धृतराष्ट्र ने तुरन्त प्रतिक्रिया दी—"बिना राज्याभिषेक के क्यों मुझे महाराज कहकर सम्बोधित कर रहे हो, शकुनि?"

मैंने फिर अनजान बनते हुए कहा—"क्या अन्तर पड़ता है महाराज। कुछ दिनों में ही तो आपके राज्याभिषेक की औपचारिकता भी पूरी हो ही जायेगी। मैंने सोचा पहले ही आपको महाराज कहने की आदत डाल लूँ।"

धृतराष्ट्र को कुछ कहने का मौक़ा दिये बिना ही मैं बोलता रहा—"गान्धारी तो इन दिनों फूली नहीं समाती। अभी कल ही मुझ से कह रही थी कि पिछले जन्म में मैंने अवश्य ही कुछ पुण्य किये होंगे, तभी तो मुझे ऐसे स्वामी मिले। वास्तव में, उसने तो सोचा भी नहीं होगा कि एक दिन वह हस्तिनापुर की सम्राज्ञी बनेगी।" धृतराष्ट्र के चेहरे पर चिन्ता की रेखाएँ और भी बढ़ गयीं। निराशा में डूबे स्वर में उसने मुझ से कहा—"शकुनि सम्भव है कि जैसा तुम विचार कर रहे हो, वैसा कुछ भी न हो। सम्भव है कि न तो मैं महाराज बनूँ और न ही तुम्हारी बहन को सम्राज्ञी बनने का अवसर मिले।"

मैंने ऐसा दर्शाया, मानो उसकी बात सुनकर मुझे बेहद आश्चर्य हुआ है। मैं बोला—"क्या कह रहे हैं महाराज! आपके राजा बनने में क्या बाधा हो सकती है? पितामह भीष्म आपको राजा बनाने

के अभिलाषी हैं। माता सत्यवती, माता अम्बिका, माता–अम्बालिका सभी हस्तिनापुर के राजसिंहासन पर उसके उत्तराधिकारी को देखने के लिए आतुर हैं। तो फिर कौन है, जो आपके सिंहासन पर आरूढ़ होने में अड़ंगा लगा रहा है?"

एक ठण्डा श्वास छोड़ते हुए धृतराष्ट्र ने कहा–"मेरा भाग्य। जन्म से पहले इसी भाग्य ने मेरे नेत्रों से ज्योति छीन ली थी और उसी के कारण आज मुझसे सिंहासन भी छिनता दिखायी दे रहा है।"

मैंने उत्सुकता दिखाते हुए प्रश्न किया–"क्या राजभवन में कोई महाराज का शत्रु भी है? कृपया ज़रा स्पष्टता से कहें महाराज।"

मेरे व्यवहार से धृतराष्ट्र को लगा कि मुझे राजभवन की घटनाओं की ज़रा भी जानकारी नहीं है। बोला–"कहा न कि मेरे भाग्य के सिवाय कोई मेरा शत्रु नहीं है। नीति, शास्त्र और परम्पराओं के अनुसार जन्म से नेत्रहीन को राजा पद के योग्य नहीं माना गया है और इसीलिए मेरे राज्याभिषेक के सम्बन्ध में पुनर्विचार किया जा रहा है।"

मैंने पूछा–"ये आप से किसने कहा कि शास्त्र और नीति नेत्रहीन को राजा बनाने की अनुमति नहीं देते?" उत्तर मुझे पहले ही ज्ञात था, किन्तु मैं ये जानना चाहता था कि विदुर का नाम लेते समय धृतराष्ट्र के चेहरे पर घृणा या क्रोध के भाव आते हैं या नहीं। धृतराष्ट्र के व्यवहार से स्पष्ट हो गया कि उसके मन में विदुर के लिए बहुत अधिक सम्मान या प्रेम तो नहीं ही है।"

मैंने व्यंग्यात्मक ढंग से पूछा–"तो फिर आपके नीतिज्ञानी भ्राता किसे सिंहासन के लिए सुयोग्य पाते हैं?" धृतराष्ट्र ने फीकी हँसी हँसते हुए कहा–"अब पाण्डु के अतिरिक्त कौन हो सकता है, शकुनि?"

मेरे लिए ये अपना जाल फेंकने के लिए एकदम सही समय था–"क्षमा करें महाराज, लेकिन मुझे लगता है कि राजभवन में कुछ लोग आपकी नेत्रहीनता और सहृदयता का अनुचित लाभ ले रहे हैं।"

धृतराष्ट्र ने कहा–"नहीं शकुनि, बेचारा पाण्डु तो स्वयं ही सिंहासन पर बैठना नहीं चाहता। वह मेरे साथ कोई छल कर ही नहीं सकता।" मैंने अपने कानों को हाथ लगाते हुए कहा–"महाराज मेरा तात्पर्य नहीं समझे। मेरा संकेत कुमार पाण्डु के लिए नहीं था। कुमार पाण्डु का मन तो गंगा की तरह निर्मल है।" धृतराष्ट्र बोला–"तो किस की बात कर रहे हो शकुनि? ज़रा खुलकर कहो।"

"वैसे मेरा इस मामले में ज़्यादा बोलना उचित नहीं है, लेकिन अपनी बहन और उसके परिवार के भविष्य को अन्धकार में देखते हुए चुप भी नहीं रहा जाता। महाराज, आप ही विचार कीजिए कि नेत्रहीनता की आड़ में आपको सिंहासन से वंचित करने में किसका लाभ हो सकता है?"

इस बार धृतराष्ट्र का स्वर कुछ तल्ख़ी लिए हुए था। उसने कहा– "शकुनि, यदि तुम्हारा संकेत पितामह की ओर है तो उनके सम्बन्ध में ऐसा सोचना भी अपराध है। तुम नहीं जानते कि पितामह ने इस हस्तिनापुर के सम्मान और गौरव के लिए कितना त्याग किया है।"

"महाराज, आप तो मेरी पूरी बात सुने बिना व्यर्थ ही बिगड़ रहे हैं। मैं न तो गंगापुत्र के सन्दर्भ में बात कर रहा हूँ और न ही मेरा संकेत कुमार पाण्डु की ओर था। मैं तो बहनोई के नेत्र बनकर उन्हें वह तथ्य दर्शाना चाहता था, जिसकी ओर आप जैसे सहृदय व्यक्ति का ध्यान तक नहीं है। यदि महाराज को मेरा हस्तक्षेप अनुचित लगा हो तो मैं क्षमा चाहता हूँ। मुझे आज्ञा दीजिए, महाराज।"

मेरा ये पासा बिलकुल सही पड़ा था। धृतराष्ट्र ने न केवल मुझे जाने से रोका, बल्कि मेरी मान–मनौव्वल भी की। मैंने भी बिना समय गँवाए अपनी बात कहनी शुरू कर दी–"महाराज, नीति का बाण चलाकर आपको सिंहासन से अलग करने की चाल विदुर की है।"

मेरी बात से असहमति जताते हुए धृतराष्ट्र बोला–"इसमें भला विदुर का क्या लाभ हो सकता है? सिंहासन पर चाहे मैं

रहूँ या पाण्डु। विदुर तो राज्य का महामन्त्री है ही और उसका पद बना रहेगा। ऐसे में विदुर कोई चाल भला क्यों चलेगा?" मैंने कहा–"महाराज, आपकी यही सरलता आपकी दुर्बलता बन गयी है और इसी सरलता के चलते आप विदुर की योजना को समझ ही नहीं पा रहे हैं। आपने कभी कुमार पाण्डु को ध्यान से देखा है?" ये प्रश्न पूछते ही तुरन्त मुझे अपनी ग़लती का एहसास हो गया। ये अन्धा भला किसी को कैसे देख सकता है। अपनी त्रुटि को तत्काल सुधारते हुए मैंने कहा–"मेरे कहने का तात्पर्य है कि क्या आपको कुमार पाण्डु के स्वास्थ के बारे में कोई जानकारी है? कुमार पाण्डु दिन–ब–दिन और भी कृशकाय होते जा रहे हैं। उनका अधिकतम समय चिकित्सकों और वैद्यों की निगरानी में ही बीतता है। औषधि के समय में ज़रा–सा विलम्ब उन्हें कठिनाई में डाल देता है। ऐसे में आपको लगता है कि कुमार पाण्डु इस राजसिंहासन के लिए योग्यता की कसौटी पर खरे उतरते हैं?"

धृतराष्ट्र की प्रतिक्रिया कुछ ऐसी थी कि एक बार तो मुझे लगा कि उसकी पथराई आँखें मुझे देख रही हैं। उसने कहा–"अब नेत्रहीन और पीत रोगी में से कौन सिंहासन पर बैठे इसका निर्णय सहज भी नहीं हैं न। और इस निर्णय में पितामह की भी सहमति है कि पाण्डु ही सिंहासन पर बैठे। कम–से–कम वह अपने राज्य और प्रजा को देख तो सकेगा।"

मैंने कुछ झल्लाकर कहा–"पितामह तो हर उस बात को सहमति दे देंगे, जिसका प्रस्ताव विदुर ने रखा हो, लेकिन महाराज आप तनिक विचार करें। प्रतिदिन अपने रोग से संघर्ष करने वाले कुमार पाण्डु कितने दिन शासन कर सकेंगे? मेरी बात आपको कड़वी अवश्य लगेगी, लेकिन सच्चाई ये है कि कुमार पाण्डु कितनी अवस्था तक जीवित रह सकेंगे, इसका भी कोई ठिकाना नहीं है। आप शायद भूल रहे हैं कि विदुर भले ही दासी पुत्र है, लेकिन वेदव्यास के नियोग पुत्र होने के नाते वह आपका भाई भी है। जब दोनों राजकुमार अपनी असमर्थता के कारण सिंहासन

के योग्य नहीं रहेंगे तो आपके तीसरे भाई के रूप में विदुर का सिंहासन पर बैठना असम्भव तो नहीं होगा।"

मेरा तीर निशाने पर बैठा था। मेरे मन में विदुर के प्रति जो शंका उत्पन्न हुई थी, उसका बीज मैंने धृतराष्ट्र के मन में भी बो दिया था।

अपने भवन में लौटकर भी मैं धृतराष्ट्र, पाण्डु और विदुर के बारे में ही सोचता रहा। ये तीनों ही महर्षि वेदव्यास की नियोग सन्तानें थीं। भीष्म और राजमाता सत्यवती ने वेदव्यास जैसे महान ऋषि को नियोग के लिए नियुक्त ही केवल इसलिए किया था कि हस्तिनापुर को एक सुयोग्य और आदर्श राजा मिल सके, लेकिन वेदव्यास भी पूर्ण सहयोग न मिल पाने के कारण धृतराष्ट्र और पाण्डु जैसी अपूर्ण सन्तान ही उत्पन्न करवा सके। उत्तराधिकारी प्राप्त करने के लिए विशेष परिस्थितियों में नियोग से सन्तान की उत्पत्ति के बारे में मैंने सुना था। नियोग की सबसे आवश्यक शर्त होती है कि गर्भ धारण करने वाली महिला की नियोग के लिए पूरी सहमति हो, लेकिन ब्रह्मचर्य की प्रतिज्ञा करने वाले भीष्म और राजमाता को इसका भी भान नहीं रहा। सम्पूर्ण कुरुवंश और हस्तिनापुर में ज्ञात था कि धृतराष्ट्र और पाण्डु की शारीरिक विकृति वेदव्यास से नियोग के प्रति भय और अरुचि का ही परिणाम थी। धारणा है कि वेदव्यास से नियोग के समय माता अम्बिका ने डर के कारण अपनी आँखें बन्द कर ली थीं, इसलिए धृतराष्ट्र नेत्रहीन जन्मा और माता अम्बालिका की नियोग के प्रति अरुचि के कारण वे भय से पीली पड़ गयीं और परिणामस्वरूप पीत रोग से ग्रसित पाण्डु का जन्म हुआ। इसे दोनों रानियों की नियोग के प्रति असहमति का प्रमाण माना जा सकता है कि तीसरी बार रानी अम्बिका ने नियोग के लिए अपने स्थान पर दासी को ही प्रस्तुत कर दिया।

ये बात सही है कि मैं कुरुवंश के सभी लोगों से घृणा करता था, लेकिन पाण्डु और धृतराष्ट्र की माताओं के लिए मेरे मन में सम्मान और सहानुभूति थी। कदाचित् इसलिए, क्योंकि

उन्हें भी भीष्म बलपूर्वक स्वयंवर से ले आया था। इनकी स्थिति भी मुझे गान्धारी से मिलती–जुलती लगती थी। राजभवन में रहते हुए कभी–कभी मेरी भेंट माता अम्बिका और अम्बालिका से हो जाया करती थी। उनके चेहरे पर कभी भी मैंने प्रसन्नता या सन्तुष्टि के भाव नहीं देखे। दोनों माताओं को देखकर मुझे बार–बार लगता था कि कितना अत्याचार सहा होगा इन दोनों ने। पहले स्वयंवर से हरण, फिर विचित्रवीर्य जैसे निर्वीर्य से विवाह, पति की असमय मृत्यु, स्वयं की इच्छा के विरुद्ध नियोग और नियोग से जो पुत्र प्राप्त हुए वे भी विकलांग, और इन सबके लिए कोई उत्तरदायी था तो वह था भीष्म। मेरा विचार था कि माता अम्बिका और अम्बालिका भी मेरी ही तरह भीष्म से घृणा करती होंगी। अवसर पाकर मैंने दोनों माताओं से इस सम्बन्ध में चर्चा भी करनी चाही, लेकिन दोनों ही ने कभी भीष्म के प्रति किसी प्रकार की घृणा या दुर्भावना के कोई संकेत नहीं दिये। कदाचित् उन्होंने परिस्थितियों को स्वीकार कर उनसे समझौता कर लिया था या अपना प्रतिशोध लेने की उनमें शक्ति ही नहीं बची थी।

विदुर की नीति को ही आधार मानकर हस्तिनापुर में ये तय हो गया कि धृतराष्ट्र की जगह पाण्डु का राज्याभिषेक होगा। गान्धारी और धृतराष्ट्र के विवाह को लेकर मेरे पास प्रसन्नता का जो एकमात्र कारण था वह भी समाप्त हो गया। धृतराष्ट्र ख़ुद भी इस निर्णय का खुलकर विरोध नहीं कर पा रहा था। निस्सन्देह उसका अन्तर्मन इससे आहत था और इसी आहत मन को विद्रोही बनाने का भरपूर प्रयास मैं कर रहा था, लेकिन मुझे सफलता नहीं मिल रही थी। धृतराष्ट्र ने भी सिंहासन छीने जाने के दुख को मदिरा और गणिकाओं के साथ भोग में भुला दिया था।

इधर, राजा बनने के समाचार ने पाण्डु के स्वास्थ्य में भी कुछ सुधार ला दिया था। चिकित्सकों के घेरे से बाहर निकलकर पाण्डु अब राजकार्य में भी रुचि लेने लगा था, किन्तु बिना विवाह के पाण्डु का भी राज्याभिषेक सम्भव नहीं था। इसी दौरान

हस्तिनापुर को राजा कुन्तीभोज की गोद ली गयी पुत्री 'पृथा', जिसे कुन्तीभोज की दत्तक पुत्री होने के कारण 'कुन्ती' के नाम से जाना जाता था, के स्वयंवर का निमन्त्रण आया। इस सूचना से भीष्म काफ़ी उत्साहित दिखायी दिये। राजमाता सत्यवती से विचार–विमर्श के बाद पाण्डु को इस स्वयंवर में भेजना सुनिश्चित किया गया। इसे पूरे आर्यावर्त पर हस्तिनापुर जैसे शक्तिशाली राज्य का प्रभाव ही कहा जायेगा कि कुन्ती ने अपने स्वयंवर में उस राजकुमार के गले में वरमाला डाली, जो कुछ मास पहले तक शैय्या से भी बमुश्किल उठ पाता था। हस्तिनापुर पहुँचने पर पाण्डु और कुन्ती का होने वाले महाराज और महारानी के रूप में ज़ोरदार स्वागत किया गया। राज्याभिषेक की औपचारिकता भी शीघ्र ही पूरी कर ली गयी।

पाण्डु अब हस्तिनापुर का सम्राट था और कुन्ती सम्राज्ञी। पाण्डु का सम्राट बनना मेरे मुँह पर तमाचा था। पहले भीष्म के सम्मुख न तो मैं एक भाई के रूप में अपनी बहन की रक्षा कर सका था और आज उसके ससुराल में उसका अधिकार छीना जा रहा था और मैं चुप था। भीष्म ने गान्धार में मेरे और महाराज सुबल के सामने गान्धारी को हस्तिनापुर की सम्राज्ञी बनाने का आश्वासन दिया था, लेकिन अब इस बूढ़े को अपना वचन स्मरण होगा, इसमें भी मुझे शंका थी। मैं भीष्म से पूछना चाहता था कि प्रतिज्ञा के लिए सब–कुछ लुटाने वाले भीष्म, क्या मुझ से, मेरे पिता से और मेरी बहन गान्धारी से जो वचन तुमने कहे थे, उनका कोई मूल्य नहीं? किन्तु ऐसा करने का मेरा साहस ही नहीं हुआ। हस्तिनापुर में भीष्म से इस स्वर में बात करने का अर्थ स्वयं के प्राण गँवाना भी हो सकता था। मुझे तो इस कुल के हर सदस्य को ये अनुभव करवाना था कि हस्तिनापुर ने गान्धार और गान्धारी के साथ कितना बड़ा अन्याय किया है और शकुनि कुरुवंश को कैसा भयंकर दण्ड देने वाला है।

मैं चाहता था कि पाण्डु और कुन्ती की कोई सन्तान होने से पहले गान्धारी एक पुत्र को जन्म दे दे, ताकि ज्येष्ठता को आधार

बनाकर पाण्डु के बाद गान्धारी के पुत्र को सिंहासन पर बिठाया जा सके। वैसे भी सिंहासन पर धृतराष्ट्र का ही अधिकार था। विदुर की चतुर नीति ने उसके अंधत्व को आधार बनाकर उसे सिंहासन से अलग कर दिया था, लेकिन धृतराष्ट्र और गान्धारी का पुत्र पूर्णतः स्वस्थ हुआ तो उसे सिंहासन पर बैठने से कौन रोक सकता है।

मेरा लक्ष्य अभी कोसों दूर था, लेकिन हस्तिनापुर राजभवन में मेरा जाल फैल चुका था। राजभवन के कई कर्मचारियों से लेकर मन्त्री तक मेरे लिए महत्त्वपूर्ण सूचनाएँ लाने लगे थे। उसी समय पाण्डु के भवन के एक कर्मचारी से मुझे सूचना मिली कि पाण्डु और कुन्ती का दाम्पत्य सामान्य नहीं है। सूचना पक्की थी कि महाराज पाण्डु और महारानी के शयन–स्थल अलग हैं। इस सूचना से मेरी बाँछें खिल गयीं। पीत रोग से ग्रसित पाण्डु दाम्पत्य जीवन के योग्य नहीं है, ये आशंका तो मुझे पहले से ही थी और नवविवाहित पाण्डु जिस प्रकार से अपना अधिकांश समय आखेट में व्यतीत किया करता था, उसने मेरी शंका को और भी प्रबल कर दिया था। आख़िर ऐसा कौन मनुष्य होगा, जो कुन्ती जैसी रूपवती नवविवाहिता से दूर मृगों और वन्य शूकरों को मारने में आह्लादित हो। तभी से मैंने पाण्डु के भवन के एक कर्मचारी को विश्वास में लेकर सारी सूचनाएँ प्राप्त करना आरम्भ कर दिया। कुन्ती एक आकर्षक व सुन्दर राजकन्या थी और कृशकाय पाण्डु से उसका कोई मेल दिखायी नहीं देता था। कर्मचारी ने मुझे ये भी बताया था कि उनके निजी कक्ष से कुन्ती और पाण्डु के कलह के स्वर भी यदा–कदा बाहर आ जाया करते थे। नवविवाहित दम्पत्ति में इस प्रकार की कलह उचित नहीं कही जा सकती थी, लेकिन कुन्ती और पाण्डु के बीच की ये दूरियाँ मेरे लिए काफ़ी शुभ थीं। शीघ ही ये समाचार पूरे महल में फैल गया कि महाराज पाण्डु और महारानी कुन्ती के बीच सब–कुछ सामान्य नहीं है। बताने की आवश्यकता नहीं है कि इस सूचना को पूरे महल में प्रचारित करना मेरी ही योजना का हिस्सा था।

इस बीच पाण्डु ने राजसभा के समक्ष ऐसा प्रस्ताव रखा, जिसे सुनकर मेरी हँसी ही छूट गयी। महाराज पाण्डु ने नहुष, ययाति, पुरु, शान्तनु के वंश परम्परा को क़ायम रखने के लिए दिग्विजय पर जाने का निश्चय किया। जहाँ तक मेरी जानकारी थी, पाण्डु ने शस्त्रों का प्रशिक्षण लिया अवश्य था, लेकिन वह कोई ऐसा योद्धा या सेनापति नहीं था, जो दिग्विजय जैसे अभियान का नेतृत्व कर सके। राजसभा में महाराज पाण्डु के इस प्रस्ताव पर गहन विचार मन्थन हुआ। महाराज पाण्डु की अवस्था को देखकर कोई भी इस पर सीधी सहमति नहीं दे रहा था। सभी के मन में प्रश्न यही था कि स्वयं अपने ही रोग से लड़ रहे महाराज पाण्डु दिग्विजय अभियान को कैसे सफल बना सकेंगे, लेकिन प्रकट रूप में ये कहने का साहस किसी में भी नहीं था। आख़िरकार महाराज पाण्डु के हठ के आगे राजसभा भी नतमस्तक हो गयी। ये तय किया गया कि महाराज पाण्डु दिग्विजय अभियान में सम्मिलित अवश्य रहेंगे, किन्तु प्रत्यक्ष युद्ध में सेना का नेतृत्व नहीं करेंगे। भीष्म द्वारा प्रशिक्षित अश्वारोहिणी सेना महाराज पाण्डु के साथ रहेगी।

महाराज पाण्डु के इस प्रकार अचानक दिग्विजय पर जाने के निर्णय को कुछ लोग भले ही उनकी वीरता से जोड़कर देख रहे हों, किन्तु मुझे भली-भाँति पता था कि इसके मूल में क्या था। पाण्डु किसी भी तरह अपनी नवविवाहिता से दूरी बनाये रखना चाहते थे और अपनी निर्वीर्यता को, वीरता का नाम देना इसका सबसे उत्तम मार्ग था।

पूरे आर्यावर्त में उस समय हस्तिनापुर के जैसा सक्षम कोई राज्य था तो वह था मगध और उसका राजा जरासंध, लेकिन पाण्डु की दिग्विजय वाले राज्यों की सूची में जरासंध का राज्य सम्मिलित नहीं था। ऐसे में हस्तिनापुर और भीष्म की शक्ति के आगे ये एक ऐसी दिग्विजय साबित हुई, जहाँ हर राज्य ने पाण्डु के स्वागत में पलक-पाँवडे बिछा दिये।

महाराज पाण्डु को भारी–भरकम कर और उपहार देकर ससम्मान विदा किया गया। जिन स्वाभिमानी राज्यों ने पाण्डु का विरोध किया, वे हस्तिनापुर की विशाल सेना के सामने, मानो आर्यावर्त के मानचित्र से ही मिट गये। अपनी नपुंसकता छिपाने के लिए व्यर्थ का रक्तपात कर पाण्डु को वापस तो लौटना ही पड़ा, परन्तु हस्तिनापुर में तो वह समस्या अभी भी जस की तस थी, जिससे मुँह चुरा कर पाण्डु दिग्विजय के लिए निकला था।

पाण्डु और कुन्ती के बीच दूरियाँ होने की सूचना भीष्म के कानों तक भी पहुँच गयी। जिस व्यक्ति ने हमेशा स्वयं को स्त्री प्रसंग और विवाह से दूर रखा हो, वह भला इन बातों को क्या समझे। भीष्म ने समझा कि कुन्ती पाण्डु को प्रिय नहीं है और भीष्म चल पड़े अपने प्रिय पाण्डु के लिए दूसरी पत्नी का प्रबन्ध करने। भीष्म ने मद्रदेश के राजा शल्य के समक्ष उसकी भगिनी माद्री से पाण्डु के विवाह का प्रस्ताव रखा। हस्तिनापुर के सामर्थ्य का प्रभाव कुछ ऐसा था कि मद्रराज शल्य भी इस प्रस्ताव से असहमति नहीं जता सके। पाण्डु का दूसरा विवाह भी सम्पन्न हो गया। भीष्म ने भले ही ये क़दम पाण्डु के प्रति अपने स्नेह के चलते उठाया हो, लेकिन इससे पाण्डु के लिए संकट कई गुना बढ़ गया। जो व्यक्ति एक ही पत्नी का सामना न कर पा रहा हो, उसके समक्ष दूसरी स्त्री पत्नी के रूप में खड़ी हो जाये तो उसकी स्थिति की केवल कल्पना ही की जा सकती है।

दिग्विजय से लौटा पाण्डु अपनी पत्नियों से दूर रहने के लिए अब भी अपना अधिकांश समय आखेट में ही व्यतीत करता था। इसी बीच एक ऐसा समाचार आया कि जिसने हस्तिनापुर और उसकी राजनीति को एक बार फिर हिलाकर रख दिया। समाचार लाने वाले दूत के अनुसार आखेट के दौरान महाराज पाण्डु ने एक मृग–युगल पर तीर चला दिया था। वास्तव में, वह मृग–युगल ऋषि किंदम और उनकी स्त्री थी, जो मृग रूप में प्रणयलीन थे। पाण्डु ने मृग समझकर उस पर बाण चला

दिया और ऋषि किंदम की मृत्यु हो गयी। मरते समय ऋषि ने महाराज पाण्डु को ये श्राप दिया कि यदि वह भी किसी स्त्री के साथ संभोगरत होगा तो उसकी भी उसी तरह पीड़ादायी मृत्यु हो जायेगी, जैसी ऋषि किंदम और उनकी पत्नी की हुई है। इस समाचार को सुनते ही राजभवन में शोक की लहर दौड़ गयी। राजभवन की महिलाएँ विलाप करने लगीं और मैं पाण्डु की बनायी कहानी को सुनकर उसकी बुद्धिमत्ता की दाद देने के लिए विवश हो गया। मुझे लगा कि किस चतुराई से पाण्डु ने इस कथा को रचकर अपनी नपुंसकता को श्राप का रूप दे दिया है। इस घटना के बाद जब पाण्डु आखेट से लौटा तो उसका सिर झुका हुआ था। उसने राजसी वस्त्रों के स्थान पर श्वेत वस्त्र धारण किये हुए थे। राजभवन पहुँचते ही पाण्डु ने सम्पूर्ण घटना का विवरण देते हुए वनवास जाने की घोषणा कर दी। पाण्डु के इस निर्णय से पूरे हस्तिनापुर में हड़कम्प मच गया। बड़ी मुश्किल से हस्तिनापुर को एक राजा मिला था और उस राजा को भी एक श्राप के कारण वनवास जाने का निर्णय लेना पड़ रहा था। मेरे लिए तो यह आनन्द और हँसने का समय था। आनन्द इसलिए, क्योंकि अब गान्धारी की सन्तानों के लिए सिंहासन का रास्ता साफ़ दिखायी दे रहा था और ठहाके मैं इसलिए लगा रहा था, क्योंकि मुझे ये ज्ञात था कि पाण्डु ने अपनी कमज़ोरी को किस प्रकार ऋषि के श्राप का आवरण ओढ़ा दिया था।

शापित पाण्डु ने वन में निवास करने का निर्णय लिया तो कुन्ती और माद्री ने भी उसके साथ वनवास करने की ठान ली। पाण्डु की ओर से मैं निश्चिन्त हो चुका था, लेकिन विदुर की ओर से संकट अभी भी बना हुआ था। पाण्डु के वनगमन के दो दिन बाद ही हस्तिनापुर में राजसभा का आयोजन होना था। मेरा विचार था कि इस सभा में विदुर बड़ी चतुराई से धृतराष्ट्र और पाण्डु के बाद सिंहासन के लिए किसी तीसरे विकल्प को चुनने का प्रस्ताव रखेगा। फिर लम्बे विचार–विमर्श के बाद तीसरे विकल्प के रूप में

विदुर का नाम सामने आ जायेगा। विदुर सिंहासन ग्रहण करने में अरुचि दिखाने के ढोंग के बाद पितामह की आज्ञा की आड़ लेकर महाराज बनने को राज़ी हो जायेगा। आर्यावर्त के सबसे शक्तिशाली साम्राज्य का स्वामी एक दासीपुत्र हो जायेगा! नहीं, मैं यह किसी भी क़ीमत पर होने नहीं दे सकता। विदुर अपना पासा फेंके इसके पहले ही मुझे अपना दाँव चलना था। पाण्डु और धृतराष्ट्र की अक्षमता का लाभ उठाकर विदुर को सिंहासन पर बैठाने का विचार भी किसी के मन में आये, इससे पहले ही धृतराष्ट्र को सिंहासन पर बैठा दिया जाना चाहिए। अब तक मुझे हस्तिनापुर की राजसभा में भी एक सामान्य सभासद के रूप में प्रवेश मिल चुका था। पाण्डु के वन जाने के कारण सभा में उपस्थित जन काफ़ी शोकाकुल दिखायी दे रहे थे या फिर शोकमग्न होने का दिखावा कर रहे थे।

विदुर की कुटिलता पर मेरी पहली विजय

उस दिन सभा में प्रथम वक्ता के रूप में मैं ही खड़ा हुआ। शोक का झूठा लबादा ओढ़कर मैंने कहा–"हस्तिनापुर जैसे महान राष्ट्र के लिए ये बेहद कठिन समय है। लम्बी प्रतीक्षा के बाद हस्तिनापुर को महाराज पाण्डु के रूप में एक सुयोग्य राजा मिला था, लेकिन इसके बाद भी सिंहासन रिक्त है और राजा वन में रहने के लिए अभिशप्त हैं। वास्तव में ऋषि किंदम का श्राप महाराज पाण्डु को नहीं, बल्कि पूरे हस्तिनापुर को मिला है।" ये कहते हुए मैंने मुख–मुद्रा कुछ ऐसी बना ली थी, मानो रो ही पड़ूँगा। मेरे भर्राए हुए स्वर को सुनकर धृतराष्ट्र ने कहा–"शकुनि, सँभालो अपने–आप को। अगर संकट का समय है तो इसका समाधान भी अवश्य होगा।"

मैंने अपनी बात जारी रखी–"यदि राजसभा की आज्ञा हो तो हस्तिनापुर का हितैषी होने के नाते मैं इस राजसभा में अपने कुछ सुझाव रखना चाहता हूँ।"

मेरा इतना कहना था कि विदुर के चेहरे के भाव बदल गये। स्पष्ट था कि राजसभा में मेरा बोलना विदुर को गंवारा नहीं था, लेकिन धृतराष्ट्र ने तुरन्त कहा–"इतनी औपचारिकता की आवश्यकता नहीं है शकुनि। हस्तिनापुर के हित के किसी भी सुझाव का यहाँ स्वागत है। तुम अपनी बात निर्भीक होकर कह सकते हैं।" मैंने अपनी बात आरम्भ की–"इतना शक्तिशाली, सम्पन्न और समर्थ राष्ट्र होने के बावजूद हस्तिनापुर के राजसिंहासन का उत्तराधिकारी हमेशा से एक जटिल प्रश्न रहा है। महाराजा शान्तनु को गुज़रे

कई वर्ष बीत चुके हैं, लेकिन उनके बाद से या तो यह सिंहासन रिक्त रहा है या फिर अल्पकाल के लिए विचित्रवीर्य या पाण्डु इस पर विराजित हो सके हैं। हमारे गान्धार में मान्यता है कि राजसिंहासन कभी भी रिक्त नहीं होना चाहिए। राजसिंहासन का रिक्त होना अशुभ माना जाता है, लेकिन मैं देख रहा हूँ कि हस्तिनापुर का राजसिंहासन तो ज़्यादा समय रिक्त ही रहा है और महाराज पाण्डु के वनगमन के बाद जो स्थिति बनी है, उसके बाद तो लगता है कि सिंहासन एक बार फिर लम्बे समय तक रिक्त ही बना रहेगा। मेरा इस सभा से अनुरोध है कि सिंहासन रिक्त रखने के इस अपशकुन को न दोहराया जाये।"

भीष्म बोले–"सिंहासन को रिक्त रखने के पक्ष में तो कोई भी नहीं है, शकुनि, लेकिन समस्या ये है कि अब सिंहासन पर किसे बिठाया जाये।"

मैंने विदुर को बोलने का अवसर न देते हुए कहा–"बदली हुई परिस्थितियों में कुमार धृतराष्ट्र ही एकमात्र विकल्प हैं।" मेरी बात काटकर विदुर ने कहा–गान्धार कुमार, इस विषय में पहले ही काफ़ी विचार–विमर्श हो चुका है। कुमार पाण्डु के राज्याभिषेक से पहले ही सभा ने ये तय किया था कि जन्म से नेत्रहीन व्यक्ति को राज्य की कमान नहीं सौंपी जा सकती।" मैंने कहा–"मैं जानता हूँ कि विदुर–नीति एक नेत्रहीन को राजा बनाये जाने के विरुद्ध है, किन्तु ये आपातकाल है और आपातकालीन परिस्थितियों में सामान्य नियम और नीतियाँ शिथिल भी करनी पड़ती हैं।" विदुर का चेहरा क्रोध से तमतमा गया। मुझे लगा कि उसका बस चलता तो वह गला घोंटकर मेरी हत्या ही कर देता, लेकिन राजनीति के इस माहिर खिलाड़ी ने तुरन्त ही अपने चेहरे के भाव को नियन्त्रित कर लिया और सौम्यता दिखाते हुए बोला–"मेरा विचार है कि महाराज पाण्डु वन में रहकर ऋषि किंदम की अनजाने में हुई हत्या के पाप से उबरने के लिए तपस्या कर रहे होंगे। सम्भव है कि कुछ वर्षों में ऋषि के श्राप का प्रभाव क्षीण हो जाये। तब

वे अवश्य ही हस्तिनापुर वापसी कर सकते हैं। तब हस्तिनापुर में दो–दो राजा हो जायेंगे। अब एक ही राज्य में दो सिंहासन तो नहीं हो सकते न।"

विदुर को लगा होगा कि उसकी बातें सुनकर मेरा क्रोध सब के सामने फूट पड़ेगा, लेकिन अब मैं भी राजनीति का चतुर खिलाड़ी बन चुका था। विदुर के लिए अतिरिक्त आदर दर्शाते हुए मैंने कहा–"महामन्त्री की बात पूरी तरह से तर्कपूर्ण है। एक राज्य में दो सिंहासनों का अर्थ तो राज्य में स्वयं ही दरार डालना होगा, लेकिन मेरे पास इस स्थिति से निपटने का भी एक सुझाव है। जब तक महाराज पाण्डु हस्तिनापुर वापस लौटें, तब तक सिंहासन पर कोई पूर्णकालिक राजा भले ही न विराजित हो, किन्तु कार्यकारी राजा बनाकर सिंहासन को तो भरा ही जा सकता है। सम्राट पाण्डु के वापस आने की स्थिति में वे अपना सही स्थान ग्रहण कर सकेंगे। रही बात कुमार धृतराष्ट्र के नेत्रहीन होने की तो गंगापुत्र की शक्ति और महामन्त्री विदुर की बुद्धिमत्ता जहाँ हो, वहाँ नेत्रहीनता की दुर्बलता से भी पार पाया जा सकता है।"

मेरा निशाना ठीक बैठा था। गंगापुत्र भीष्म, माता सत्यवती सहित सभी सभासदों को इस प्रस्ताव में कोई त्रुटि नज़र नहीं आ रही थी, किन्तु विदुर को ये प्रस्ताव उसकी सारी योजनाओं पर पानी फेरता नज़र आ रहा था। इसके बावजूद प्रकट रूप में वह मेरे प्रस्ताव का विरोध नहीं कर पा रहा था। अन्ततः धृतराष्ट्र को कार्यकारी राजा बना दिया गया। ये विदुर की कुटिलता पर शकुनि की धूर्तता की पहली विजय थी।

इस पूरे घटनाक्रम के बाद मेरे और विदुर के बीच शीतयुद्ध और भी तीव्र हो गया था। मैं ही वह व्यक्ति था, जिसके कारण विदुर का आर्यावर्त के सबसे शक्तिशाली सिंहासन पर बैठने का सपना चकनाचूर हो गया था। विदुर मुझे नीचा दिखाने का कोई अवसर व्यर्थ नहीं जाने देता था। मामूली से मामूली घटनाओं को भी वह भीष्म या माता सत्यवती के समक्ष इस प्रकार

प्रस्तुत करता था, जिससे उनके समक्ष मेरी छवि धूर्त, कपटी और शड्यन्त्रकारी की बन गयी थी। वहीं स्वयं की धूर्तता को विदुर ने बुद्धिमत्ता, चतुराई और दूरदर्शिता का नाम दे दिया था, किन्तु मुझे इसकी ज़्यादा चिन्ता नहीं थी। मैं कार्यकारी महाराज धृतराष्ट्र का विश्वासपात्र बन चुका था। दरअसल, राजसभा में मैंने जिस तरह से धृतराष्ट्र को राजा बनाये जाने का प्रस्ताव रखा था और तर्कों के आधार पर उसे स्वीकार भी करवा लिया था, उससे धृतराष्ट्र एक तरह से मेरा ऋणी हो गया था। धृतराष्ट्र का मानना था कि यदि वह हस्तिनापुर सिंहासन पर बैठा है तो उसका सबसे ज़्यादा श्रेय मुझे जाता है, यानी उस दिन राजसभा में मैंने एक तीर से दो निशाने साध लिए थे। विदुर के राजा बनने के सपने की मैंने भ्रूण–हत्या कर दी थी और धृतराष्ट्र को भी पूरी तरह से मुठ्‌ठी में कर लिया था। विदुर मेरे विरुद्ध भीष्म या राजपरिवार के अन्य सदस्यों को कितना भी बरगलाता रहे, लेकिन धृतराष्ट्र पर उसका बस नहीं चलता था। यही वजह थी कि धृतराष्ट्र ने राजसभा में मुझे एक सम्मानित सदस्य के रूप में शामिल कर लिया था।

मेरी योजना का पहला चरण पूरा हो चुका था, लेकिन ये समय अपनी सफलता पर प्रसन्न होने का नहीं था। धृतराष्ट्र को जैसे–तैसे राजा तो बना दिया गया था, किन्तु मैं स्वयं भी जानता था कि धृतराष्ट्र राजा बनने के योग्य नहीं है। मेरा विचार था कि धृतराष्ट्र और गान्धारी शीघ निरोगी, वीर और बुद्धिमान सन्तान उत्पन्न करें, जो हस्तिनापुर का सही उत्तराधिकारी बन सके। पाण्डु के वापस लौटने या फिर उसके सन्तान उत्पन्न करने की सम्भा़वना भले ही क्षीण हो, लेकिन मेरा मन सदा आशंकित रहता था। गणिकाओं और नर्तकियों में डूबे धृतराष्ट्र को ये बात समझाने के लिए मुझे काफ़ी प्रयास करना पड़ा। आख़िरकार मुझे वह समाचार मिला, जिसे सुनने के लिए मैं लम्बे समय से प्रतीक्षा कर रहा था। गान्धारी ने गर्भ धारण कर लिया था। ये

समाचार सुनकर मुझे इतनी प्रसन्नता हुई, जितनी कि मुझे अपने पुत्र उलूक के जन्म पर भी नहीं हुई थी। जो दासी ये समाचार लायी थी, उसे मैंने मोती, माणिक्य और सोने की इतनी मालाएँ दे दीं कि कदाचित् उसे जीवन में दोबारा चाकरी करने की आवश्यकता ही न पड़े।

मेरी प्रसन्नता ज़्यादा समय तक न टिक सकी। वन से पाण्डु और उसकी स्त्रियों के समाचार तो नियमित रूप से आते ही रहते थे। इसी दौरान समाचार मिला कि कुन्ती भी गर्भवती है। मेरे आश्चर्य की सीमा न रही। ऋषि किंदम का श्राप कहें या पाण्डु की नपुंसकता, मेरे सामने प्रश्न था कि किसी भी प्रकार पाण्डु सन्तानोत्पत्ति कैसे कर सकता है। विस्तार में जाने पर पता चला कि कुन्ती के पास ऋषि दुर्वासा की दी हुई ऐसी शक्ति है, जिससे वह देवताओं का आह्वान कर सन्तानोत्पत्ति कर सकती है। दुर्वासा के मन्त्र की शक्ति पर प्रश्न खड़े करना बुद्धिमत्ता नहीं थी। मैं समझ गया कि पाण्डु और कुन्ती ने सन्तान के लिए नियोग का सहारा लिया है। नियोग से उत्पन्न सन्तान को हस्तिनापुर में सामाजिक प्रतिष्ठा प्राप्त थी। मुझे अपनी योजना ध्वस्त होती दिखायी दे रही थी। इस समाचार से हस्तिनापुर राजभवन में उत्साहित तो सभी काफ़ी दिखायी दे रहे थे, लेकिन विदुर की तो प्रसन्नता सातवें आसमान पर थी। मुझे शंका थी कि पाण्डु व कुन्ती को नियोग का परामर्श देने वाला भी सम्भवतः कोई और नहीं, बल्कि विदुर ही था।

इस विषम परिस्थिति में भी मुझे इस बात का सन्तोष था कि गान्धारी ने कुन्ती के पहले गर्भ धारण किया था और स्वाभाविक रूप से गान्धारी के गर्भ से ही सन्तान पहले उत्पन्न होगी। मुझे पूरा विश्वास था कि गान्धारी को पहली सन्तान पुत्र ही होगा और उसके ज्येष्ठ होने का लाभ उठाकर मैं उसे हस्तिनापुर के भावी सम्राट के रूप में मान्यता दिलवा ही दूँगा।

मनुष्य चाहे कितना भी चतुर हो, वह विषम परिस्थितियों का मुक़ाबला कर सकता है। पर्वतों और सागरों से टकराने का साहस

कर सकता है। अपने भाग्य तक से लड़ सकता है, परन्तु ईश्वर से तो नहीं लड़ सकता। अब तक मैं ये नहीं समझ पाया था कि मेरा मुक़ाबला भीष्म की शक्ति या फिर विदुर की धूर्तता से नहीं, बल्कि स्वयं ईश्वर से था। महाभारत की महागाथा के महानायक वासुदेव का अभी जन्म भी नहीं हुआ था, लेकिन उसकी लीलाएँ तो उसके जन्म से पहले ही शुरू हो गयी थीं और इसी ईश्वरीय हस्तक्षेप ने मेरी योजनाओं पर पानी फेर रखा था।

गान्धारी के गर्भ धारण किये नौ मास से ज़्यादा समय बीत चुका था, लेकिन जल्द प्रसव के कोई लक्षण दिखायी नहीं दे रहे थे। राजवैद्य और उनके सहायक नियमित रूप से गान्धारी के स्वास्थ्य का परीक्षण कर रहे थे, लेकिन वे भी इस असामान्य स्थिति का कारण नहीं समझ पा रहे थे। दिन–पर–दिन बीतते जा रहे थे। गान्धारी का उदर असाधारण रूप से बड़ा दिखायी देने लगा था, लेकिन प्रसव होने का नाम नहीं ले रहा था। गान्धारी और उसके स्वास्थ्य को लेकर हमारी चिन्ता बहुत बढ़ गयी थी। अब तक धृतराष्ट्र भी यह बात भली–भाँति समझ गये थे कि यदि गान्धारी का प्रसव कुन्ती से पहले नहीं हुआ तो उनके पुत्र को सिंहासन मिलना मुश्किल हो जायेगा। ऐसी स्थिति में किया भी क्या जा सकता था। आस–पास के राज्यों से भी विशेषज्ञ वैद्य और चिकित्सक बुलावाये जा चुके थे, लेकिन कोई लाभ नहीं हुआ। गान्धारी का गर्भकाल नौ माह से कहीं ज़्यादा हो चुका था। विदुर इस परिस्थिति में भी अपनी कुटिल चालें चलने से बाज नहीं आ रहा था। वह लगातार इस बात का प्रचार कर रहा था कि गान्धारी की गर्भावस्था के असामान्य लक्षण किसी बहुत बड़े अनिष्ट का संकेत हैं। ऐसे में न केवल हस्तिनापुर राजभवन, बल्कि हस्तिनापुर की प्रजा भी अनिष्ट की आशंका से भयभीत हो चली थी।

उधर कुन्ती के गर्भावस्था के समाचार पूर्णतः शुभ थे, और फिर वही हुआ, जो मैं कदापि नहीं चाहता था। वन से समाचार आया कि कुन्ती ने एक स्वस्थ और सुन्दर शिशु को जन्म दिया

है। विदुर तो इस समाचार को सुनकर खुशी से बौरा ही गया। कुन्ती को पुत्र होने की प्रसन्नता में उसने एक उत्सव आयोजित किया। हस्तिनापुर में युधिष्ठिर के जन्म की खुशियाँ मनाई जा रही थीं, लेकिन मुझे ये सारा आयोजन बेहद फूहड़ लग रहा था। विदुर से तो मुझे यही अपेक्षा थी, लेकिन हस्तिनापुर के कुलवृद्धों के मन में भी ये विचार एक बार तक नहीं आया कि गर्भावस्था की असामान्य स्थितियों से गुज़र रही मेरी बहन गान्धारी पर क्या बीत रही होगी। किसी के जन्म का उत्सव कम–से–कम दूसरे के लिए पीड़ादायी न हो, ये सुनिश्चित करना तो कुलवृद्धों का ही दायित्व होता है, लेकिन यहाँ तो राजमाता सत्यवती और भीष्म सहित समस्त कुलवृद्ध भी उत्सव में ऐसे डूबे थे कि गान्धारी की पीड़ा के सम्बन्ध में विचार करने का उनके पास अवकाश ही नहीं था। नवजात शिशु के आरोग्य के लिए पूजन–हवन आयोजित किये जा रहे थे। हस्तिनापुर से चिकित्सकों का एक दल भी वन में कुन्ती और उसके नवजात के परीक्षण के लिए रवाना कर दिया गया था। इस पूरे उत्सव के दौरान गान्धारी की असह्य शारीरिक और मानसिक पीड़ा में कोई उसके साथ था तो वह था मैं, उसका वह भाई, जिसने हर परिस्थिति में उसका साथ देने का वचन दिया था।

राजभवन में उत्सव का अतिरेक धृतराष्ट्र को भी काफ़ी पीड़ा पहुँचा रहा था। नेत्रों के साथ बुद्धि से भी अन्धे धृतराष्ट्र की पीड़ा क्रोध में परिवर्तित हो गयी और इस क्रोध का भाजन बनी, मेरी बहन गान्धारी। धृतराष्ट्र ने इस सारी स्थिति के लिए गान्धारी को ही दोषी मान लिया। मानो वह जान–बूझकर प्रसव रोककर रख रही हो। मुझे भली–भाँति स्मरण है वह दिन, जब युधिष्ठिर के जन्म के उत्सव में भाग लेकर गान्धारी के कक्ष में आये धृतराष्ट्र का मुख क्रोध से तमतमाया हुआ था। उसकी ये अवस्था समझते हुए गान्धारी ने प्रेम से उसे शान्त करने का प्रयास किया, लेकिन उसके दिमाग़ पर तो जैसे ख़ून सवार था। अपने निकट आयी

गान्धारी को उसने बड़ी निर्दयता से धकेल दिया। क्रोध में धृतराष्ट्र को ये तक स्मरण नहीं रहा कि गान्धारी गर्भवती है। अपनी आँखों के सामने अपनी लाड़ली बहन के साथ इस तरह का पशुवत व्यवहार देखकर मुझे लगा कि अपनी कमर में लटकी कटार इस अन्धे की छाती में भोंक दूँ, लेकिन हस्तिनापुर के राजा का मैं बाल भी बांका नहीं कर सकता था। मैंने यथाशक्ति धृतराष्ट्र के इस व्यवहार पर आपत्ति जताते हुए कहा—"महाराज, जो कुछ भी हुआ या हो रहा है, उसमें मेरी बहन का क्या दोष है? क्या वह स्वेच्छा से अपने गर्भकाल को बढ़ा रही है? मेरी बहन पर क्रोध निकालने की बजाय आप राजसभा में ये सवाल क्यों नहीं उठाते कि किंदम ऋषि के श्राप के बावजूद पाण्डु पिता कैसे बन गये।"

धृतराष्ट्र को मेरा यह हस्तक्षेप कदापि अच्छा नहीं लगा। मुझे सम्बोधित करते हुए उसने कहा—"शकुनि, ये हम पति—पत्नी और राजभवन का आपसी मामला है। उचित होगा कि आप इस विषय से दूर ही रहें। रही बात युधिष्ठिर की तो वह दुर्वासा के मन्त्र—प्रताप से उत्पन्न साक्षात धर्मराज का पुत्र बताया जा रहा है।" मैं जानता था कि धृतराष्ट्र इस समय काफ़ी क्रोधित है। ऐसी स्थिति में धृतराष्ट्र से इसी प्रकार का उत्तर अपेक्षित था, लेकिन फिर भी उसके उत्तर से मुझे काफ़ी पीड़ा हुई। यह अन्धा जो आज मेरी ही योजना के कारण सिंहासन पर बैठ सका है, मुझ से इस स्वर में बात कैसे कर सकता है! मेरी आँखों के सामने गान्धारी के साथ ऐसा व्यवहार करने वाले की तो मुझे जिह्वा खींच लेनी चाहिए थी, लेकिन इस समय क्रोध को पीकर मुझे कक्ष से बाहर जाना पड़ा।

अपने कक्ष में पहुँचकर मुझे बार—बार धृतराष्ट्र के शब्द याद आ रहे थे। मैंने अपने आप से सवाल किया कि आख़िर मैं इतना अपमान क्यों सहन कर रहा हूँ। जिस व्यक्ति को मेरा ऋणी होना चाहिए, वह भी मुझे अपमानित कर रहा है।

क्यों नहीं मैं इस जंजाल से अलग हटकर गान्धार लौट जाता। गान्धार में तो मुझे किसी बात की कमी नहीं है। मेरा परिवार, मेरा राज्य और संसार के समस्त सुख मेरी प्रतीक्षा कर रहे हैं। अपमान की इस ज्वाला को शान्त करने के लिए मैंने सेवक को मदिरा–पात्र लाने को कहा। एक चषक, दो चषक, तीन चषक और चार चषक। मेरा शरीर अब पूरी तरह से मदिरा के प्रभाव में था, लेकिन विचारों की प्रक्रिया रुकने का नाम नहीं ले रही थी। नहीं–नहीं, मैं गान्धारी को भला इन नरपशुओं के बीच कैसे छोड़ सकता हूँ! मेरी आँखों के सामने उसका पति उसे गर्भधारिणी होने पर भी धक्का दे सकता है तो! मेरे न रहने पर उसके साथ कैसा व्यवहार होगा! नहीं शकुनि, तुझे इसी राज्य में रहकर ही इतना शक्तिशाली बनना है कि तेरी आज्ञा के बिना यहाँ पत्ता भी न हिल सके। मदिरा के प्रभाव से मैं कब बेसुध हो गया, मुझे पता ही नहीं चला।

सुयोधन और उसके भाइयों का जन्म

दूसरे दिन मेरी नींद दिन के दूसरे पहर के बाद ही टूटी। मेरी परिचारिका ने मुझे ऐसा समाचार दिया, जिसे सुनकर मेरे रोंगटे खड़े हो गये। गान्धारी के स्वास्थ्य की दशा काफ़ी नाजुक बतायी जा रही थी। परिचारिका ने बताया कि महारानी गान्धारी ने स्वयं अपने गर्भ पर प्रहार कर अपना गर्भपात कर लिया था। मैं जब गान्धारी के कक्ष में पहुँचा तो वहाँ चिकित्सकों का एक पूरा दल उपस्थित था और गान्धारी शैय्या पर ऐसी पड़ी थी, मानो शरीर में प्राण ही न हों। शैय्या के निकट ही धृतराष्ट्र अपने सर को हाथों में थामे बैठा था। मेरे मन में आशंका हुई कि क्या वास्तव में गान्धारी ने अपने गर्भ पर प्रहार किया है या फिर धृतराष्ट्र ने कल उसे जिस तरह से धकेला था, उसका ही ये दुष्परिणाम है। ये भी सम्भव है कि गान्धारी के कक्ष से मेरे निकल जाने के पश्चात् धृतराष्ट्र ने गान्धारी से और भी दुर्व्यवहार किया हो और ये गर्भपात उसी की सन्तति हो, लेकिन इन सम्भावनाओं पर विचार करने का अब समय नहीं था। स्थिति अब राज चिकित्सकों के हाथ से बाहर जा चुकी थी। तभी कक्ष में महर्षि वेदव्यास ने प्रवेश किया। वेदव्यास इन दिनों हस्तिनापुर की सीमा के निकट ही वन में आश्रम बनाकर साधना कर रहे थे। वेदव्यास की ख्याति महर्षि के साथ–साथ एक योग्य चिकित्सक और एक महान वैज्ञानिक की भी थी। गान्धारी की स्थिति को देखते हुए धृतराष्ट्र ने व्यास को सन्देश भिजवाकर उनसे तुरन्त उपस्थित होने का निवेदन किया था। वेदव्यास ने गान्धारी का

सम्पूर्ण परीक्षण किया। गान्धारी को औषधीय पेय देने के पश्चात् उन्होंने धृतराष्ट्र के कन्धों पर हाथ रखकर उसे आश्वस्त किया कि गान्धारी के प्राणों को कोई संकट नहीं है। उनकी बात सुनकर मेरे भी प्राणों में प्राण आये।

गान्धारी के गर्भ से जो मांसपिण्ड निकला था, उसका निरीक्षण करने के पश्चात् वेदव्यास ने कहा–"कई बार प्रकृति कुछ ऐसा कर जाती है कि अपनी आँखों पर विश्वास नहीं होता।" कक्ष में उपस्थित सभी लोग समझ रहे थे कि व्यास गान्धारी के गर्भ से निकले मांसपिण्ड को देखकर दुखी मन से ये बात कह रहे हैं। उन्होंने अपनी बात जारी रखी–"कभी–कभी गर्भावस्था में कुछ विशेष कारणों के चलते शिशु के स्थान पर गर्भपात के रूप में मांसपिण्ड के निकलने के प्रकरण तो कई चिकित्सकों ने देखे और सुने होंगे, लेकिन मुझे लगता है कि ये मांसपिण्ड उन सब से अलग है। वास्तव में, यह केवल एक मांसपिण्ड नहीं, बल्कि कई शिशु–भ्रूणों का एक समुच्चय है। इन भ्रूणों में अभी भी स्पन्दन के रूप में जीवन शेष है।"

व्यास मुनि की बात सुनकर मेरे मन में आशा की एक किरण जागी और मैंने तुरन्त उनसे प्रश्न किया–"मुनिश्रेष्ठ, क्या इन भ्रूणों में प्राण फूँककर इनसे कोई शिशु जन्म ले सकता है?"

मेरे इस प्रश्न–मात्र से ही विदुर की भृकुटी तन गयी। प्रश्न तो मैंने महामुनि से किया था, लेकिन विदुर उनके उत्तर देने से पहले ही बोल पड़ा–"कैसी बातें कर रहे हैं गान्धार कुमार! गर्भ से निकल चुके इस मांसपिण्ड से शिशु किस प्रकार बन सकता है!" विदुर का ये अनावश्यक हस्तक्षेप महामुनि व्यास को भी पसन्द नहीं आया। वे बोले–"विदुर नीति और धर्म के सम्बन्ध में तुम्हारे ज्ञान का लोहा सभी मानते हैं, लेकिन चिकित्सा विज्ञान के सम्बन्ध में तुम्हें जानकारी नहीं है। गान्धार कुमार का प्रश्न बिलकुल उचित है, लेकिन इस प्रश्न का उत्तर काफ़ी कठिन है।" फिर मेरी ओर देखते हुए वेदव्यास ने कहा–"गान्धार कुमार इन

भ्रूणों में प्राण फूँकना सम्भव तो अवश्य है, लेकिन इसके लिए एक जटिल शल्य–क्रिया करनी होगी। मेरा अनुमान है कि इस शल्य–क्रिया द्वारा भ्रूण से कुछ शिशु उत्पन्न किये तो जा सकते हैं, लेकिन ये पूरी प्रक्रिया कितनी सफल हो सकेगी, ये कहना मेरे लिए भी सम्भव नहीं है।"

इस समय तक कक्ष में भीष्म, विदुर, राजमाता सत्यवती, माता अम्बिका और अम्बालिका का आगमन भी हो चुका था। विदुर ने वेदव्यास से कहा–"महामुनि की आज्ञा हो तो मन में एक जिज्ञासा थी।"

"निःसंकोच कहो, विदुर।" वेदव्यास ने प्रत्युत्तर में कहा।

"महामुनि, आप जिन भ्रूणों में प्राण फूकेंगे, क्या भविष्य में वे एक स्वस्थ शिशु में परिवर्तित हो पायेंगे? क्या इन भ्रूणों का शारीरिक–मानसिक स्वास्थ्य ठीक रहेगा?" वेदव्यास मुस्कुराये और कहा–"विदुर, इस समय मैं धृतराष्ट्र के निवेदन पर चिकित्सक के रूप में अपनी सेवाएँ हस्तिनापुर को दे रहा हूँ। अतः ज्योतिष के रूप में भविष्य में क्या होगा, इस पर टिप्पणी नहीं कर सकूँगा, लेकिन एक चिकित्सक के रूप में केवल इतना ही कह सकता हूँ कि इन भ्रूणों में प्राण फूँकना सम्भव है। भ्रूण से उत्पन्न शिशु कैसे होंगे, वे शारीरिक या मानसिक विकलांग होंगे या नहीं, इस सम्बन्ध में कोई आश्वासन नहीं दिया जा सकता। अब यह शल्य–क्रिया करनी है या नहीं, इसका निर्णय तो महाराज धृतराष्ट्र को ही लेना है। राजपरिवार के सभी कुलवृद्ध यहाँ उपस्थित हैं। आपस में विचार–विमर्श कर आधे प्रहर में कोई निर्णय लें, अन्यथा विलम्ब होने पर मैं भी इस सम्बन्ध में कुछ नहीं कर पाऊँगा।" इतना कहकर वेदव्यास कक्ष से बाहर चले गये।

स्पष्ट था कि विदुर नहीं चाहता था कि भ्रूणों के समुच्चय में प्राण फूँकने की शल्य–क्रिया की जाये। धृतराष्ट्र की ओर मुड़कर विदुर ने कहा–"महाराज, हस्तिनापुर के मन्त्री और आपके अनुज के रूप में मेरा परामर्श है कि ये शल्य–क्रिया हितकारी नहीं

है। नीति कहती है कि प्रकृति के कार्य में इस तरह के हस्तक्षेप के परिणाम काफ़ी गम्भीर होते हैं। हमें ईश्वर का कृतज्ञ होना चाहिए कि महारानी गान्धारी सकुशल हैं। महारानी के गर्भ से इस मांसपिण्ड के जन्म को हमें एक दुखद स्वप्न समझकर भूल जाना चाहिए।"

विदुर को धर्म और नीति का ज्ञाता समझा जाता था। भीष्म जैसा व्यक्ति भी सामान्यतः विदुर की सलाह के विरुद्ध नहीं जाता था, लेकिन नीति की आड़ में विदुर का ये पाप मुझे कदापि स्वीकार नहीं था। मुझे लगा कि यदि अब भी मैंने हस्तक्षेप न किया तो गान्धारी के गर्भ से निकले प्रसाद को मांसपिण्ड मात्र कहकर नष्ट कर दिया जायेगा। मैंने कहा–"विदुर–नीति से मेरा कोई विरोध नहीं है, लेकिन महामुनि वेदव्यास स्वयं कह चुके हैं कि गान्धारी का गर्भ केवल मांसपिण्ड नहीं, बल्कि भ्रूणों का समुच्चय है और इन भ्रूणों में स्पन्दन भी है। ऐसे में इसे नष्ट करना तो भ्रूण हत्या का पाप होगा। रही बात प्रकृति में हस्तक्षेप की तो यदि जीवित भ्रूणों को बचाने का प्रयास प्रकृति में हस्तक्षेप है तो फिर किसी रुग्ण का उपचार भी इसी श्रेणी में आना चाहिए।" विदुर ने भी अपना दाँव कमज़ोर पड़ते देख तुरन्त पैंतरा बदला और कहा–"यदि नीति और धर्म का प्रश्न न भी हो, फिर भी ये प्रश्न तो बिलकुल तार्किक है कि भ्रूणों से जो शिशु उत्पन्न होंगे, क्या वे स्वस्थ व निरोगी होंगे। यदि राजपरिवार में कई विकलांग शिशु उत्पन्न हो जायेंगे तो क्या ये किसी के लिए भी हितकारी होगा।" विदुर की बात सुनकर मुझे लगा कि मैं चीख़ पड़ूँगा और पूछूँगा कि अभी जो व्यक्ति सिंहासन पर बैठा है या जो वन में जाकर श्राप के नाम पर अपनी नपुंसकता छिपा रहा है, क्या वे विकलांग नहीं है? लेकिन मैं जानता था कि ऐसा कहना उचित नहीं है।

पूरा हस्तिनापुर मेरी बहन की अजन्मी सन्तानों की हत्या का मन बना चुका था। मैं अकेला इसके विरोध में खड़ा था। निर्णय मेरे पक्ष में हो, इसके लिए मुझे किसी प्रभावी व्यक्ति का समर्थन

चाहिए था। भीष्म कभी भी विदुर की बात का विरोध नहीं करेंगे, चाहे वह बात कितनी भी अनुचित क्यों न हो, ये भी मैं अच्छे से जानता था। ऐसे में केवल धृतराष्ट्र ही ऐसा व्यक्ति हो सकता है कि जो अपनी अजन्मी सन्तानों के लिए अड़ सकता था, लड़ सकता था। मैंने कहा–"महामुनि वेदव्यास से अधिक धर्म और नीति का ज्ञाता कोई दूसरा नहीं है। यदि ऐसा करना अनुचित होता तो महामुनि ऐसा प्रस्ताव ही क्यों रखते? मेरा विचार है कि भ्रूण हत्या एक महापाप है, चाहे वह भ्रूण गर्भ के भीतर हो या फिर गर्भ के बाहर। मुझे लगता है कि महामुनि की नीति भी यही कहती है।" मेरा यह तर्क कुछ काम कर गया। विदुर भी अपने जनक वेदव्यास के विरोध में कुछ कह नहीं सकता था। तर्क के बाद अब मुझे इन पाषाण हृदय कुरुवंशियों की भावनाओं को भी झकझोरना था। सो मैंने अपनी बात जारी रखी और धृतराष्ट्र को सम्बोधित करते हुए कहा–"महाराज, आप तो बाहरी आँखों से नहीं, बल्कि अपने मन की आँखों से सभी को देखते हैं। दुनिया जिसे मांसपिण्ड कह रही है, क्या आपको वे अपने हृदय के अंश नहीं लगते? क्या आपके मन में इन अजन्मे शिशुओं के लिए स्नेह नहीं जाग रहा है? मेरी बहन तो वहाँ अचेतावस्था में पड़ी है, लेकिन क्या आपके साथ अपनी आँखों पर पट्टी बाँधकर जीवन व्यतीत करने वाली स्त्री की कोख से उत्पन्न ये शिशु आपको केवल मांसपिण्ड ही जान पड़ते है, मानव अंश नहीं? आपके अपने अंश नहीं?" ये कहते–कहते कब मेरी आँखों से आँसू निकल आये, इसका मुझे भी भान ही न रहा। जी हाँ, शकुनि के आँसू, जिसे आज सहस्त्रों वर्षों बाद भी मगरमच्छ के आँसुओं की ही संज्ञा दी जाती रही है।

आँसुओं को पोंछने के बाद मेरा स्वर और भी ओजस्वी हो चला था। अपने सम्पूर्ण साहस और क्रोध को बटोरकर मैंने गर्जना की और कहा–"इसके बाद भी यदि कुरुवंश और हस्तिनापुर को इस बात का भय है कि विकलांग राजकुमार या राजकुमारियों

के जन्म से कुरुवंश की कीर्ति कलंकित होती है तो मैं गान्धार कुमार शकुनि ये वचन देता हूँ कि उन सभी शिशुओं को लेकर मैं गान्धार चला जाऊँगा। उन शिशुओं के पालन–पोषण और भविष्य का सम्पूर्ण दायित्व मेरा और गान्धार का होगा।"

मेरी बातों ने धृतराष्ट्र के हृदय को छलनी कर दिया था। कदाचित् उसे लगा कि शकुनि पिता न होने के बावजूद कितनी दृढ़ता से शिशुओं के जन्म के लिए लड़ रहा है और वह स्वयं पिता होने के बाद भी नीति और धर्म जैसे शब्दों में फँस गया है। भर्राये, लेकिन दृढ़ स्वर में धृतराष्ट्र ने कहा–"बस करो शकुनि, अब बस भी करो। तुमने मुझे अपने ही शिशुओं की हत्या के महापाप से बचा लिया। अब इस सम्बन्ध में विचार–विमर्श की कोई गुंजाइश नहीं है। महर्षि वेदव्यास से कहो कि वे शीघ्रातिशीघ्र शल्य–क्रिया आरम्भ करने की कृपा करें और ये न केवल एक पिता का नहीं, बल्कि हस्तिनापुर के महाराज का भी आदेश है।" अन्तिम वाक्य धृतराष्ट्र ने कुछ ऐसे दृढ़ स्वर में कहा था कि विदुर सहित कोई भी उससे प्रतिप्रश्न न कर सका। मेरे सामने ये विदुर की दूसरी बड़ी पराजय थी।

महामुनि वेदव्यास और उनके सहयोगियों ने शल्य–क्रिया आरम्भ कर दी। उनके सहयोग और हर आवश्यकता की पूर्ति का दायित्व धृतराष्ट्र ने मुझे सौंप दिया। देखते–ही–देखते वेदव्यास ने भ्रूणों के उस समुच्चय से एक–एक भ्रूण को बड़ी ही कुशलता से 101 भ्रूणों में विभाजित कर दिया। इस दौरान उनके शिष्य जड़ी–बूटियों और रसायनों का एक द्रव्य तैयार कर रहे थे। वेदव्यास के आदेश पर मैंने विशेष प्रकार के पात्र भी तैयार करवा लिए थे, जिसमें केवल एक नली से वायु–प्रवेश का मार्ग था। महामुनि ने उन सभी भ्रूणों को अलग–अलग पात्रों में स्थापित कर दिया और उसके बाद विशेष प्रकार के रसायन से पात्रों को भर दिया गया। वेदव्यास ने इस बात के भी सख़्त निर्देश दिये थे कि इन पात्रों को जिस कक्ष में रखा जा रहा है, उस

कक्ष में एक विशेष तापमान निर्मित किया जाये। कुल मिलाकर गर्भस्थ शिशु के जैसी स्थितियाँ वेदव्यास ने उन भ्रूणों के लिए निर्मित कर दी थी। वेदव्यास का ये कौशल देखकर हरेक के मुख पर आश्चर्य था और उत्सुकता इस बात की थी कि क्या महामुनि का ये प्रयोग सफल रहता है। क्या वास्तव में उनका चमत्कार मांसपिण्ड को शिशुओं में बदल सकता है।

पूरे आर्यावर्त, विशेषकर हस्तिनापुर में वेदव्यास का बहुत सम्मान था। उनके दिये प्रत्येक निर्देश का पूरी निष्ठा से पालन हुआ। आख़िरकार वह घड़ी भी आ ही गयी, जिसकी मुझे प्रतीक्षा थी। वेदव्यास की गणना के अनुसार इस दिन प्रथम कुम्भ या पात्र में से किसी शिशु की किलकारी फूटनी थी। पूरा राजपरिवार उस कक्ष के समीप ही था, जहाँ वेदव्यास ने सभी पात्रों को रखवाया था। महामुनि के कुछ चिकित्सा विशेषज्ञ शिष्यों के साथ मैं कक्ष के अन्दर था, ताकि वेदव्यास के शिष्यों को उनकी आवश्यकता की हर वस्तु तुरन्त उपलब्ध करवा सकूँ। उस दिन शीत का प्रकोप कुछ ज़्यादा था और सुबह से लगातार हो रही वर्षा ने मौसम को और भी ठण्डा कर दिया था। वेदव्यास के शिष्य सभी पात्रों पर बारीक़ी से नज़र रखे हुए थे। इसी दौरान एक शिष्य ने कुम्भपात्र में कुछ कम्पन अनुभव किया। वहाँ मौजूद चिकित्सकों ने तुरन्त ही महामुनि वेदव्यास द्वारा बतायी विधि से उस पात्र को काटने का काम पूरी सावधानी से करना शुरू कर दिया। कुछ ही क्षणों में पात्र से शिशु के पैर दिखायी देने लगे। कुम्भपात्र से शिशु को निकालने का काम भी किसी जटिल शल्य–क्रिया से कम नहीं दिखायी दे रहा था, लेकिन वेदव्यास द्वारा प्रशिक्षित शिष्यों ने अद्‌भुत कुशलता का प्रदर्शन करते हुए शिशु को सफलतापूर्वक पात्र से बाहर निकाल लिया।

मेरे लिए ये दृश्य किसी ईश्वरीय अनुभव के समान था। कुम्भपात्र से निकला शिशु बेहद सुन्दर दिखायी दे रहा था। वेदव्यास के चिकित्सक शिष्य ने शिशु को ऊष्ण व औषधियुक्त

जल से स्नान करवाया। उसका चिकित्सकीय परीक्षण किया और शिशु को पूर्णतः स्वस्थ बताते हुए मेरे हाथों में सौंप दिया। मुझे अपनी आँखों में कुछ नमी महसूस हुई। उसी नमी की धुन्धलाहट में मैंने देखा, कैसी सुन्दर कंजी आँखें थीं उस शिशु की! कुरुवंश के विदुर जैसे तथाकथित शुभचिन्तकों की भविष्यवाणी का उपहास उड़ाते हुए वह शिशु विकलांग नहीं, बल्कि पूरी तरह से स्वस्थ था। उस नन्हे शिशु को अपनी गोद में लेकर पुचकारने में मुझे जो आनन्द मिल रहा था, वह कुरुवंश के प्रति मेरी असीम घृणा पर भारी पड़ रहा था। मुझे बिलकुल भी नहीं लगा कि जिस कुरुवंश से मैं इतनी अधिक घृणा करता हूँ, ये बालक उसी कुरुवंश का अंग है। बालक को गान्धारी और धृतराष्ट्र के समक्ष ले जाने को लेकर मैं इतना उत्साहित था कि कक्ष के बाहर दौड़ पड़ा। कक्ष के बाहर आते ही मेरे चारों ओर राजपरिवार के सदस्य जमा हो गये। गान्धारी ने तो उतावली में आकर बालक को जैसे मेरी गोद से खींच ही लिया। उसकी आँखों से आनन्द के अश्रुओं की धारा बहने लगी। उसकी आँखों पर बँधी पट्टी भी अश्रुओं में भीग गयी। वह लगातार ममता और वात्सल्य से शिशु को चूमती रही। धृतराष्ट्र की अंधी आँखें भले ही शिशु को देख नहीं पा रही हों, लेकिन हाथों से टटोल–टटोलकर धृतराष्ट्र ने अपने पुत्र के स्पर्श का अनुभव किया। उसके मुख पर भी असीम आनन्द के भाव झलक रहे थे। उन भावपूरित क्षणों में हस्तिनापुर में केवल एक ही व्यक्ति ऐसा था, जो मुख से आनन्द दिखाने का प्रयास भले ही कर रहा हो, लेकिन उसकी पीड़ा उसके चेहरे पर मुझे तो साफ़ दिखायी दे रही थी। महामन्त्री विदुर आज बेहद असहज दिखायी दे रहे थे, लेकिन विदुर नीचता की किस सीमा तक जा सकता है, इसकी मुझे कल्पना अभी भी नहीं थी।

नवजात शिशु के सम्बन्ध में विदुर का दुष्प्रचार

एक बात तो बिलकुल स्पष्ट थी कि गान्धारी के शिशु का जन्म सामान्य घटना नहीं थी। वेदव्यास जैसे महान वैज्ञानिक ऋषि की कृपा से असाधारण परिस्थितियों में, एक असाधारण प्रक्रिया से, एक असाधारण शिशु ने जन्म लिया था। ऐसे में शिशु का व्यवहार भी असाधारण होना कोई आश्चर्य की बात नहीं थी। कई माह तक माता के गर्भ में और फिर औषधीय कुम्भ में रहने के कारण शिशु का आकार सामान्य से काफ़ी ज़्यादा ही दिखायी देता था। उसका रुदन भी सामान्य शिशुओं से काफ़ी अलग था। रुदन का स्वर ऐसा तीव्र और भयानक था कि कई बार दासियाँ शिशु के रुदन से भयभीत हो जाती थीं। बस इन्हीं बातों को आधार बना कर विदुर ने एक ऐसा षडयन्त्र रचा, जिसने इस शिशु को पूरा जीवन चैन से जीने नहीं दिया। विदुर ने पूरे राजभवन और नगर में यह प्रचारित करवा दिया कि धृतराष्ट्र के शिशु में दैत्यांश है। उसका रुदन राक्षसी है। जिस वय में शिशु केवल माता के दूध पर निर्भर रहता है, उस अवस्था में ये शिशु न केवल निरामिष, बल्कि मांसाहारी भोजन भी ग्रहण कर लेता है। इन सभी बातों को अपशगुनी माना गया। विदुर ने बेहद चतुराई से नवजात शिशु की जन्मकुण्डली बनाने वाले ज्योतिषियों से भी यहाँ तक प्रचारित करवा दिया कि ये शिशु भविष्य में कुरुवंश के नाश का कारण भी बनेगा। धृतराष्ट्र को एक बार पुनः यहाँ तक परामर्श

दिया गया कि कुरुराष्ट्र के हित में उन्हें इस शिशु का त्यागकर देना चाहिए। मुझे तो आश्चर्य इस बात का था कि एक सम्पन्न व सुशिक्षित कहे जाने वाले राष्ट्र में एक पिता को उसके पुत्र को त्याग देने का प्रस्ताव देने का दुस्साहस कैसे किया जा सकता है! हालाँकि मेरे परामर्श पर शिशु का परित्याग करने का प्रस्ताव धृतराष्ट्र ने अस्वीकार कर दिया, परन्तु विदुर के दुष्प्रचार ने हाल ही में जन्मे एक बालक को, जो कि अभी ठीक से न बोल सकता था, न चल सकता था, उसे भी राजभवन और प्रजा में खलनायक बना दिया। विदुर के प्रति मेरे मन में पहले से ही घृणा तो थी, लेकिन विदुर का षड्यन्त्र इस स्तर तक गिर सकता है, इसका अनुभव मुझे भी पहली ही बार हुआ था।

गान्धारी के पुत्र का नामकरण–संस्कार सम्पन्न हुआ। कंजी आँखों वाले इस हष्ट–पुष्ट शिशु का नाम 'सुयोधन' रखा गया। नामकरण के उत्सव में पूरा राजभवन डूबा हुआ था। इसी दौरान वन से पाण्डु का दूत एक ऐसा समाचार लाया, जिसने मेरी परेशानी बढ़ा दी। समाचार था कि वन में कुन्ती ने पाण्डु के दूसरे पुत्र को जन्म दिया है। मेरी परेशानी का कारण केवल इतना ही नहीं था। दरअसल, पाण्डु के दूसरे पुत्र के जन्म की जो तिथि बतायी जा रही थी वह सुयोधन के जन्म से कुछ दिवस पहले की थी, यानी द्वितीय पाण्डु पुत्र भी आयु में सुयोधन से बड़ा बताया जा रहा था। ऐसे में सुयोधन से पहले हस्तिनापुर के राजसिंहासन पर अधिकार जताने वाला एक और दावेदार बढ़ गया था। पाण्डु के इस दूसरे पुत्र का नाम 'भीम' रखा गया था। विदुर ने भीम को साक्षात वायु के पुत्र के रूप में प्रचारित किया था। बताया गया कि जन्म के तुरन्त बाद भीम शिला पर गिर गया, लेकिन पाण्डु के इस पुत्र का बल कुछ ऐसा था कि शिला खंडित हो गयी और भीम का बाल भी बांका न हुआ।

इधर हस्तिनापुर में कुम्भ पात्रों से शिशुओं के जन्म का क्रम जारी रहा। एक–एक कर कुम्भ पात्रों से शिशु उत्पन्न होते रहे।

दूसरे शिशु का नाम 'सुशासन' रखा गया, लेकिन कुम्भ पात्र से जन्मने वाले इन सभी शिशुओं के सम्बन्ध में विदुर के दुष्प्रचार से ऐसी धारणा बन चुकी थी कि इनके जन्म पर न तो राजभवन और न ही प्रजा में कोई उत्साह देखा गया। प्रथम पुत्र सुयोधन की ही तरह गान्धारी के अन्य पुत्रों को भी अपशगुनी ही माना गया। उधर वन से कुन्ती के एक और पुत्र के जन्म का समाचार मिला, जिसका नाम 'अर्जुन' रखा गया। बाद में माद्री से भी 'नकुल' और 'सहदेव' नाम के दो पुत्रों के जन्म की सूचना आयी।

सन्तान न होने पर नियोग का आश्रय लेने की परम्परा गान्धार में तो नहीं थी, लेकिन हस्तिनापुर में विशेष परिस्थियों में इसे मान्यता प्राप्त थी, लेकिन पाण्डु ने इसका जो उपयोग किया था, वह मेरी समझ में किंचित भी उचित नहीं था। सन्तान प्राप्ति के लिए एक बार नियोग तो समझा जा सकता था, लेकिन नियोग से ही पाँच सन्तानें उत्पन्न करना मेरे विचार में व्यभिचार था। ये सत्य था कि धृतराष्ट्र और पाण्डु भी नियोग से ही जन्मे थे, लेकिन नियोग का निर्णय परिवार के गुरुजनों ने लिया था और नियोग के लिए नियुक्त पुरुष महर्षि वेदव्यास थे, लेकिन अपने पुत्रों के जन्म के सम्बन्ध में पाण्डु ने स्थिति स्पष्ट नहीं की थी। पाण्डु की सन्तानों को देवताओं का प्रसाद बताया जा रहा था। इधर राजभवन में कुम्भ पात्रों से सौ राजकुमारों और एक राजकन्या का जन्म हो चुका था। पूरे राज्य में जन्म से पहले ही उन पर अशुभ होने का ठप्पा लग चुका था। धृतराष्ट्र–गान्धारी के पुत्र 'कौरव' के नाम से पहचाने जाने लगे थे। वैसे तो गान्धारी के सभी पुत्र मुझे प्रिय थे, लेकिन सबसे बड़े पुत्र सुयोधन से मुझे विशेष स्नेह था। सुयोधन की प्रत्येक क्रीड़ा, प्रत्येक हठ, यहाँ तक कि उसका क्रोध में तमतमाना और उसका रुदन भी मुझे अति आकर्षक लगता था। सारे भाइयों में उसका शारीरिक विकास कुछ ज़्यादा ही तेज़ था। कंजी आँखों, घुँघराले केशों वाले सुयोधन का शारीरिक बल, शरीर सौष्ठव और बुद्धि

दिनोंदिन बढ़ते ही जा रहे थे। गान्धारी पर तो पूरे सौ पुत्रों के पालन का उत्तरदायित्व था। उसकी व्यस्तता बेहद बढ़ गयी थी और महाराज अपने अन्धत्व के साथ राजकाज और गणिकाओं में डूबे थे। ऐसे में मेरा तो सारा समय ही अब सुयोधन के साथ बीतने लगा। मैं ही उसके लिए माता–पिता की भूमिका में था।

सुयोधन अभी मात्र छह वर्ष का ही हुआ था, लेकिन उसके शरीर को देखकर लगता था, मानो उसकी आयु तेरह–चौदह वर्ष की हो। लौह की बेहद वजनी गदा सुयोधन ऐसे उठा लेता था, जैसे कोई खिलौना हो। मैंने तय कर लिया कि जो ग़लती मेरे पिता ने की थी, वह मैं नहीं करूँगा। मैं सुयोधन को अवश्य ही एक पराक्रमी योद्धा बनाऊँगा। मेरे ही आग्रह पर राजकुमारों की शिक्षा में शस्त्र प्रशिक्षण भी काफ़ी कम आयु में ही प्रारम्भ कर दिया गया। गदा और मल्ल विद्या में तो सुयोधन का कोई सानी न था। अखाड़े में उसका मल्ल कौशल ऐसा था कि युवा मल्ल भी बालक सुयोधन से भिड़ने से घबराते थे। अपने से दोगुने वजन की गदा को वह इतनी कुशलता से चलाता था कि कोई प्रतिद्वन्द्वी उसके पास भी न फटक पाता था।

समय बीतने लगा। यदा–कदा वन से पाण्डु और उसके पुत्रों के समाचार भी मिलते रहे। एक दिन पता चला कि पाण्डु स्वर्ग सिधार गया और माद्री ने भी उसके साथ ही चितारोहण कर लिया। विदुर पाण्डु के पुत्रों और कुन्ती को हस्तिनापुर लाने के लिए तुरन्त रवाना हो चुका था। अब ये तय हो चुका था कि पाण्डु के पुत्र राजभवन में ही निवास करेंगे। ख़ैर, एक–न–एक दिन तो ये होना ही था। पाण्डवों और कौरवों के अधिकार के लिए जो राजनीति अब तक विदुर और मैं खेल रहे थे, अब उसमें ख़ुद उनके शामिल होने का समय आ गया था। पाण्डवों के आने से पहले ही मैंने सुयोधन को समझा दिया था कि राजभवन पर प्रथम अधिकार उसका ही है। नम्रता में वह अपने अधिकार को छोड़ने की ग़लती कदापि न करे।

पाण्डवों का हस्तिनापुर आगमन

विदुर के साथ कुन्ती और उसके पाँच वनवासी पुत्रों ने हस्तिनापुर में प्रवेश किया। पाण्डवों की सुयोधन और उसके भाइयों से पहली भेंट बिलकुल सामान्य रही। दोनों पक्षों ने सामान्य शिष्टाचार का पालन किया, लेकिन कुन्ती के दूसरे पुत्र का व्यवहार कुछ उद्दण्ड दिखायी दे रहा था। भीम डील–डौल में दुर्योधन से भी तगड़ा था। स्नानादि के बाद भोजन कक्ष में आख़िर वही हुआ, जिसकी आशंका मुझे पहले ही थी। भोजन कक्ष में राजकुमारों के भोजन के लिए आसन निर्धारित थे। धृतराष्ट्र का ज्येष्ठ पुत्र होने के कारण दुर्योधन पहले क्रम के आसन पर बैठता था, परन्तु आज जब दुर्योधन भोजन कक्ष में पहुँचा तो पहले आसन पर युधिष्ठिर बैठा था। उद्दण्डता में दुर्योधन भी कुछ कम न था। उसने युधिष्ठिर से उस आसन से उठने के लिए कहा। युधिष्ठिर वहाँ से उठने ही वाला था कि भीम आ गया। भीम ने सुयोधन से कहा–"मेरे ज्येष्ठ भ्राता को यहाँ से उठाने का तुम्हारा साहस कैसे हुआ।" दुर्योधन ने भी आवेश में कहा–"ये स्थान मेरा है। मैं सदा यहीं बैठकर भोजन करता हूँ। तुम लोग किसी दूसरे आसन पर बैठ जाओ।" भीम बोला–"क्या यह स्थान कुरुवंश के ज्येष्ठ राजकुमार का है?" दुर्योधन ने कहा–"हाँ, तभी तो कह रहा हूँ कि तुम लोग किसी दूसरे आसन पर बैठ जाओ।" भीम और भी दृढ़ता से बोला–"तब तो इस आसन पर मेरे अग्रज युधिष्ठिर को ही बैठना चाहिए। यही तो हैं कुरुवंश के ज्येष्ठ राजकुमार।" भीम की ये बात सुनकर मेरा माथा ठनका। मैं समझ गया कि

इन बालकों को ये सब सिखाया गया है और सिखाने वाला कोई और नहीं, विदुर ही है, अन्यथा आज ही हस्तिनापुर आया ये बालक भोजन करने के स्थान को लेकर ऐसी बात कैसे कह सकता था। सुयोधन भी अपना आपा खो बैठा और बोला–"कल तक वनों में घूमने वाले भिक्षुक, तुम कहाँ से कुरुवंश के राजकुमार हो गये?" सुयोधन और भीम के बीच विवाद बढ़ गया और बात मार–पीट तक पहुँच गयी। सुयोधन और भीम गुत्थम–गुत्था हो गये। युधिष्ठिर व दूसरे भाई उन्हें छुड़ाने का प्रयास कर रहे थे, लेकिन दोनों का बल ऐसा था कि कोई भी उन्हें छुड़ा नहीं पा रहा था। शोर सुनकर गंगापुत्र भीष्म ने भोजन कक्ष में प्रवेश किया। भीम और सुयोधन को लड़ते देख वे बेहद नाराज़ हुए और झगड़े का कारण जानकर तो उनकी नाराज़गी और भी बढ़ गयी। उन्होंने युधिष्ठिर को प्रथम आसन पर बैठने का आदेश दिया और सुयोधन को अच्छी–ख़ासी डाँट भी पिलाई। सुयोधन उद्दण्ड अवश्य था, लेकिन पितामह का वह काफ़ी सम्मान करता था। आज इन वनवासियों के कारण पहली बार पितामह ने उसे इतना डाँटा था। पितामह की डाँट कदाचित् उसे इतना आहत न भी करती, लेकिन जिस आसन पर वह आरम्भ से बैठता आ रहा था, आज उसे उस आसन से वंचित कर दिया गया था। रात्रि में रुआँसा सुयोधन मेरे कक्ष में चला आया। उसने भोजन कक्ष की पूरी घटना मुझे बतायी। मैंने उसे ये नहीं बताया कि पूरे घटनाक्रम के समय मैं भोजन कक्ष के बाहर ही उपस्थित था। रुआँसे सुयोधन को दिलासा देते हुए मैंने केवल इतना ही कहा–"वत्स, भोजन कक्ष का प्रथम आसन कोई राजसिंहासन तो नहीं था, जो उसके जाने का तुम्हें इतना दुख हो रहा है।" लेकिन सुयोधन का कहना था कि यह बात तो पितामह उस मोटे भीम को भी समझा सकते थे न। सुयोधन की दृष्टि में यह पितामह का पक्षपात था और मुझे उसके इस दृष्टिकोण में कोई त्रुटि दिखायी नहीं दी।

पाण्डु के पुत्रों की शिक्षा का प्रबन्ध भी सुयोधन और उसके भाइयों के साथ ही किया गया। कृपाचार्य ने उन्हें भी संयुक्त रूप से शिक्षा देना आरम्भ कर दिया। भोजन कक्ष की घटना के बाद सुयोधन और भीम के बीच जो कड़वाहट आ गयी थी, समय के साथ वह और भी बढ़ती जा रही थी। निस्सन्देह भीम सभी बच्चों में सबसे ज़्यादा बलशाली था और उसे अपनी शक्ति का घमण्ड भी कम नहीं था। वनवास के समय भी वहाँ नकुल–सहदेव को कई बार उसके बलशाली होने का मूल्य चुकाना पड़ता था और यहाँ तो सौ राजकुमार ऐसे थे, जिन पर वह अपने बल का प्रभाव जमा सकता था। उसके शारीरिक सौष्ठव को देखते हुए कृपाचार्य ने उसे मल्ल अभ्यास केवल युवा मल्लों के साथ करने के निर्देश दिये थे, लेकिन भीम को अपनी शक्ति का दम्भ ऐसा था कि वह कुरु राजकुमारों को न केवल कुश्ती के लिए ललकारता रहता था, बल्कि कई बार तो ज़बरदस्ती उनको अखाड़े में घसीट लाता था! एक साथ दस–दस कुरु राजकुमारों की वह बुरी गत बना देता था। कोई भी राजकुमार उसके बल के आगे टिक नहीं पाता था।

एक दिन आचार्य का शिक्षण कार्य समाप्त हो चुका था। सभी राजकुमार अपनी रुचि के खेल खेलने को स्वतन्त्र थे। कुरु राजकुमार विकर्ण, चित्राक्ष, सुलोचन, विंद, सुबाहु और दुर्मुख गेंद से खेलने में व्यस्त थे। भीम हर बार की तरह उन्हें जबरन अखाड़े में ले आया। भीम के सामने इनकी स्थिति ऐसी थी, जैसे किसी व्याघ्र से लड़ने के लिए मृगछौनों को भेज दिया गया हो। कुछ ही क्षणों में भीम ने उन्हें अधमरा कर दिया और अपनी दोनों काँखों में तीन–तीन राजकुमारों को दबाकर उनका दम घोंटने लगा। अट्टहास करता हुआ भीम राजकुमारों से जबरन ये कहलवाना चाहता था कि वह इस ब्रह्माण्ड का सर्वश्रेष्ठ मल्ल है। ठीक इसी समय सुयोधन और सुशासन वहाँ पहुँचे। सुयोधन से अपनी भाइयों की दुर्दशा देखी न गयी और उसका ख़ून खौल गया। उसने तुरन्त भीम को ललकारा–"अरे मन्दबुद्धि मोटे, अपने से कम उम्र और कद–काठी

के इन बालकों पर ज़ोर आजमा कर स्वयं को श्रेष्ठ मल्ल कहता है!" भीम की प्रतिक्रिया की प्रतीक्षा न करते हुए सुयोधन ने अपने भाइयों को छुड़ाया और स्वयं भीम से भिड़ गया। सुयोधन के सारे भाई अखाड़े के कोने में खड़े होकर भीम और सुयोधन की कुश्ती देखने लगे। कुरु राजकुमारों में एक यही था, जो भीम के सामने ठहर सकता था। सुयोधन के भाइयों को पछाड़ने में भीम कुछ थक–सा गया था, लेकिन सुयोधन अपनी पूरी शक्ति लिए था। उसका पलड़ा कुछ भारी पड़ने लगा। बल और शक्ति में निस्सन्देह भीम सुयोधन पर भारी था, लेकिन मल्ल विद्या की तकनीक और चुस्ती–फुर्ती में सुयोधन का कोई सानी नहीं था। अपनी पराजय को सामने देखते हुए भीम ने अब कुश्ती के नियमों से परे जाकर मुक्कों से सुयोधन के मुँह पर प्रहार कर दिया। यह घूँसा भीम का था, अतः इसका वेग बेहद तीव्र था। भीम के घूँसे से सुयोधन का होंठ कट गया और उसके मुँह से ख़ून निकलने लगा। सुयोधन गुस्से से पागल हो गया। आक्रोश में उसका ध्यान कुछ भटक गया। इसी का लाभ उठाते हुए भीम ने उसे टाँग अड़ाकर गिरा दिया और उसके सीने पर चढ़ गया। असहाय सुयोधन के हाथ में इसी समय अखाड़े के कोने में रखा मुद्गल आ गया और उसने बिना सोचे–समझे उसे भीम के सिर पर दे मारा। असह्य पीड़ा से भीम चीख़ पड़ा और उसके मस्तक से रक्त की धारा बहने लगी। भीम की चीख़ सुनकर वहाँ कृपाचार्य के साथ–साथ पाण्डु के दूसरे पुत्र भी आ पहुँचे। भीम को तुरन्त राजवैद्य के पास ले जाया गया।

ये समाचार जैसे ही राजभवन पहुँचा, वहाँ भूचाल आ गया। गंगापुत्र भीष्म तुरन्त अखाड़े पहुँचे और पाण्डु कुमारों से पूरी घटना की जानकारी ली। सुयोधन तो इतना डर गया था कि पितामह के आने की सूचना पाते ही एक वृक्ष पर चढ़कर छिप गया। विदुर ने इसे महाराज धृतराष्ट्र और गान्धारी के सामने ऐसे प्रस्तुत किया, जैसे सुयोधन ने जान–बूझकर भीम की हत्या का प्रयास किया हो। विदुर ने कहा कि यदि सुयोधन पर अभी

अंकुश न लगाया गया तो विनाश निश्चित है। विदुर ने महाराज से यहाँ तक कह डाला कि उनका पुत्र सुयोधन नहीं 'दुर्योधन' बन चुका है। गुस्से में आग–बबूला धृतराष्ट्र ने तुरन्त सुयोधन को प्रस्तुत होने का आदेश दिया।

धृतराष्ट्र के कक्ष से रोता हुआ सुयोधन सीधे मेरे पास आया। सुयोधन को इस तरह से सिसक–सिसककर रोते हुए मैंने पहले कभी नहीं देखा था। लगातार बहते आँसू और सिसकियों के कारण उसके मुँह से शब्द भी नहीं फूट रहे थे। उसके बिना कुछ कहे ही मैं सब–कुछ समझ गया। सुयोधन का गौरवर्णी चेहरा पूरी तरह से लाल दिखायी दे रहा था। उसकी धवल पीठ पर नीले निशान थे। स्पष्ट था कि महाराज धृतराष्ट्र का क्रोध आज सारी सीमाएँ पार कर गया था और इस क्रोध का भाजन बना था अबोध सुयोधन। सिसकियों के बीच सुयोधन ने पूरा घटनाक्रम मुझे सुनाया। पूरे राजभवन में मैं एकमात्र व्यक्ति था, जिसने उसकी बात ध्यान से सुनी थी, अन्यथा उसके माता–पिता ने भी उसका पक्ष सुने बिना ही उसे अपराधी मानकर दण्ड भी दे दिया था। मैंने उसे समझाने का प्रयास किया और कहा–"क्या हुआ जो महाराज ने तुम्हें दण्डित किया। तुमसे स्नेह भी तो वे कितना करते हैं। क्या एक पिता को अपने पुत्र को दण्डित करने का अधिकार भी नहीं है?" प्रत्युत्तर में सुयोधन बोला–"मामाश्री, मेरी पीड़ा इसलिए नहीं है कि पिताश्री ने मुझे ताड़ना दी। शरीर पर लगे इन घावों की पीड़ा तो कुछ भी नहीं है। पीड़ा तो इस बात की है कि पिताश्री को दूसरों की बातों पर कितना विश्वास है, जबकि स्वयं के पुत्र की बात वे सुनने तक को तैयार नहीं। मैं जानता हूँ कि पिताश्री और माता दोनों ही मुझसे अपार स्नेह करते हैं, लेकिन यहाँ प्रश्न स्नेह का नहीं, विश्वास का है। पिताश्री तो गुस्से में आग–बबूला होकर मेरी ताड़ना करते ही रहे और माता ने भी मौन रहकर पिताश्री का समर्थन ही किया। किसी ने ये भी आवश्यक नहीं समझा कि मेरा पक्ष भी कम–से–कम सुन तो लें।" ये कहते हुए सुयोधन का स्वर

पूरी तरह से भर्रा गया। गला साफ़ कर आँसुओं में डूबे सुयोधन ने अपनी बात जारी रखी। "मामाश्री, माँ–पिताश्री का ये व्यवहार भी मैं सहन कर जाता, लेकिन जब विदुर काका ने मुझे सुयोधन की बजाय दुर्योधन कहकर सम्बोधित किया तो उन्हें रोकना तो दूर, माँ और पिताश्री भी मुझे दुर्योधन कहने लगे! मामाश्री, आप ही कहिए, क्या मैं इतना बुरा हूँ? आख़िर मेरी त्रुटि क्या है? जब वह जंगली भैंसा भीम मेरे भाइयों को बिना बात के मार–मार कर अधमरा कर रहा था, तब तो उसे किसी ने नहीं टोका। मल्ल के खेल में नियमों से परे जाकर उसने मेरे मुँह पर मुक्का मारा और मेरा होंठ फट गया। तब तो किसी ने उसे ग़लत नहीं कहा और मैंने उसे मारा तो मैं ऐसा अपराधी हो गया कि पितामह से लेकर स्वयं मेरे पिता भी मेरे प्राण लेने आ गये। मैं सुयोधन से दुर्योधन हो गया?"

भीम–सुयोधन के झगड़े की कहानी सुशासन मुझे पहले ही बता चुका था। सच पूछा जाये तो मुझे इसमें बालक सुयोधन की कोई त्रुटि नज़र नहीं आ रही थी। खेल के दौरान बालकों के बीच झगड़ा और मार–पीट हो जाना कोई अस्वाभाविक बात नहीं है और भीम व सुयोधन जैसे उद्दण्ड बालकों के बीच तो यह होना ही था, लेकिन विदुर ने बालकों के इस झगड़े को कुछ इस तरह प्रचारित किया कि पाण्डव नायक और सुयोधन खलनायक हो गया। जिस बात से सुयोधन सबसे ज़्यादा आहत था, वह यह कि विदुर की पहल पर अब हर जगह उसका नाम 'दुर्योधन' के रूप में प्रचारित हो रहा था।

विदुर के हर पैंतरे और चाल को मैं समझ रहा था। एक सोची–समझी योजना के तहत वह गंगापुत्र भीष्म, धृतराष्ट्र सहित हस्तिनापुर की प्रजा के सामने सुयोधन की छवि को धूमिल कर पाण्डवों की, विशेषकर युधिष्ठिर की छवि को सकारात्मक बनाना चाहता था। स्पष्ट था, सिंहासन को लेकर भविष्य में होने वाले संघर्ष की तैयारी विदुर अभी से ही कर रहा था और मैं सब–कुछ जानते हुए भी विदुर के सामने हाथ पर हाथ धरे बैठा था। विदुर

राज्य का महामन्त्री था। शासन–प्रशासन के सारे सूत्र उसी के हाथ में थे। प्रचार तन्त्र, गुप्तचर तन्त्र भी उसी का था। मेरी पहुँच अभी भी केवल महाराज धृतराष्ट्र तक ही सीमित थी। मेरी बातें महाराज की समझ तो आती थीं। सुयोधन से उनका प्रेम भी कम नहीं था, परन्तु जाने किस कारण से महाराज विदुर के विरुद्ध कुछ भी सुनने या करने की स्थिति में नहीं थे। महाराज की इसी कमज़ोरी का विदुर ने भरपूर लाभ उठाया।

उधर, कौरवों और पाण्डवों या कहा जाये भीम और सुयोधन में वैमनस्य बढ़ता ही जा रहा था। अखाड़े की घटना ने भीम को और भी बल दे दिया था। शक्ति के मद में चूर भीम के लिए कुरु राजकुमारों को परेशान करना उसका प्रिय शगल बन गया था। उद्यान में फलों के लिए वृक्षों पर चढ़े कौरवों को पेड़ हिलाकर गिरा देने में भीम को असीम आनन्द आता था। भले ही उसकी इस क्रीड़ा में कोई राजकुमार आहत होकर पीड़ा से कराह क्यों न रहा हों। भीम की हँसी रुकने का नाम नहीं लेती थी। जलक्रीड़ा करते हुए सुयोधन के भाइयों के सिर बलपूर्वक सरोवर में डुबोना, जिससे उनका दम घुटने लगे और फिर उन्हें हाँफते हुए देखना भी भीम को बेहद पसन्द था। सुयोधन शक्ति के इस दुरुपयोग पर कसमसा कर रह जाता था। विरोध करने पर जो झगड़ा होता था, उसमें हमेशा दोषी सुयोधन को ही ठहराया जाता था, क्योंकि विदुर के प्रचार से सुयोधन की छवि दुर्योधन की बन चुकी थी।

मैं अक्सर सुयोधन को समझाया करता था कि पुत्र अभी परिस्थितियाँ तुम्हारे पक्ष में नहीं हैं। बल और क्रोध की बजाय बुद्धि और युक्ति का प्रयोग किया करो, जिससे तुम्हारा मंतव्य भी पूरा हो और कोई तुम पर दोषारोपण भी न कर सके। मेरी बातों को सुनकर सुयोधन की अपरिपक्व बुद्धि ने एक ऐसी योजना बना ली, जिसने न केवल उसे अपयश दिया, बल्कि मुझे भी सदा के लिए कलंकित कर दिया।

भीम की हत्या का प्रयास

कुरुवंश के सभी राजकुमार हस्तिनापुर के निकट ही प्रमाणकोटि में भ्रमण के लिए गये। प्रमाणकोटि एक सुन्दर उपवन था और वहाँ एक सुन्दर सरोवर भी था, जो जल क्रीड़ा के लिए उपयुक्त माना जाता था। सुयोधन और सुशासन वन वाटिका में भ्रमण कर रहे थे। तभी सुशासन की दृष्टि एक जंगली पौधे पर गयी। सुशासन ने इस जंगली पौधे के बारे में कुछ सुन रखा था। अपने अल्प ज्ञान को परिपूर्ण मानते हुए सुशासन ने सुयोधन को बताया कि इस जंगली पौधे के बीजों का सेवन करने वाले की कुछ देर बाद ही मृत्यु हो जाती है। भीम से अतिशय घृणा करने वाले सुयोधन के अपरिपक्व मस्तिष्क में उसे हटाने की एक योजना कौंध गयी। दोनों भाइयों ने उन बीजों का प्रयोग एक कुकुर पर करके देखा। बीज मिश्रित भोजन देने पर कुकुर कुछ ही देर में शिथिल हो गया और दोनों नादान बालक ये मान बैठे कि इन जंगली बीजों से किसी की भी मृत्यु हो सकती है। योजना के अगले चरण में दोनों भाइयों ने खीर में इन बीजों को ऐसे मिलाया, जैसे सूखे मेवे हों और फिर सुशासन ने भीम को भोजन के लिए सरोवर के एक सुनसान किनारे पर आमन्त्रित किया। जैसी कि उन्हें आशा थी, खीर को देखकर भीम के मुँह में पानी आ गया। वह बीज मिश्रित पूरी खीर पी गया। थोड़ी ही देर में भीम का शरीर शिथिल हो गया। ये दोनों राजकुमार उसे मृत समझकर भाग गये। सन्ध्याकाल में सभी राजकुमार राजभवन

लौट आये, लेकिन भीम नहीं लौटा। पहले तो सबने ये समझा कि भीम घुमन्तू प्रवृत्ति का है। वन में कहीं घूमने निकल गया होगा, लेकिन जब देर तक भीम नहीं लौटा तो उसकी खोज शुरू हो गयी। सभी सम्भावित स्थानों पर उसे ढूँढ़ने के लिए सैनिक रवाना कर दिये गये, लेकिन भीम का कहीं पता नहीं चला। पूरे राजभवन में हाहाकार मच गया। सन्देह की सुई सुयोधन की तरफ़ भी उठने लगी। स्थिति की गम्भीरता को देखते हुए मैंने तुरन्त सुयोधन और सुशासन को अपने कक्ष में बुलवा लिया। भीम के सम्बन्ध में प्रश्न करने पर पहले तो दोनों भाइयों ने अनभिज्ञता प्रकट की, लेकिन सुयोधन की आँखों में छिपा झूठ मुझसे बेहतर कौन पढ़ सकता था। मेरी ज़रा–सी सख़्ती से दोनों भाई टूट गये और पूरा सत्य मेरे सामने उगलकर रख दिया। बच्चों की इस नादानी पर मैंने माथा पीट लिया। मैं समझ गया कि आज नहीं तो कल, भीम वापस आयेगा और सुयोधन के लिए परेशानी बढ़ जायेगी।

भीम की वापसी में मेरी उम्मीद से कुछ अधिक समय लगा, लेकिन फिर भी पूरे राजभवन में यह उत्सव का दिन था। बताया गया कि भीम को विष देने के बाद एक भारी शिला से बाँधकर सरोवर में फेंक दिया गया था। भीम सरोवर के रास्ते नागलोक पहुँच गया था और विषैले सर्पों के दंश से उसके शरीर में जो विष का प्रभाव था, वह समाप्त हो गया और वह सकुशल लौट आया। भीम की वापसी की यह कथा कितनी सत्य थी, ये तो मुझे ज्ञात नहीं, लेकिन मैंने इतना अवश्य पता करवा लिया था कि जिस जंगली पौधे के बीज सुयोधन ने भीम को खिलाये थे, वह कोई विष नहीं था, बल्कि उस पौधे को वैद्य रोगी को तुरन्त निद्रा आ सके, इसलिए औषधि के रूप में उपयोग में लाते थे।

विदुर इस प्रकरण को यूँ ही नहीं छोड़ने वाला था। सत्य मुझे ज्ञात था, लेकिन इस सत्य को सार्वजनिक करना भी उचित नहीं था। ये सही था कि भीम को वास्तव में कोई विष दिया

ही नहीं गया था, लेकिन ये भी सत्य था कि सुयोधन की मंशा तो उसे विष देकर मारने की ही थी। हत्या का प्रयास भी तो कोई कम गम्भीर अपराध नहीं होता। सुयोधन बेहद घबरा गया था। मैं जब उसके कक्ष में पहुँचा तो देखा कि वह स्वेद से पूरी तरह से भीगा हुआ था। मैंने उसके कपाल को छुआ और कहा– "किस चिन्ता में डूबे हो, वत्स और इतने भयभीत क्यों हों?" सुयोधन मेरे पैरों में गिर पड़ा और बोला–"मामाश्री, पिछली बार अनजाने में मैंने भीम का सिर फोड़ दिया था तो पूरा राजभवन मेरे प्राणों के पीछे पड़ गया था। इस बार तो मैंने भीम के प्राण लेने चाहे। लगता है कि पिताजी मुझे मृत्युदण्ड ही दे देंगे। मामाश्री बस आप ही मुझे बचा सकते हैं।" मैंने कहा–"वत्स, इसमें कोई सन्देह नहीं कि मूर्खता तो तुमने बहुत गम्भीर की है, लेकिन तुम चिन्ता मत करो। जब तक तुम्हारा यह मामा जीवित है, तुम्हें कुछ नहीं होने देगा, पर तुम्हें भी ये वचन देना होगा कि भविष्य में मामा से पूछे बिना ऐसी कोई भी योजना नहीं बनाओगे।" मेरे शब्दों ने सुयोधन को ढाँढ़स बँधाया। आँसुओं को पोंछते हुए उसने कहा–"मामाश्री, मैं वचन देता हूँ कि आपके परामर्श के बिना मैं कोई भी योजना नहीं बनाऊँगा।"

मेरा अन्देशा बिलकुल सही था। दूसरे ही दिन राजसभा में इस प्रकरण को बड़ी गम्भीरता से उठाया गया। सन्देह की सुई सुयोधन की ओर थी। कई लोगों ने तो इसे पूरी तरह सत्य मान ही लिया था। विदुर ने महाराज को सम्बोधित करते हुए कहा–"कुमार भीम हमारे बीच सकुशल लौट आये हैं। ये निश्चित ही प्रसन्नता का विषय है, लेकिन उससे भी गम्भीर विषय ये है कि भीम की हत्या का प्रयास किया गया। महाराज से मेरा निवेदन है कि वे इस प्रकरण की तह तक जायें और जिसने भी यह कुकृत्य किया है, उसे कड़े से कड़ा दण्ड दिया जाये, चाहे वह कोई राजकुमार ही क्यों न हो।"

विदुर की अन्तिम पंक्तियों से धृतराष्ट्र भी विलचिल दिखायी

दिया। सुयोधन ने भीम के साथ जो कुछ किया था, उसके सम्बन्ध में धृतराष्ट्र को कुछ भी ज्ञात नहीं था, परन्तु मन–ही–मन उसने भी मान लिया था कि इसका दोषी सुयोधन ही है। अब अपने ही पुत्र को कठोर दण्ड देना महाराज के लिए आसान नहीं था। महाराज की असहजता को देखते हुए मैं ही सभा में खड़ा होकर बोला–"महामन्त्री का कथन सर्वथा उचित है। ऐसा घृणित कार्य करने वाले को कठोर दण्ड तो मिलना ही चाहिए। मेरा तो महाराज से निवेदन है कि दोषी को सीधे मृत्युदण्ड ही दे दिया जाये।" जिस राजसभा में सुयोधन को पहले से ही अपराधी माना जा रहा हो, वहाँ मेरे ऐसे शब्दों से सभी सभासद चकरा गये। मैंने अपनी बात जारी रखी–"लेकिन महाराज, किसी को भी दण्डित करने से पहले ये सुनिश्चित किया जाना बेहद आवश्यक है कि वही असली अपराधी है। महामन्त्री ने कहा है कि दोषी चाहे कोई राजकुमार भी क्यों न हो, उसे भी कठोर दण्ड दिया जाना चाहिए तो क्या महामन्त्री को इस षडयन्त्र में किसी राजकुमार के संलग्न होने का संशय है?"

विदुर सीधे–सीधे सुयोधन का नाम लेने का साहस न कर सका। उसने कहा–"भीम के लापता होने के पूर्व सुशासन ने ही उसे खीर खाने के लिए आमन्त्रित किया था। स्वयं भीम ने भी कहा है कि दुर्योधन के साथ खीर खाने के बाद क्या हुआ, यह उसे याद नहीं।" मैंने कहा–"किसी को खीर खिलाना तो कोई अपराध नहीं और स्वादिष्ट खीर खाने के बाद निद्रा आ जाना भी कोई अस्वाभाविक बात नहीं है। क्षमा करिये महामन्त्री, लेकिन केवल खीर खिलाने के कारण मेरे भाँजे को अपराधी मान लेना तो कोई न्याय नहीं है।" विदुर ने कहा–"खीर खिलाना अपराध नहीं, परन्तु खीर में विष मिलाकर खिलाना तो गम्भीर अपराध है न?" विदुर की बात सुनकर मैंने मुस्कुराते हुए कहा–"आदरणीय महामन्त्री से मेरा निवेदन है कि किसी भी परिणाम पर पहुँचने की शीघ्रता न करें। मेरे विचार में तो महाराज को अपने सबसे योग्य

गुप्तचरों से इसकी जाँच करवानी चाहिए कि ऐसे घृणित कार्य के पीछे किसका षड्यन्त्र है। साथ ही राजवैद्यों से कुमार भीम का चिकित्सकीय परीक्षण करवाना चाहिए कि उन्हें किस प्रकृति का विष दिया गया था। मुझे विश्वास है कि राजवैद्यों को उस विष के सम्बन्ध में ज्ञान तो होगा ही, जो सर्पदंश से प्रभावहीन हो जाता है। इसके अलावा पूरे हस्तिनापुर में विष का विक्रय, उत्पादन व उपयोग बेहद सीमित स्थानों पर राजकीय नियन्त्रण के बीच होता है। सामान्यतः विष का उपयोग शस्त्र निर्माण में होता है। ये लोग विष की एक–एक बूँद व रत्ती का हिसाब रखते हैं। महाराज इस बात की भी जाँच करवा सकते हैं कि विष राजकुमारों को उपलब्ध कैसे हुआ। यदि इसमें किसी अन्य की भी लिप्तता है तो उसे भी कठोर दण्ड मिलना चाहिए।"

सुयोधन के पास विष कहाँ से आया, इसका कोई भी उत्तर या प्रमाण नहीं मिल सका। फिर भी उस कपटी विदुर ने हस्तिनापुर में ये प्रचारित करवा दिया कि इस षड्यन्त्र को मेरे ही इशारे पर रचा गया था और सुयोधन को विष भी मैंने ही उपलब्ध करवाया था, लेकिन मेरे गान्धार से विष लाने या मँगवाने का भी कोई प्रमाण नहीं मिल सका। प्रत्यक्ष में हमें भले ही कोई अपराधी न कहे, लेकिन भीम की हत्या का प्रयास सुयोधन और उसके मामा शकुनि ने ही किया है। ये माना जाने लगा। यद्यपि ये सत्य नहीं था, लेकिन स्वयं के इस प्रकरण में शामिल न होने का स्पष्टीकरण देना व्यर्थ था। विदुर के इस दुष्प्रचार के विरोध में भला मैं यह कैसे कह सकता था कि यदि मेरे परामर्श पर ही सुयोधन ने यह कृत्य किया होता तो मैं भीम की बजाय युधिष्ठिर की हत्या का परामर्श देता। आख़िर उसी की मृत्यु सुयोधन को सिंहासन के सर्वाधिक समीप ला सकती थी। कहना तो मैं ये भी चाहता था कि यदि ये षड्यन्त्र मेरा होता तो भीम के बचने की कोई भी सम्भावना न रहती। गान्धार के पवर्तों में पैदा होने वाले विष इतने प्रभावी होते हैं कि विष में डूबी सुई भी चुभ जाये तो

मृत्यु क्षणों में हो जाती है, परन्तु सुयोधन की मूर्खता ने उसे तो हमेशा के लिए 'दुर्योधन' बना ही दिया था। साथ ही शकुनि को भी हस्तिनापुर में अपशगुनी ही समझा जाने लगा।

विदुर के प्रचार की वजह से मेरी छवि पूरे राज्य में नकारात्मक बन ही चुकी थी। प्रजाजन शकुनि में एक ऐसे खलनायक को देखने लगे थे, जो उनके राज्य के विनाश के लिए ही आया है। अब तो मेरी कंजी आँखों को भी छल, कपट, धूर्तता और षड्यन्त्र का पर्याय बना दिया गया था। गान्धार के पुरुष चेहरे पर मश्रु (दाढ़ी) रखते हैं, लेकिन यहाँ तो मेरे मश्रु और चलने की शैली को भी मेरी कुटिलता से जोड़ दिया गया। गान्धार में जो युवा राजकुमार शकुनि बेहद सुन्दर व आकर्षक माना जाता था, वही शकुनि अब हस्तिनापुर में अपनी प्रौढ़ावस्था में बेहद कुरूप हो चला था।

सुयोधन अपनी योजना विफल होने से काफ़ी भयभीत हो गया था। पाण्डव अब उस पर पूरी तरह से हावी हो चले थे। भीम की देखा–देखी सभी उसे दुर्योधन के नाम से पुकारने लगे थे। पाण्डवों की इस चेष्टा से वह काफ़ी दुखी और आहत था। दुर्योधन का सम्बोधन सुनते ही उसका क्रोध सातवें आसमान पर पहुँच जाता था। पाण्डवों और विदुर की शह पाकर राजभवन के कुछ कर्मचारी और मल्ल भी उसे दुर्योधन कहकर पुकारने लगे थे। जिसने भी उसे दुर्योधन कहकर पुकारा हो, उससे सुयोधन की मार–पीट होना निश्चित था। विदुर और उसके कर्मचारी बहुत विवादों की सूचना प्रत्यक्ष या परोक्ष रूप से भीष्म और महाराज तक पहुँचा ही देते थे। रोज़–रोज़ होने वाले इन झगड़ों और विवादों के चलते सुयोधन की छवि नकारात्मक होती जा रही थी।

सुयोधन कैसे बना दुर्योधन

बेकार के झगड़ों में अपनी ऊर्जा गँवाने वाले सुयोधन को समझाना बेहद ज़रूरी हो गया। एक दिन सन्ध्याकाल के समय जब सुयोधन अपने कक्ष में लौटा ही था, उसके तमतमाए मुख और शरीर से बहते स्वेद को देखकर लग रहा था कि कुछ देर पहले ही उसकी भीम या फिर किसी अन्य से जमकर मार–पीट हुई है। मैंने जान–बूझकर उसे पुकारकर कहा–"दुर्योधन, वत्स कहाँ हो तुम?"

उसने बेहद गुस्से से द्वार की ओर देखा और मेरे मुँह से दुर्योधन सम्बोधन सुनकर हैरान रह गया और बोला–"मामाश्री, क्या अब आप भी मेरे शत्रुओं से जा मिले हैं?" मैंने कहा–"वत्स, अभी तो तुम्हारे शत्रु तुम्हारी ही उम्र के कुछ बालक हैं। यदि स्वयं ईश्वर भी तुम्हारा शत्रु हो जाये तो भी तुम्हारा यह मामा तुम्हारा साथ जीवन की अन्तिम साँस तक नहीं छोड़ेगा।" अनायास ही मेरे मुँह से निकली ये बात एक दिन सच हो जायेगी, इसकी तो मुझे कल्पना भी नहीं थी। कुरुक्षेत्र की रणभूमि में निस्सन्देह भीष्म, द्रोण, कर्ण, अर्जुन, भीम और सुयोधन जैसे महारथी शामिल रहे हों, लेकिन वास्तव में तो वह युद्ध योद्धाओं की शक्ति और शस्त्रों के साथ लड़ा ही नहीं गया। वास्तव में, तो वह महासमर मेरे और भगवान श्रीकृष्ण के बीच बुद्धि और युक्ति से लड़ा जा रहा था। आज भी मुझे इस बात का सन्तोष है कि अपने संकल्प के लिए मैंने ईश्वर से टकराने का दुस्साहस भी किया।

लौटता हूँ उसी प्रसंग पर कि सुयोधन, दुर्योधन कैसे बन गया। मैंने सुयोधन से पुनः कहा–"रही बात तुम्हें दुर्योधन नाम से पुकारने की तो एक बात बताओ पुत्र, मैंने सुना है कि मात्र दुर्योधन सम्बोधन को सुनते ही तुम बोलने वाले के हाथ–पैर तोड़ देते हो। वत्स, अभी–अभी मैंने तुम्हें दुर्योधन कहकर पुकारा था तो तुम मुझ पर भी अपने बल का प्रयोग क्यों नहीं करते?" सुयोधन ने आश्चर्य से मेरी ओर देखा और बोला–"मामाश्री, आप पर बल प्रयोग की तो मैं स्वप्न में भी कल्पना नहीं कर सकता हूँ, लेकिन उस मोटे भीम और उसके भाई जब मुझे दुर्योधन कहकर पुकारते हैं तो मुझे लगता है कि उनकी हत्या ही कर दूँ।" सुयोधन के मुख पर पाण्डवों के प्रति क्रोध और ईर्ष्या स्पष्ट दिखायी दे रही थी। उसका ये क्रोध समय–असमय फूट पड़ता था और इसी के कारण उसकी छवि क्रोधी और अहंकारी बालक की होती जा रही थी। प्रजा में इस प्रकार की छवि बनना उसके राजनीतिक भविष्य के लिए किंचित भी उचित नहीं था। सुयोधन के इस क्रोधी स्वभाव को नियन्त्रित करना भी अति आवश्यक था। मैंने उससे कहा–"तुम जानते भी हो कि तुम जिस दुर्योधन संबोधन से इतना क्रोधित हो जाते हो, उसका अर्थ क्या है?" उसने कहा–"अर्थ तो मुझे नहीं ज्ञात, परन्तु पाण्डवों के मुँह से निकला शब्द मेरी प्रशंसा में तो हो ही नहीं सकता।" मैंने कहा–"मूर्ख हैं वे पाण्डव और मूर्ख हो तुम भी। पाण्डव तुम्हें बिना किसी विचार के दुर्योधन कहकर पुकारते हैं और तुम बिना कारण उन पर कुपित हो जाते हो। वास्तव में दुर्योधन शब्द का अर्थ ऐसा है कि ये सम्बोधन केवल तुम पर ही शोभा देता है।" सुयोधन कदाचित् इसे चेष्टा समझता, परन्तु मेरे मुख पर गम्भीरता का भाव था। जिज्ञासा से मेरी ओर तकते हुए उसने पूछा–"वह कैसे?"

मैंने कहा–"वत्स, दुर्योधन का अर्थ है दुर्दुश ढंग से युद्ध करने वाला। अब तुम ही बताओ, क्या ये सम्बोधन तुम पर उचित नहीं लगता?" सुयोधन के भोले से चेहरे पर चमक आ गयी। उसने

तुरन्त दूसरा प्रश्न किया–"किन्तु मामाश्री, पाण्डव तो सुशासन को भी दुःशासन कहकर चिढ़ाते हैं।" सुयोधन की बात पूरी होने से पहले ही मैंने उसे टोक दिया–"तुम नादान बालक हो। कल तुम्हें इस विशाल साम्राज्य का भार अपने कन्धों पर उठाना है। ऐसे में यदि तुम इन क्षुद्र बातों में उलझकर ऊर्जा गँवाते रहे तो अपना कर्तव्य कैसे निभा सकोगे? इस तरह की छोटी–छोटी बातों को सकारात्मक दृष्टिकोण से लेने से तुम्हारे विरोधियों का वार न केवल ख़ाली जायेगा, बल्कि यह तुम्हें भी नवीन ऊर्जा से भर देगा। नकारात्मक को सकारात्मक में परिवर्तित कर देने का गुण एक राजा में होना ही चाहिए। दुःशासन का अर्थ तुम इस प्रकार से क्यों नहीं लेते कि जिस व्यक्ति पर शासन करना दुरुह हो, उसे दुःशासन कहा जाये? पाण्डवों की इस चेष्टा को तुम अपनी प्रशंसा क्यों नहीं मानते? दुर्योधन अर्थात् जिसके धन, गुण को पाना कठिन हो व दुःशासन यानी जिस पर शासन करने की कल्पना भी न की जा सके।"

भाषा विज्ञान के आधार पर मेरी ये व्याख्या कितनी सही थी, इसका तो मुझे ज्ञान नहीं था, लेकिन मेरी बात का असर इतना हुआ कि सुयोधन ने 'दुर्योधन' सम्बोधन पर चिढ़ना व मार–पीट करना छोड़ दिया। पाण्डव, विशेषकर भीम इस बात से बेहद चकित था। दुर्योधन कहकर सुयोधन को उकसाने के उसके प्रयास विफल हो रहे थे, बल्कि उसे तो यह सम्बोधन अच्छा लगने लगा था। अब तो उसके मित्र, उसके अनुज भी उसे दुर्योधन नाम से ही पुकारने लगे थे और तो और वह मुझसे भी कहने लगा था कि उसे दुर्योधन नाम से ही पुकारा जाये। इस प्रकार दुर्योधन ही उसका प्रचलित नाम हो चला था।

द्रोणाचार्य का आगमन

सभी राजकुमारों की शिक्षा का दायित्व हस्तिनापुर के ही कुलगुरु कृपाचार्य को सौंपा गया था। कृपाचार्य राजकुमारों को शस्त्रों और शास्त्रों दोनों ही की शिक्षा दे रहे थे, लेकिन मेरी दृष्टि में कृपाचार्य इतने महत्त्वपूर्ण दायित्व के योग्य नहीं थे। मुझे लगता है कि भीष्म का विचार भी कुछ ऐसा ही था। राजकुमारों को ऋषि सांदीपनि के आश्रम में भेजने का विचार भी चल रहा था, लेकिन हस्तिनापुर जैसा राज्य, जिसके शत्रु पूरे आर्यावर्त में फैले हों, उनके राजकुमारों को राजधानी से कई सौ योजन दूर सांदीपनि आश्रम में भेजना सुरक्षा की दृष्टि से उचित नहीं था।

इसी दौरान एक दिन अर्जुन ने राजसभा में एक ब्राह्मण के अद्‌भुत धनुर्कौशल की आश्चर्यजनक घटना बतायी। क्रीड़ा के दौरान राजकुमारों की गेंद एक गहरे और सूखे कूप में जा गिरी। किसी के पास गेंद को वापस लाने की युक्ति न थी। इसी दौरान एक ब्राह्मण वहाँ आया। उस ब्राह्मण ने कहा कि वह सरलता से गेंद को बिना कूप में उतरे ही बाहर निकाल सकता है। ब्राह्मण की बात पर किसी को विश्वास नहीं हुआ। ब्राह्मण ने अर्जुन से उसके कन्धे पर टँगा बाणों भरा तूणीर माँगा और एक बाण को निकालकर सीधे कूप में पड़ी गेंद पर निशाना साधा। अब दूसरा बाण भी ब्राह्मण ने इतनी कुशलता से चलाया कि वह पहले बाण के पिछले हिस्से में हल्के से धँस गया। इसी प्रकार ब्राह्मण हर बाण के पिछले हिस्से में एक अन्य बाण इतनी कुशलता से चलाता गया कि बाणों की ये शृंखला कूप के ऊपर तक आ गयी। अब

ब्राह्मण ने रस्सी की तरह उन बाणों को खींच लिया और गेंद कुएँ से बाहर निकल आयी। ब्राह्मण के अद्‌भुत धनुर्कौशल से चमत्कृत अर्जुन ने उसका नाम व परिचय प्राप्त करने का प्रयास भी किया, लेकिन ब्राह्मण ने मुस्कुराकर उससे केवल इतना कहा कि तुम अपने पितामह को इस घटना के बारे में बता देना, वे समझ जायेंगे कि मैं कौन हूँ। अर्जुन ने सभा में उस घटना का सम्पूर्ण विवरण रख दिया था, लेकिन सभा में विराजमान किसी भी व्यक्ति की समझ में नहीं आ रहा था कि इतना अद्‌भुत धनुर्कौशल रखने वाला वह ब्राह्मण आख़िर कौन हो सका हैं। गंगापुत्र भीष्म के कपाल पर भी कुछ क्षणों के लिए चिन्ता की लकीरें अवश्य दिखायी दी थीं, लेकिन जल्दी ही उनके चेहरे पर निश्चिन्तता का भाव दिखायी दे रहा था। महाराज धृतराष्ट्र ने उत्सुकता से प्रश्न किया–"तातश्री, क्या आप इस अद्‌भुत विद्वान ब्राह्मण को पहचानते हैं? और क्या ये हमारे राजकुमारों के लिए एक योग्य आचार्य बन सकते हैं?" गंगापुत्र ने कहा–"कूप से गेंद निकालना भले ही साधारण–सा कार्य लगे, किन्तु हर तीर का लक्ष्य और उसके वेग को इतने सन्तुलित ढंग से साधना लगभग असम्भव है। क्रीड़ा में जो व्यक्ति धनुर्विद्या का इतना अद्‌भुत प्रयोग कर सकता है, निश्चित ही उसमें रणक्षेत्र में शिवताण्डव मचाने की क्षमता होगी। इस स्तर का कुशल धनुर्धारी सम्पूर्ण विश्व में मेरे गुरु भगवान परशुराम के अतिरिक्त कोई नहीं हो सकता। गुरु परशुराम से ये कौशल भीष्म के अतिरिक्त किसी ने ग्रहण किया है तो वह निश्चित ही भारद्वाज पुत्र द्रोण होंगे।"

द्रोण, ये नाम सुनते ही आर्यावर्त की राजनीति के समीकरण मेरे सामने आने लगे। इसमें कोई सन्देह नहीं था कि द्रोण की ख्याति एक अद्‌भुत धनुर्विद्या विशेषज्ञ के रूप में थी। ब्राह्मण द्रोण ने अब तक किसी बड़े युद्ध में अपनी वीरता भले ही प्रमाणित न की हो, लेकिन उसका धनुर्कौशल इतना अद्‌भुत था कि उसकी गिनती परशुराम और भीष्म जैसे श्रेष्ठतम धनुर्धारियों

में होने लगी थी। हालाँकि हस्तिनापुर में द्रोण की चर्चा कम ही होती थी, क्योंकि द्रोण को हस्तिनापुर के विरोधी राष्ट्र पांचाल के निकट समझा जाता था। द्रोण व पांचाल नरेश द्रुपद बाल सखा रहे थे। साथ ही खेलने और शिक्षा ग्रहण करने के कारण द्रोण को द्रुपद का मित्र भी समझा जाता था, लेकिन कुछ ही मास पूर्व जो समाचार गुप्तचरों के माध्यम से प्राप्त हुआ था, उससे तो लगता था कि द्रोण और द्रुपद की मित्रता अब शत्रुता में बदल चुकी है। आश्रम काल को स्मरण करते हुए द्रोण पांचाल नरेश द्रुपद की सभा में मित्र के नाते से उपस्थित हुआ, किन्तु द्रुपद ने द्रोण से मित्र के स्थान पर याचक के जैसा व्यवहार किया। द्रोण को द्रुपद के इस व्यवहार ने अत्यन्त आहत किया और स्वयं को अपमानित अनुभव कर द्रोण, द्रुपद की सभा और राज्य से ही बाहर निकल गया। द्रोण और द्रुपद की मित्रता या शत्रुता से मुझे कोई भी सरोकार नहीं था, किन्तु प्रश्न ये था कि पूरे आर्यावर्त को छोड़कर द्रोण हस्तिनापुर ही क्यों आया है? उस जैसे योग्य आचार्य को तो किसी भी सम्पन्न राज्य में सम्मानजनक स्थान मिल सकता है तो फिर शत्रु प्रदेश हस्तिनापुर में आकर संकट मोल लेने का क्या औचित्य है? कहीं द्रुपद से शत्रुता केवल दिखावा तो नहीं? वास्तव में, उद्देश्य द्रुपद के ही निर्देश पर हस्तिनापुर को हानि पहुँचाना तो नहीं है या फिर द्रुपद से हाल ही में हुई शत्रुता के चलते पांचाल के पुराने शत्रु हस्तिनापुर का उपयोग करना चाहता हो? दोनों ही परिस्थितियों में द्रोण का आगमन हस्तिनापुर के लिए शुभ नहीं लग रहा था।

इस सम्बन्ध में मैं राजसभा में अपनी कोई राय रखता, इससे पहले ही द्रोण को ससम्मान बुलाने का आदेश दे दिया गया। भीष्म प्रारम्भ में द्रोण को राज आचार्य पद का प्रस्ताव देने में कुछ संकोच कर रहे थे, लेकिन जब वे द्रुपद और द्रोण की मित्रता के अन्त के प्रति आश्वस्त हो गये तो उन्होंने भी सहर्ष द्रोण के समक्ष ये प्रस्ताव रखने के लिए सहमति दे दी। राजसभा

में जब द्रोण का आगमन हुआ तो मुझे विश्वास ही नहीं हुआ कि मैले–कुचौले वस्त्रों में बढ़ी हुई मश्रु व केश लिए प्रभावहीन–सा दिखने वाला ये ब्राह्मण इतना प्रकाण्ड युद्ध विशारद हो सकता है। द्रोण ने राज आचार्य बनने का प्रस्ताव तो सहर्ष स्वीकार कर लिया, मानो वह पहले से ही इस प्रस्ताव के लिए तैयार हो, किन्तु साथ ही उसने राजकुमारों को शिक्षा देने के लिए अपने नियम और शर्तें महाराज के समक्ष रख दीं। द्रोण के नियमों के अनुसार राजकुमारों की शिक्षा महल से दूर उनके निर्देश पर बनाये गये आश्रम में होगी। आश्रम में द्रोण की अनुमति के बिना स्वयं महाराज और भीष्म तक का प्रवेश वर्जित होगा। शिक्षा के दौरान राजकुमारों को आश्रम के कठोर अनुशासन का पालन करना होगा। त्रुटि होने पर राजकुमारों को दण्डित करने के सम्पूर्ण अधिकार आचार्य के पास रहेंगे। हस्तिनापुर का इसमें कोई हस्तक्षेप नहीं होगा। इसके साथ ही आचार्य ने शिक्षा पूर्ण होने पर राजकुमार और राज्य से गुरुदक्षिणा का वचन भी लिया। हस्तिनापुर जैसे शक्तिशाली साम्राज्य के राजा के सामने इस प्रकार की शर्तें रखना दुस्साहस ही कहा जा सकता था, लेकिन द्रोण की सभी शर्तें स्वीकार कर ली गयीं। द्रोण की अन्तिम शर्त, जिस पर उसका काफ़ी ज़ोर था, मुझे विचित्र लगी। शिक्षा पूरी होने पर कोई भी शिष्य अपने सामर्थ्य के अनुसार गुरु को अधिकतम गुरुदक्षिणा देता ही है और यहाँ तो आचार्य के शिष्य हस्तिनापुर के राजकुमार थे। स्पष्ट था कि आचार्य के पास एक सौ पाँच राजकुमारों की गुरुदक्षिणा के रूप में सम्पदा की कमी नहीं होनी थी। फिर भी द्रोण ने अपने शिष्यों और महाराज से ऐसा वचन क्यों लिया, ये बात मेरी समझ से बाहर थी। मुझे अन्देशा हुआ कि द्रोण गुरुदक्षिणा में कोई ऐसी माँग तो नहीं करने वाले, जिसे पूरा करना हस्तिनापुर जैसे शक्तिशाली राज्य के लिए भी सम्भव न हो, लेकिन हस्तिनापुर राजसभा में मेरा स्थान इतना महत्त्वपूर्ण भी नहीं था कि मेरी राय को इतना महत्त्व दिया जाता। महाराज,

भीष्म और विदुर की स्वीकृति के बाद द्रोण को राजकुमारों की शिक्षा का विधिवत दायित्व सौंप दिया गया।

द्रोण अब द्रोणाचार्य हो गये थे। हस्तिनापुर नगर की सीमा से काफ़ी दूर द्रोणाचार्य के निर्देश पर एक विशेष आश्रम तैयार किया जा रहा था। आश्रम में राजकुमारों के निवास के लिए जो कक्ष बनाए जा रहे थे, उन्हें किसी भी प्रकार से राजकुमारों के रहने के अनुरूप नहीं कहा जा सकता था। वनों में रहने के आदी पाण्डव तो उनमें रह भी लें, किन्तु दुर्योधन और उसके भाइयों के लिए ये अत्यन्त कठिन था। आश्रम में युद्धशाला का भी निर्माण किया जा रहा था। उस युद्धशाला को देखकर साफ़ हो गया था कि आचार्य का सबसे अधिक ज़ोर धनुर्विद्या पर रहने वाला था। वैसे द्रोण स्वयं भी धनुर्विद्या में ही महारथ रखते थे। शीघ ही ये भी स्पष्ट हो गया कि आचार्य गदायुद्ध को विशेष महत्त्व नहीं देते थे। हाथ में लेकर लड़ने वाले अस्त्रों की तुलना में दूर से वार करने वाले शस्त्रों को वे आधुनिक व विश्वसनीय मानते थे। दुर्योधन के अलावा भीम को भी सम्भवत ये जान कर निराशा हुई थी।

राजकुमारों की शिक्षा और आश्रम का जीवन

विशाल आश्रम और युद्धशाला बन कर शीघ्र ही तैयार हो गयी। उसके विशाल आकार को देखते हुए निर्णय लिया गया कि उसके एक भाग में राज्य के किसी भी जनसामान्य के लिए शिक्षा की सुविधा उपलब्ध हो सकेगी। कुलगुरु कृपाचार्य को पूरे आश्रम के प्रबन्धन का भार सौंप दिया गया। द्रोणाचार्य कुलगुरु कृपाचार्य के बहनोई लगते थे। ऐसे में दोनों रिश्तेदारों में विवाद–वैमनस्य की सम्भावना भी नहीं ही थी।

पूरे विधि–विधान के साथ सभी राजकुमारों को उनकी शिक्षा के लिए द्रोणाचार्य के आश्रम के लिए रवाना कर दिया गया। मैंने दुर्योधन को पहले ही आश्रम के कठिन प्रवास के लिए मानसिक रूप से तैयार कर दिया था। जन्म से ही रेशमी राजसी वस्त्रों को धारण करने वालों को आश्रमवासियों के वस्त्र पहनना, कूप से जल निकालना, अपने वस्त्र स्वयं धोना, ईंधन के लिए लकड़ी काटना जैसे काम करने से परेशानी तो होनी ही थी। दुर्योधन अपने सभी भाइयों में सबसे सबल व बुद्धिमान था, सो आश्रम के कठिन दिनों के लिए उसने स्वयं को तो तैयार कर लिया, लेकिन उसके दूसरे भाई आश्रम के कड़े नियम झेल ही नहीं पाये और सोलह कौरव राजकुमार बीमार पड़ गये। हालाँकि ज़्यादातर कौरव राजकुमारों ने कठिनाई के साथ ही सही, आश्रम के जीवन को आत्मसात कर लिया था, लेकिन विदुर के प्रचार तन्त्र ने

जनसामान्य में मत ऐसा बना दिया था कि विलासप्रिय कौरव राजकुमार आश्रम के जीवन के योग्य ही नहीं हैं।

उधर, वनवासी पाण्डवों के लिए आश्रम कोई नयी बात नहीं थी। वे तो उन पक्षियों से चहकने लगे, जिन्हें सोने के पिंजरे से निकालकर आकाश में स्वच्छन्द उड़ने के लिए छोड़ दिया जाता है। सभी राजकुमारों में केवल अर्जुन ही एक था, जिसकी धनुर्विद्या में विशेष रुचि थी। भीम, दुर्योधन और दुःशासन की रुचि गदा में थी और शेष राजकुमारों को तो योद्धा न ही कहा जाये तो ठीक रहेगा। स्वाभाविक रूप से अर्जुन आचार्य द्रोण का प्रिय शिष्य बन गया। आश्रम के समाचार निरन्तर मुझ तक पहुँच रहे थे। सूचनाओं के अनुसार आचार्य अपना अधिकतम समय अर्जुन को धनुर्विद्या सिखाने में ही लगा रहे थे। दूसरे शस्त्रों–शास्त्रों और राजकुमारों की स्पष्टतः अनदेखी की जा रही थी। परिणाम ये था कि अर्जुन की धनुर्विद्या में दिनों–दिन निखार आता जा रहा था। आचार्य के अनुसार अर्जुन में विश्व का सर्वश्रेष्ठ धनुर्धर बनने के सभी गुण विद्यमान थे। उनका दावा था कि वे अर्जुन को इस संसार का सबसे योग्य धनुर्धारी बनाकर रहेंगे। स्वाभाविक था कि ये समाचार मेरे लिए बिलकुल शुभ नहीं थे। अर्जुन की श्रेष्ठता प्रमाणित करने वाले क़िस्से आये दिन हस्तिनापुर पहुँच रहे थे। एक दिन आचार्य ने सभी राजकुमारों की परीक्षा लेने के लिए एक ऊँचे वृक्ष पर काष्ठ का एक पक्षी लटका दिया। सभी शिष्यों को धनुष से पक्षी के वाम चक्षु का भेदन करना था। आचार्य ने एक–एक कर सारे राजकुमारों को धनुष पर बाण चढ़ाकर लक्ष्य साधने के लिए कहा। लक्ष्य साधे हुए राजकुमारों से पूछा गया कि उन्हें क्या–क्या दिखायी दे रहा है। सभी राजकुमारों ने पेड़, पक्षी, पत्तियाँ आदि दिखने का उत्तर दिया। आचार्य ने किसी को बाण छोड़ने की अनुमति नहीं दी। अन्त में अर्जुन आया। लक्ष्य साधे अर्जुन ने कहा कि उसे केवल अपना लक्ष्य अर्थात् पक्षी का वाम चक्षु ही दिखायी दे रहा है। अर्जुन के उत्तर से द्रोण अति प्रसन्न हुए और अर्जुन लक्ष्य भेदन में सफल रहा।

इस सम्पूर्ण घटना को विदुर ने हस्तिनापुर में बढ़ा–चढ़ा कर प्रस्तुत किया। प्रजा में यह सन्देश देने का प्रयास किया गया कि अर्जुन सभी राजकुमारों में श्रेष्ठ है। वास्तव में, द्रोण के समस्त शिष्यों में केवल अर्जुन ने ही धनुर्विद्या को प्राथमिकता दी थी। ऐसे में धनुष संचालन में अर्जुन की श्रेष्ठता स्वाभाविक ही थी।

इस बीच आश्रम के उस प्रकल्प में, जहाँ राज्य के आम नागरिकों की सन्तानें शिक्षा पाती थीं, वहाँ भी कुछ ऐसा घट रहा था, जो न केवल मुझे, न केवल इस महागाथा को, बल्कि पूरे आर्यावर्त के इतिहास को प्रभावित करने वाला था। आम शिक्षार्थियों की इस भीड़ में एक बालक ऐसा था, जो अर्जुन की श्रेष्ठता को सार्वजनिक रूप से अस्वीकार कर रहा था। इस बालक का तर्क था कि आचार्य बिना किसी प्रतियोगिता के अर्जुन को सर्वश्रेष्ठ कैसे कह सकते हैं। इस बालक की आयु युधिष्ठिर से भी कुछ अधिक ही होगी, लेकिन अर्जुन की श्रेष्ठता पर वह लगातार प्रश्नचिह्न लगाता रहता था। आश्रम के राजकर्मचारी मर्यादा के कारण सीधे भले ही कुछ न कहते हों, परन्तु दबे स्वर में ये चर्चा प्रायः होती थी कि अर्जुन जो लक्ष्य भेदन आचार्य के सान्निध्य में रहकर उनके मार्गदर्शन में सीखता है, वही लक्ष्य भेदन ये बालक बिना किसी प्रशिक्षण के कहीं अधिक सरलता से कर लेता है। मेरे गुप्तचरों ने बताया कि इस महत्त्वाकांक्षी बालक का नाम 'राधेय' है और वह राजसारथी अधिरथ का पुत्र है।

एक दिन मुझे सूचना मिली की राधेय सीधे आचार्य द्रोण के पास जा पहुँचा। उसने आचार्य से निवेदन किया कि वह भी धर्नुविद्या समग्र रूप से ग्रहण करना चाहता है। उसे राजकुमारों के प्रकल्प में उपस्थित रहने की अनुमति दी जाये। राधेय ने आचार्य के सामने विनम्रता से ये भी कहा कि वह न केवल धर्नुविद्या में, बल्कि मल्लविद्या, गदायुद्ध, खड्ग युद्ध और अश्वारोहण में प्रत्येक राजकुमार से प्रतियोगिता के लिए सज्ज है। यदि एक भी विधा में वह किसी भी राजकुमार से कमतर सिद्ध हुआ तो आचार्य

निस्सन्देह उसे राजकुमारों के प्रकल्प में कभी सम्मिलित न करें। इस बालक के मुख पर तेज़ और आत्मविश्वास देखकर द्रोण भी चकित रह गये, परन्तु उन्होंने न केवल इस प्रतिभाशाली बालक को शिक्षा देना अस्वीकार कर दिया, बल्कि उसकी ज़ाति को आधार बनाकर उसे काफ़ी अपमानित भी किया। द्रोण ने कहा कि उन्नत व श्रेष्ठ शस्त्र विद्या किसी निम्न जाति के व्यक्ति को नहीं दी जा सकती। इस विद्या के अयोग्य लोगों के हाथों में जाने से देश, समाज यहाँ तक कि पूरी मानवजाति का अहित हो सकता है। भीम के लिए तो जैसे यह राधेय को नीचा दिखाने का सुनहरा अवसर था। अपनी जाति की श्रेष्ठता के मद में भीम ने कहा कि अब सूतपुत्र भी राजपुत्रों से प्रतियोगिता करेंगे। जाओ सूतपुत्र और अश्वों की विष्टा उठाने का काम ही करो।

राधेय अपमान का हलाहल पीकर सिर झुकाकर लौट गया। जैसे ही मुझे इस पूरी घटना की सूचना मिली, मैंने तुरन्त दुर्योधन से सम्पर्क किया। दुर्योधन ने भी मुझे विस्तार से घटना का वैसा ही विवरण दिया, जैसा मेरे गुप्तचर पहले ही दे चुके थे। मैंने दुर्योधन से पूछा–"वत्स, इस घटनाक्रम के बाद तुमने क्या किया?" दुर्योधन ने कहा–"मैं क्या कर सकता था मामाश्री। राधेय के साथ जिस प्रकार का व्यवहार गुरुदेव कर रहे थे, वह उचित तो मुझे भी नहीं लग रहा था। भीम ने जब उसका अपमान किया, उस समय भी मेरा मन भीम का विरोध करने के लिए उतावला था, परन्तु आप ही ने संयम बरतने की सीख दे रखी है। वैसे भी आचार्य की पाण्डवों और उनमें भी अर्जुन पर विशेष कृपा है। ऐसे में यदि मैं उस सूतपुत्र का पक्ष लेता तो व्यर्थ ही गुरुदेव के क्रोध का भाजन बन जाता।" मैंने कहा–"दुर्योधन, तुम मेरे सान्निध्य में रहकर भी राजनीति नहीं सीख पाये हो। जानते हो, तुम्हारे गुरु को अर्जुन ही क्यों प्रिय है? क्योंकि वह एक श्रेष्ठ धर्नुधर है और अब तो तुम भी इस सत्य से अनभिज्ञ न होगे कि सम्पूर्ण कुरु राजकुमारों में कोई भी ऐसा नहीं है, जो अर्जुन के

धनुष के समीप भी ठहर पाता हो। गदा और मल्ल विद्या में तुम भीमसेन के समकक्ष अवश्य हो, परन्तु अर्जुन की तुम्हारे पास कोई काट नहीं है।"

"मैं आपका अभिप्राय समझा नहीं, मामाश्री। तनिक स्पष्ट कहें।" दुर्योधन ने मेरी ओर अधिक स्पष्टता की आशा से देखा।

"प्रिय दुर्योधन, यही तो तुम्हारी समस्या है। मल्लशाला में स्वेद बहाकर तुम अपने शरीर और गदा को तो बल दे रहे हो, लेकिन बुद्धि–बल के प्रयोग पर तुम्हारा लक्ष्य नहीं है। क्या तुम्हें ये साधारण सी बात भी समझ में नहीं आती कि ऐसी स्थिति में ये राधेय तुम्हारे लिए अर्जुन की काट हो सकता है।" दुर्योधन ने मेरी बात को गम्भीरता से नहीं लिया और हँसते हुए बोला– "तो क्या अब राजवंशों को सूतपुत्रों की सहायता की आवश्यकता पड़ने लगी है, मामाश्री?"

दुर्योधन की बात सुनकर मेरा आक्रोश चरम पर पहुँच गया। मैं भूल गया कि मैं हस्तिनापुर नरेश के ज्येष्ठ पुत्र से बात कर रहा हूँ। क्रोध से तमतमाकर मैंने कहा– "दुर्योधन, तुम जैसे मूर्ख और अहंकारी राजपुत्रों से तो वह गुणी सूतपूत्र कहीं श्रेष्ठ है।" दुर्योधन को कदापि ये आशा नहीं थी कि जिसे वह साधारण विनोद समझ रहा था, उस बात पर मैं इतना कुपित हो जाऊँगा। दुर्योधन मुझसे कभी भी भयभीत नहीं रहता था, क्योंकि मेरा व्यवहार उससे मित्रवत अधिक रहता था, लेकिन इस बार ऐसा नहीं था। क्रोधित स्वर में मैंने अपनी बात जारी रखी–"किस बात का अभिमान है तुमको राजकुमार दुर्योधन? तुम्हारे निन्यानवे भाइयों में एक भी राजकुमार ऐसा नहीं है, जो धनुष ठीक से पकड़ना भी जानता हो। तुम्हारे सोलह भाई तो आश्रम का कठोर अनुशासन भी झेल नहीं सके। क्षत्रिय कुल में जन्म का दम्भ लेकर दूसरों को अपमानित करने वाले दुर्योधन, क्या तुम्हें ज्ञात नहीं कि तुम सब भाइयों का जन्म माता के गर्भ से नहीं, बल्कि कुम्भ पात्रों से हुआ है? और तुम ही क्या, तुम्हारे पिता, तुम्हारे तात पाण्डु, विदुर

क्या ये सब विशुद्ध क्षत्रिय हैं? वाह रे! महान क्षत्रियों के वंश के दुर्योधन! ययाति से लेकर शान्तनु, भीष्म, विचित्रवीर्य, पाण्डु और धृतराष्ट्र तक के इस क्षत्रिय वंश में अब तक जो कुछ भी हुआ है, वह क्या क्षत्रिय मर्यादा के अनुरूप हुआ है? क्या तुम्हारे पराक्रमी महापितामह की वासना के फलस्वरूप तुम्हारा पूरा वंश एक मत्स्य कन्या का वंशज होकर नहीं रह गया है? उस पर तुम्हारे पिता का जन्म तो महर्षि वेदव्यास से हुआ है। क्या वेदव्यास क्षत्रिय हैं? तुम्हारे भ्राता भीमसेन, जिन्होंने राधेय को अपमानित किया है, वे स्वयं वन में कैसे उत्पन्न हुए हैं, यह अब भी एक पहेली है। ऐसे वंश से सम्बन्ध रखने वाले तुम एक योग्य और प्रतिभाशाली व्यक्ति की उसके जन्म, उसके कुल, उसकी जाति के आधार पर चेष्टा करते हो, तुम्हें तनिक भी लज्जा का अनुभव नहीं होता?"

मेरी बातें सुनकर दुर्योधन सन्न रह गया। उसे मुझसे ऐसी कठोर बातों की अपेक्षा नहीं थी। हस्तिनापुर का यह राजकुमार यदि मेरी कही बातों को राजसभा में दोहरा देता तो मुझे मृत्युदण्ड भी दिया जा सकता था। दुर्योधन का वय भी ऐसा था कि उससे बहुत अधिक समझदारी की अपेक्षा नहीं की जा सकती थी। उस पर सत्ता का बल और स्वाभाविक राजसी उद्दण्डता, परन्तु कदाचित् मेरे स्नेह में इतनी शक्ति रही होगी कि दुर्योधन पर मेरी बातों का उचित प्रभाव पड़ा। उसने अपने मुख से तो कुछ नहीं कहा, लेकिन उसके झुके हुए मस्तक ने जता दिया कि वह अपने वचनों पर लज्जित है। अब मैंने भी कुछ कोमलता से कहा–"वत्स, ये सही है कि अभी हम पाण्डवों के साथ युद्ध की स्थिति में नहीं है, परन्तु वर्तमान में जिस प्रकार की परिस्थितियाँ मैं देख रहा हूँ, उससे स्पष्ट है कि भविष्य में ऐसी स्थिति के बनने की काफ़ी अधिक सम्भावना है। ऐसे में राधेय जैसे प्रतिभाशाली धनुर्धर, जिसमें अर्जुन का सामना करने का साहस और योग्यता है, उसे हमें अपना मित्र बना लेना चाहिए। स्मरण रहे कि तुमने स्वयं यह कहा है कि राधेय में अर्जुन से बढ़कर योग्यता दिखायी

दे रही थी। ऐसे योग्य व्यक्ति को हमारा मित्र होना ही चाहिए। योग्यता और प्रतिज्ञा अधिक समय तक छिपे नहीं रह सकते। इस राधेय को आचार्य द्रोण ने भले ही शिष्य के रूप में स्वीकार न किया हो, लेकिन इतना प्रतिभाशाली शिष्य मिलना किसी गुरु के लिए भी सौभाग्य है। द्रोण न सही, सांदीपनि, परशुराम या फिर कोई अन्य गुरु अवश्य ही इस पाषाण की अनगढ़ शिला को मूर्ति का आकार दे ही देगा। प्रिय दुर्योधन, तुम इस विशाल साम्राज्य के सम्राट बनना चाहते हो, ऐसी स्थिति में तुम्हें उच्च जाति का अहंकार या निम्न जाति के प्रति अनादर किंचित भी शोभा नहीं देते। व्यक्ति की परख उसकी योग्यता से होती है पुत्र, जाति से नहीं।"

उस दिन के बाद राधेय हस्तिनापुर में नहीं दिखा। लगा कि आचार्य द्रोण और भीम से अपमानित होकर उसने हस्तिनापुर का त्याग ही कर दिया है। राधेय की प्रतिभा के साथ जिस प्रकार का पक्षपात हुआ था, उससे मुझे काफ़ी पीड़ा हुई थी। मैं आचार्य द्रोण के विषय में सोचने लगा। आचार्य, गुरु, शिक्षक इन शब्दों का मेरे मन में काफ़ी सम्मान था। अपनी विद्या को निस्वार्थ रूप से किसी को दान कर देना कोई सरल कार्य नहीं होता। गुरु द्रोण के विषय में इतना तो पूरे हस्तिनापुर में प्रचारित हो चुका था कि अर्जुन उनका सबसे प्रिय शिष्य है और वे अपना अधिकांश समय उसी को धनुर्विद्या सिखाने में व्यतीत करते थे। आचार्य की धनुर्विद्या में विशेष रुचि को देखकर ये स्वाभाविक लगता था कि चूँकि राजकुमारों में कोई अन्य धनुर्विद्या में अर्जुन के समकक्ष नहीं है, इसीलिए अर्जुन उन्हें विशेष प्रिय है, परन्तु राधेय तो किसी मायने में अर्जुन से पीछे नहीं था। मैंने सुना था कि गुरु भी विद्या दान के लिए सुपात्र की तलाश में रहते हैं तो क्या राधेय सुपात्र नहीं था। हस्तिनापुर ने तो आचार्य के सामने ऐसी कोई शर्त नहीं रखी थी कि राजकुमारों के साथ किसी अन्य को शिक्षा न दी जाये, बल्कि हस्तिनापुर के सामान्य जनसमुदाय से कोई अद्भुत

धनुर्धारी निकलता है तो ये राज्य की सामरिक शक्ति के लिए अति उत्तम होता। स्वयं द्रोण पुत्र अश्वत्थामा क्षत्रिय न होकर भी राजकुमारों के साथ ही शिक्षित हो रहा था। फिर क्यों द्रोण ने इस प्रकार राधेय को अपमानित कर लौटा दिया, लेकिन ये तो केवल एक शुरुआत थी, द्रोण अपने निहित स्वार्थ के लिए कितना गिर सकता है, इसका तो अभी मुझे भान होना था।

एकलव्य का अँगूठा

मृगया व आखेट भी राजकुमारों की शिक्षा का एक महत्त्वपूर्ण भाग था। द्रोण के शिष्य भी इसमें काफ़ी आनन्द का अनुभव करते थे। राजकुमार वन में अकेले जाकर किसी संकट में न फँस जायें, इसके लिए आखेट के दौरान भी राजसैनिकों का एक दल उनके साथ रहता था। इन्हीं राजसैनिकों में से एक मेरा गुप्तचर सुजेय भी था। उस दिन आखेट समाप्त होने के बाद आश्रम जाने के स्थान पर सुजेय सीधे मेरे निवास पर आया। रात्रि का पहला पहर प्रारम्भ हो चुका था। सुजेय को देखकर मुझे किंचित आश्चर्य व चिन्ता हुई। मैंने प्रश्न किया–"क्या बात है सुजेय, तुम इस समय! सब कुशल तो हैं न?" सुजेय ने एक फीकी–सी मुस्कान देते हुए कहा–"गान्धार कुमार, यदि आपका प्रश्न राजकुमारों की सुरक्षा के विषय में है तो चिन्ता न करें, वे पूर्णतः सुरक्षित हैं।"

"तो फिर इतने विचलित क्यों दिखायी दे रहे हो?" मैंने सुजेय से प्रश्न किया। सुजेय ने उत्तर देने के स्थान पर मुझसे ही प्रश्न किया–"गान्धार कुमार, राजकुमारों की शिक्षा का भार आप लोगों ने किस नराधम को सौंप दिया है?" मैंने कहा–"क्यों? क्या तुम्हें द्रोणाचार्य की योग्यता पर विश्वास नहीं है?" सुजेय बोला–"क्षमा चाहूँगा गान्धारकुमार, यदि द्रोण विश्व के सर्वश्रेष्ठ युद्ध विशारद हैं तो भी मैं उन्हें इस योग्य नहीं मानता?"

मैं समझ गया कि सुजेय के पास कुछ ऐसी जानकारी है, जिससे वह व्यथित है। मैंने उसे बैठने के लिए आसन देते हुए

पूछा–"विस्तार से बताओ कि आचार्य द्रोण पर ये कोप आख़िर क्यों?" सुजेय ने अपनी बात आरम्भ की–"राजकुमारों के लिए आज आखेट का दिन था। आश्रम के नियमित अभ्यास से मुक्ति, वन में भ्रमण की स्वतन्त्रता और आखेट के फलस्वरूप मिलने वाला स्वादिष्ट मांसाहारी भोजन, इससे सभी राजकुमार काफ़ी प्रसन्न दिखायी दे रहे थे। आखेट के लिए जाने वाले इस दल में आश्रम का पालतू कुकुर जबेरा भी था। आश्रम से निकलकर पहली बारवन में जा रहे इस कुकुर के लिए वन का वातावरण नया ही था। कदाचित् इसी कौतुहल या भय के चलते जबेरा आज कुछ ज़्यादा ही भौंक रहा था। जबेरा के इस प्रकार भौंकने से राजकुमार भी काफ़ी परेशान हो गये, लेकिन कुकुर भला किसकी सुनने वाला था। उसका भौंकना लगातार जारी रहा। राजकुमार भी इसे भूलकर अपने आखेट में व्यस्त हो गये। लगभग एक प्रहर बाद युधिष्ठिर को स्मरण हुआ कि जबेरा न तो कहीं दिखायी दे रहा है और न ही उसके भौंकने की आवाज़ आ रही है। आशंका हुई कि कहीं उस कुकुर को किसी हिंसक वन्य प्राणी ने तो अपना शिकार नहीं बना लिया। युधिष्ठिर के आदेश पर सारे राजकुमार कुकुर को ढूँढ़ने लगे। तभी सामने से जबेरा आता हुआ दिखायी दिया, लेकिन वह भौंक नहीं रहा था। पास आने पर पता चला कि जबेरा का तो पूरा मुँह बाणों से भरा हुआ है। यही कारण था कि उस कुकुर के मुँह से आवाज़ भी नहीं निकल पा रही थी। कुकुर देखते ही भीम अपनी चिर–परिचित कर्कश शैली में चिल्ला पड़ा कि किसने भरे हैं मेरे प्रिय कुकुर के मुँह में बाण, लेकिन युधिष्ठिर, अर्जुन सहित वहाँ पर उपस्थित हम सभी कुकुर को देखते ही रह गये। कुकुर के मुँह में बाण कुछ इस तरह से मारे गये थे कि उसका मुंह पूरी तरह से बन्द हो गया था, लेकिन मारने वाले का कौशल ऐसा था कि कुकुर को एक घाव भी नहीं हुआ था। मैंने तो अपने जीवन में ऐसा धनुष कौशल पहले कभी नहीं देखा था। कदाचित् अर्जुन सहित दूसरे

राजकुमारों के लिए भी यह अद्भुत था। अर्जुन तो सीधे उस कुकुर को लेकर आचार्य के पास दौड़ा। आचार्य भी ये देखकर चकित हो गये कि निकट के वन में ऐसी उत्कृष्ट धनुर्विद्या जानने वाला आख़िर कौन धनुर्धारी है। अपनी जिज्ञासा के चलते द्रोण भी वन की ओर चले और कुकुर हम सबको एक ऐसे निर्जन और शान्त स्थल पर ले गया, जहाँ एक साँवला–सा किशोर, नंगे बदन धनुर्विद्या का अभ्यास कर रहा था। उसके पहनावे से स्पष्ट था कि वह कोई राजपुत्र या ब्राह्मण तो नहीं ही है, लेकिन जिस एकाग्रता से वह लक्ष्य भेदन कर रहा था, वैसी एकाग्रता तो द्रोणप्रिय अर्जुन में भी नहीं थी। आचार्य को देखते ही उस किशोर का सिर श्रद्धा से झुक गया और उसने द्रोण को साष्टांग दण्डवत् किया। आचार्य ने उसका परिचय माँगा तो उसने स्वयं को भिल्लराज हिरण्यधनु का पुत्र एकलव्य बताया। एकलव्य की भाषा भी हस्तिनापुर में बोली जाने वाली संस्कृत से काफ़ी अलग थी। उस भाषा को समझ पाना भी हमारे लिए काफ़ी कठिन था। हम सभी आश्चर्यचकित थे कि वन में रहने वाले भिल्ल समुदाय के इस किशोर को इतनी उत्तम धनुर्विद्या की शिक्षा किसने दी होगी। आचार्य ने एकलव्य से उसके गुरु का नाम पूछा। जवाब ऐसा था कि वहाँ उपस्थित सभी लोग चकरा गये। निषादराज हिरण्यधनु का यह पुत्र आचार्य द्रोण को ही अपना गुरु बता रहा था। आचार्य बोले–"परन्तु वत्स, मुझे तो स्मरण नहीं है कि मैंने कभी तुम्हें धनुर्विद्या सिखलाई हो!" एकलव्य ने कहा–"गुरुदेव, मुझे ज्ञात है कि आप निम्न जातियों के बालकों को शिष्य के रूप में स्वीकार नहीं करते, परन्तु गुरुदेव, गुरु का स्थान तो ईश्वरतुल्य है। भक्त जिसे चाहे, उस देव का पूजन कर सकता है। इसके लिए उसे देवता से अनुमति नहीं लेनी होती। मैंने भी इसी आधार पर आपको अपना गुरु मान लिया। आपने प्रत्यक्ष रूप से भले ही कभी मुझे शिक्षा न दी हो, लेकिन आपकी इस प्रतिमा को ही गुरु मानकर मैंने धनुर्विधा में स्वयं को पारंगत करने का

प्रयत्न किया है। इसे आप ही का पुण्य–प्रताप कहूँ कि इस पूरे वन में मुझ–सा धनुर्धर कदाचित् ही कोई अन्य हो।" एकलव्य की बात सुनकर हम सब चमत्कृत थे। असाधारण प्रतिभा और अद्भुत कौशल से युक्त एकलव्य, जिसके सम्मुख अर्जुन की चमक भी धुँधली हो गयी थी, वह स्वयं को केवल एक छोटे से वन का धनुर्धर समझ रहा था। वास्तव में, धनुर्विद्या और लक्ष्य वेधन में अद्वितीय एकलव्य का विश्व केवल वन और आखेट तक ही सीमित था। उसे यह आभास ही नहीं था कि वह इस सीमित क्षेत्र के वन का ही नहीं, बल्कि विश्व के सर्वश्रेष्ठ धनुर्धरों में सम्मिलित था। ऐसा लगा कि आचार्य द्रोण अपने इस अद्भुत शिष्य को कण्ठ से लगा लेंगे और अर्जुन सहित अपने दूसरे सभी शिष्यों को उसका उदाहरण देंगे कि सच्ची श्रद्धा से एक शिष्य क्या–क्या चमत्कार कर सकता है। जिसने प्रतिमा के सामने साधना कर स्वयं को श्रेष्ठ धनुर्धारियों में सम्मिलित कर लिया हो, ऐसे एकलव्य को जब प्रत्यक्ष में द्रोण का मार्गदर्शन मिलेगा तो वह भला कौन–सा चमत्कार नहीं कर सकेगा, लेकिन आने वाले कुछ क्षणों में जो कुछ हुआ, उसकी कल्पना तो स्वप्न तक में भी नहीं की जा सकती थी। स्वयं को ब्राह्मण कहने वाले और शिक्षा का दान करने वाले द्रोण ने एकलव्य से गुरुदक्षिणा की माँग की। सामान्यतः गुरुदक्षिणा शिक्षा समाप्त होने पर दीक्षान्त के समय पर दी जाती है और एकलव्य को तो द्रोण ने शिष्य के रूप में कभी स्वीकारा ही नहीं था। अभी तो द्रोण के शिक्षण से एकलव्य को कई विधाएँ सिखाई जानी शेष थीं। ऐसे में गुरुदक्षिणा की माँग मेरी समझ से परे थी, लेकिन द्रोण की नीचता का अभी भी मुझे अनुमान नहीं था। एक शिष्य, जो अपने अनदेखे गुरु पर इस हद तक श्रद्धा रखता था कि उसकी मूर्ति को ही प्रतीक मानकर उसने धनुर्विद्या के नये प्रतिमान गढ़ दिये थे, उसी गुरु ने गुरुदक्षिणा में कुछ ऐसा माँग लिया, जिसके लिए इतिहास इन दोनों को ही कभी भुला न सकेगा।" फिर इतना कहते–कहते

सुजेय का स्वर भावाधिकता के चलते रूँध गया।

अब तक सुजेय की बात सुनते–सुनते मेरी जिज्ञासा चरम पर पहुँच चुकी थी। कुरु साम्राज्य के इस राजआचार्य को ऐसी क्या वस्तु चाहिए थी, जिसकी पूर्ति ये भिल्ल एकलव्य कर सकता था! वैसे तो एक ब्राह्मण को रत्न, माणिक्य या मुद्राओं से विशेष प्रेम नहीं होता, परन्तु यदि द्रोण की इनमें आसक्ति हो भी तो हस्तिनापुर का राजकोष उनके लिए हमेशा खुला था। अधीरता से मैंने पूछ ही लिया कि आख़िर ऐसा क्या माँग लिया आचार्य ने। सुजेय ने अपनी बात जारी रखी। बोला–"गान्धार कुमार, मेरी समझ में तो गुरुदक्षिणा किसी भी गुरु के द्वारा दी गयी शिक्षा के लिए उसके आभार स्वरूप भेंट होती है, लेकिन महागुरु ने तो एकलव्य से एक ही बार में वह सम्पूर्ण शिक्षा और धनुर्कौशल माँग लिया, जो वास्तव में उन्होंने दिया ही नहीं था। महागुरु ने एकलव्य से गुरुदक्षिणा के रूप में उसके दाएँ हाथ का अँगूठा देने के लिए कहा।"

दाएँ हाथ का अँगूठा! मुझे लगा कि कदाचित् मेरे सुनने में कुछ त्रुटि हुई हो, लेकिन सुजेय ने स्पष्ट करते हुए कहा कि हाँ, दाएँ हाथ का अँगूठा ही। सुजेय ने कहा–"मुझे लगा कि अब एकलव्य या तो कुपित होकर या फिर नम्रता से इस अनुचित माँग को पूरा करने से इनकार कर देगा, परन्तु वह तो अपनी कुटि के भीतर चला गया। उसके मन में कोई संशय या दुविधा नहीं थी। कुटि के भीतर से वह एक धारदार कटार ले आया। आचार्य के शिष्यों और वहाँ उपस्थित हम जैसे राजकर्मियों को लगा कि आचार्य अपने शिष्य की परीक्षा ले रहे हैं, लेकिन ये क्या! एकलव्य ने तो अपना अँगूठा काटना भी शुरू कर दिया। असहनीय पीड़ा के बावजूद उसके मुख पर सन्तोष दिखायी दे रहा था। विश्वास कीजिए, गान्धारकुमार, मैं एक योद्धा हूँ। महामहिम भीष्म से लेकर महाराज पाण्डु के साथ कई युद्ध अभियानों में मैं भाग ले चुका हूँ। कटे हुए नरमुंडों को देखना मेरे लिए नवीन

नहीं है, लेकिन एकलव्य ने जिस प्रकार से अपने ही हाथों से दूसरे हाथ का अँगूठा काटकर गुरु के चरणों में समर्पित कर दिया, वह तो मुझसे देखा नहीं गया।"

मेरे लिए तो सुजेय के कथन पर विश्वास करना कठिन हो रहा था। गुरु तो क्या कोई साधारण मनुष्य भी किसी बालक से उसका अँगूठा काटने को नहीं कह सकता था और इस धर्मज्ञ कहे जाने वाले ब्राह्मण ने ये नीच कार्य भला कैसे किया! विश्व का श्रेष्ठ धनुर्धर चाहे अर्जुन बनता या फिर राधेय या एकलव्य, हर स्थिति में द्रोण को ही सर्वश्रेष्ठ धनुर्धारी का गुरु सिद्ध होना था। फिर क्यों वह राधेय व एकलव्य जैसे प्रतिभाशाली बालकों के साथ ऐसा क्रूर व्यवहार कर रहा था! स्पष्ट था कि द्रोण जो कुछ भी कर रहा था, वह घोर अनैतिक व अनुचित था। आख़िर अर्जुन को श्रेष्ठ बनाकर वह क्या सिद्ध करना चाहता था, यह अब भी स्पष्ट नहीं था।

षड्यंत्र और कुटिल चालें अब मेरे मस्तिष्क में भी कुलबुलाने लगी थीं। मेरे गुप्तचर तन्त्र ने इस घटना का व्यापक प्रचार किया। एकलव्य के साथ द्रोण के व्यवहार को लेकर सर्वत्र उसकी थू–थू होने लगी। प्रजा में ये सन्देश भी गया कि द्रोण अर्जुन को आगे बढ़ाने के लिए किसी भी हद तक जा सकता है। गुरु का मात्र एक शिष्य के प्रति ऐसा अनुराग और शेष के प्रति अनदेखी की दबी आवाज़ में ही सही, निन्दा की जाने लगी। चूँकि घटना पूर्णतः सत्य थी, इसलिए विदुर भी इसे दबा नहीं पा रहा था। मुझे लगा कि राजमहल और राजसभा तक इस घटना की चर्चा होगी, लेकिन आश्चर्य था कि एक प्रतिभाशाली युवक के साथ इस सीमा तक क्रूरता कर उसकी प्रतिभा के पंख कतर दिये गये। हस्तिनापुर राजसभा तक इसकी जानकारी भी पहुँच गयी, लेकिन सत्य और न्याय की डींगें हाँकने वाला महामन्त्री विदुर, महामहिम भीष्म सब चुप्पी साधे बैठे थे। इस विशाल राज्य की न्याय व्यवस्था के सम्मुख विचारणीय प्रश्न था कि क्या किसी बालक के

प्रतिभा–दमन के लिए उसका अँगूठा कटवा लेना कोई अपराध नहीं था? क्या द्रोण यदि अर्जुन, भीम, युधिष्ठिर या दुर्योधन से ऐसी गुरुदक्षिणा माँगे तो भी राजसभा में उसकी कोई चर्चा नहीं होगी? द्रोण जैसे 'महान' आचार्य को उदाहरण मानकर राज्य के दूसरे आचार्य भी अपने एक शिष्य की श्रेष्ठता के लिए दूसरों से उनके शरीर के अंग गुरुदक्षिणा में माँगने लगें तो भी क्या यह राजसभा चुप्पी साधे रहेगी। मुझे आश्चर्य हुआ कि हस्तिनापुर में एक वर्ग ऐसा भी था, जो द्रोण के नीच कर्म को भी धर्म और शास्त्र के आधार पर उचित बता रहा था। शीघ्र ही मुझे स्पष्ट हो गया कि द्रोण और अर्जुन की छवि लोकप्रिय करने के लिए विदुर अपने प्रचार तन्त्र का प्रयोग कर रहा था। पाखंडियों से भरी हस्तिनापुर राजसभा में न्याय–अन्याय की बड़ी–बड़ी बातें भले ही कितनी भी हों, लेकिन किसी पीड़ित को न्याय और दोषी को बिना किसी पक्षपात के दण्ड दिये जाने की आशा करना व्यर्थ ही था। मैं समझ गया कि द्रोण के इस नीच कर्म को परोक्ष–अपरोक्ष रूप से लगभग सभी की मौन सहमति प्राप्त थी।

समय बीतता रहा। एकलव्य और राधेय जैसी प्रतिभाओं की अनुपस्थिति के चलते अर्जुन की श्रेष्ठता के मार्ग में अब कोई अवरोध नहीं था। हालाँकि गदा और मल्ल विद्या में भीम और दुर्योधन में श्रेष्ठता की होड़ लगी रही। जैसे–जैसे ये युवा होते जा रहे थे, दोनों का शारीरिक–सौष्ठव देखते ही बनता था। विशालकाय देह वाला भीम तो ऐसा लगने लगा था, मानो अपने बल से हाथी को भी परास्त कर दे। वहीं दुर्योधन के हाथों में इतनी शक्ति संचित हो चुकी थी कि वह हथेली से मसलकर पाषाण तक को चूर्ण बना देता था। डील–डौल में भीम का कोई मुक़ाबला न था, लेकिन उसका शरीर स्थूल दिखायी देता था। इधर कंजी आँखों वाले दुर्योधन का गौरवर्णी शरीर अत्यन्त सुगठित था। कठिन व्यायाम और परिश्रम से उसने अपने शरीर को इतना पुष्ट कर लिया था, मानो लौह का बना हो। हस्तिनापुर के एक सौ पाँच राजकुमार

द्रोणाचार्य के आश्रम में शिक्षा पा रहे थे, परन्तु उनमें से केवल अर्जुन, भीम और दुर्योधन तीन ही ऐसे थे, जिन्हें विश्व स्तर का योद्धा कहा जा सकता था। युधिष्ठिर, दुःशासन, नकुल, सहदेव और विकर्ण को उनकी प्रतिभा और प्रदर्शन के आधार पर साधारण योद्धा–मात्र ही कहा जा सकता था। शेष राजकुमारों को तो योद्ध ा कहना भी कठिन ही था, लेकिन युद्ध विशारद द्रोण ने अर्जुन की श्रेष्ठता को कुछ इस प्रकार प्रचारित कर दिया था कि शेष राजकुमारों की अयोग्यता के विषय में कोई भी उनसे किसी प्रकार का कोई प्रश्न ही नहीं कर सकता था।

राजकुमारों की शिक्षा अब पूर्णता की ओर थी। द्रोणाचार्य ने हस्तिनापुर नरेश को पत्र लिखकर आश्रम के दीक्षांत समारोह के आयोजन की अनुमति माँगी। आचार्य की अभिलाषा दीक्षांत समारोह अत्यन्त भव्य स्वरूप में आयोजित किये जाने की थी। हस्तिनापुर ने भी अपने राजकोष के द्वार इस आयोजन के लिए खोल दिये। समारोह के लिए न केवल राजपरिवार को, बल्कि हस्तिनापुर की पूरी प्रजा को आमन्त्रित किया गया। द्रोणाचार्य का दावा था कि इस समारोह में जब अर्जुन अपनी धनुर्विद्या का प्रदर्शन करेगा तो न केवल लोग दाँतों तले उँगली दबा लेंगे, बल्कि अर्जुन निर्विवाद रूप से विश्व के सर्वश्रेष्ठ युवा धनुर्धर के रूप में स्थापित भी हो जायेगा। द्रोणाचार्य के अनुसार अर्जुन धनुष के साथ जो चमत्कार कर सकता है, वह क्षमता विश्व में भीष्म, परशुराम और स्वयं द्रोण के अतिरिक्त किसी में नहीं है। दीक्षांत के लिए बनाई जा रही रंगशाला इतनी भव्य थी कि वह भी हस्तिनापुर में चर्चा का विषय बन गयी थी। उत्सुक प्रजाजन उसे देखने के लिए निर्माण स्थल पर ही पहुँच जाया करते थे।

दीक्षांत की भव्यता की चर्चा मुझ तक भी पहुँची और मुझमें कौतूहल जागा कि आख़िर ऐसा क्या विशेष होना है इस समारोह में, जिसके लिए राजकोष को इस प्रकार लुटाया जा रहा है। इसी उत्सुकतावश मैं भी जा पहुँचा उस विशाल रंगशाला के निरीक्षण

के लिए। वास्तव में, रंगशाला अद्वितीय थी। अस्थायी रूप से बनाये जा रहे किसी भी निर्माण में इतनी भव्यता मैंने पहले कभी नहीं देखी थी। दर्शक दीर्घा तो इतनी विशाल थी कि एक लक्ष दर्शक आसानी से उसमें बैठ सकते थे। महाराज धृतराष्ट्र सहित पूरे राजपरिवार के बैठने के लिए भी यथोचित स्थान बनाये गये थे। धनुष कौशल के प्रदर्शन के लिए यहाँ आधुनिक प्रकार के यन्त्र बना दिये गये थे। इन्द्रास्त्र, वरुणास्त्र, आग्नेयास्त्र, नागास्त्र, नागपाश, मोहिनी अस्त्र जैसी विद्याओं के संचालन की पूरी व्यस्था की जा रही थी। साथ ही प्रतिबिम्ब लक्ष्य भेदन, ध्वनि लक्ष्य भेदन, सर्वदिशा में लक्ष्य भेदन जैसी कलाओं के प्रदर्शन के लिए भी विशेष निर्माण किये गये थे। पूरी रंगशाला के निरीक्षण के पश्चात् मुझे अनुभव हुआ कि इसका निर्माण केवल और केवल धनुष कौशल के प्रदर्शन के उद्देश्य से ही किया गया था। स्पष्ट था, इस समारोह के माध्यम से द्रोणाचार्य अर्जुन की श्रेष्ठता राज्य, राजा और प्रजा के समक्ष स्थापित करना चाहते थे। मैंने महाराज को इस सम्बन्ध में सूचना भी दी, लेकिन द्रोणाचार्य के कार्य में हस्तक्षेप उन्हें भी उचित नहीं लगा।

रंगशाला में भीम और दुर्योधन

शीघ्र ही वह दिवस भी आ ही गया, जिसकी प्रतीक्षा हस्तिनापुर के एक–एक नागरिक को थी। भोर होने से पूर्व ही रंगशाला की दर्शक दीर्घा पूरी तरह से भर गयी। महाराज धृतराष्ट्र, गंगापुत्र भीष्म, विदुर, गान्धारी, कुन्ती, द्रोणाचार्य, कृपाचार्य सहित सभी उपस्थित थे। आचार्य पुत्र अश्वत्थामा ने दीक्षांत समारोह के आरम्भ की घोषणा की। सबसे पहले ज्येष्ठ राजकुमार के रूप में युधिष्ठिर का आगमन हुआ। सभी वरिष्ठों को आदरपूर्वक नमन कर युधिष्ठिर ने अपने भाले के साथ कुछ करतब प्रस्तुत किये। हालाँकि युधिष्ठिर का प्रदर्शन इतने साधारण स्तर का था कि उपस्थित जनसमुदाय विशेष प्रभावित नहीं हुआ। तालियाँ बजाने की औपचारिकता पूरी कर दी गयी। इसके पश्चात् एक साथ प्रवेश हुआ दुर्योधन और भीमसेन का। दोनों के शरीर तेल से पूरी तरह से सराबोर थे और उसी के कारण चमकते हुए शरीर पर दुर्योधन की कसी हुई मांसपेशियाँ और भी उभर आयी थीं। सुगठित शरीर ही दुर्योधन की शक्ति का परिचय देता दिखायी दे रहा था। दुर्योधन का यह रूप इतना आकर्षक था कि एक बार तो मुझे भी लगा कि मेरे बालक को कहीं मेरी ही नज़र न लग जाये। वहीं विशालकाय भीम तो मनुष्य से बढ़कर किसी राक्षस के जैसा दिखायी दे रहा था। पहले प्रदर्शन के रूप में दुर्योधन रंगशाला के मध्य में खड़ा हो गया और कुछ सेवक पाषाण की बनी कुछ सिल्लियाँ लेकर उपस्थित हो गये। इन पाषाण सिल्लियों का उपयोग आमतौर पर भवनों के निर्माण के

लिए होता था। लोगों में कौतूहल था कि भवन निर्माण की इस सामग्री का भला रंगशाला में क्या प्रयोग होगा। इतने में भीम ने एक भारी शिला को अपने दोनों हाथों से उठाया और पूरी शक्ति से उसे दुर्योधन की छाती पर दे मारा। मेरी तो मानो साँसें ही थम गयीं। मैं ही क्या, रंगशाला में उपस्थित सभी लोग स्तब्ध थे। दुर्योधन इस वार के बाद जीवित रह भी पायेगा कि नहीं? क्या रंगशाला में चिकित्सा की सुविधा उपलब्ध है? ऐसे सवाल लोगों के मन में आने लगे थे, परन्तु ये क्या! दुर्योधन के मुख पर त्रास की बजाय आनन्द के भाव दिखायी दे रहे थे! इतने में भीम ने पहले से भी मज़बूत शिला पुनः दुर्योधन की पीठ पर दे मारी। इस बार तो दुर्योधन का आनन्द और अट्टहास रंगशाला में बैठे दर्शकों के कानों तक जा पहुँचा। दर्शक मन्त्रमुग्ध होकर विचार कर रहे थे कि दुर्योधन हाड़–मांस का बना है या फिर उसका शरीर वज्र का है। देखते–ही–देखते भीम ने कई शिलाएँ दुर्योधन के शरीर पर वार कर तोड़ दीं और जनसमुदाय की तालियों की गड़गड़ाहट से पूरी रंगशाला गूँज उठी। ये खेल समाप्त हुआ ही था कि रंगशाला में दो विशालकाय गजों ने प्रवेश किया। गजों की सवारी राजपरिवारों के लिए नयी नहीं थी, परन्तु ये गजराज या तो मदमस्त थे या फिर उन्हें मदिरा पिलाकर मदमस्त कर दिया गया था। मदमस्त गज और मानव का सामना होने पर सामान्यतः दो ही परिणाम होते हैं। प्रथम, मनुष्य अपनी समझदारी और कुशलता से गजराज के सामने से पलायन कर जाये अथवा दूसरा, परिणाम, गजराज के कुचले जाने से मनुष्य की मृत्यु। मुझे लगा कि आचार्य ने मदमस्त गजराज से बचकर कैसे अपने प्राण बचाए जायें, इसका प्रशिक्षण अपने शिष्यों को दिया होगा। ऊँचे और कर्कश स्वर में चिंघाड़ते इन अनियन्त्रित गजों को देखकर दर्शकों की साँसें रुक गयीं। सबके मन में एक ही प्रश्न था कि अब राजकुमार इन उन्मादी गजों से स्वयं को कैसे बचा सकेंगे, लेकिन दुर्योधन के मुख पर चिन्ता या भय का कोई भाव दिखायी

नहीं दे रहा था, अपितु वह स्वयं ही गजों को ललकारता हुआ उनके सम्मुख जा पहुँचा। उधर भीम भी दूसरे गज के सम्मुख था। गजों की चिंघाड़ के बीच दोनों राजकुमार सीधे उन गजों से जा भिड़े। दुर्योधन की चुस्ती और फुर्ती देखते ही बनती थी। क्रोधित गजराज दुर्योधन को कुचलने की मंशा से उसकी ओर दौड़ा। दुर्योधन गज के ठीक आगे–आगे तेज़ी से दौड़ रहा था। भागते–भागते अन्ततः दुर्योधन रंगशाला के एक छोर पर बनी मज़बूत दीवार तक जा पहुँचा। गज भी पूरे वेग से उसके पीछे दौड़ रहा था। दीवार के अत्यन्त निकट पहुँचकर दुर्योधन ने अचानक ही तेज़ी से अपनी दिशा बदल ली। उसके पीछे दौड़ रहा मदमस्त हाथी ऐसा नहीं कर पाया और सीधे रंगशाला की दीवार से जा टकराया। दुर्योधन के आगे अपनी इस पराजय से गज बौरा गया। दीवार से हुई इस ज़ोरदार टक्कर के बाद गजराज दोगुनी तेज़ी से दुर्योधन की ओर दौड़ा। लेकिन ये क्या! हाथी से दूर भागने की बजाय दुर्योधन स्वयं ही उसकी ओर दौड़ने लगा। दर्शकों में उपस्थित अधिकांश लोग कदाचित् इसे दुर्योधन का आत्मघाती क़दम ही समझ रहे थे। मुझे विश्वास है कि गान्धारी के नेत्रों पर यदि पट्टी न बंधी होती तो दुर्योधन का यह दुस्साहस देखकर वह मूर्छित ही हो जाती। दर्शक वर्ग की इन्हीं आशंकाओं के बीच तेज़ी से दौड़ता दुर्योधन गज की सूंड़ को माध्यम बना कर उसके मस्तक पर सवार हो गया। ये सब इतनी शीघ्रता से हुआ कि लोगों को अपने नेत्रों पर भी विश्वास न हुआ। दुर्योधन अब गज के मस्तक पर था और दुर्योधन द्वारा दी जा रही थपकियों से गज शनैः–शनैः उसके नियन्त्रण में आ रहा था।

उधर, भीम के साथ दूसरे गज का संघर्ष जारी था। भीम के एक हाथ में लौह गदा थी। गज उस पर आक्रमण करे, इससे पूर्व ही भीम ने गदा का एक शक्तिशाली वार गज पर किया। लौह की ठोस गदा और भीम की अद्भुत शक्ति का ये योग कुछ ऐसा था

कि गज की लड़खड़ाहट से लगा कि वह किसी भी क्षण मूर्छित होकर भूमि पर गिर जायेगा। भीम ने इसे गज पर अपनी विजय मान लिया और दर्शकों की तालियों से अभिभूत होकर उनका अभिवादन स्वीकार करने लगा। इसी दौरान भीम गज की ओर से कुछ असावधान हो गया। भीम की गदा से हाथी आहत तो अवश्य हुआ था, लेकिन प्रहार की तीव्रता इतनी भी नहीं थी कि वह पुनः उठ ही न सके। कुछ क्षणों की संज्ञाशून्यता के पश्चात् बौखलाया हुआ गज भीम की ओर दोगुने वेग से लपका। दर्शकों का अभिवादन स्वीकार कर रहे भीम की पीठ गज की ओर थी। जब तक उसे पता चला कि गज ने दोबारा आक्रमण कर दिया है, गज उसके काफ़ी निकट आ पहुँचा था। भीम ने तुरन्त हाथ में थमी गदा को फेंककर गज के मस्तक पर प्रहार किया, लेकिन इस बार भीम के वार में उतनी तीव्रता नहीं थी। अगले ही क्षण गज भीम के ठीक सामने था। गज ने अपने अगले दोनों पैर उठाकर उनसे भीम को कुचलने का प्रयास किया, परन्तु भीम ने अपनी पूरी शक्ति लगाकर गज के पैरों को थाम लिया और पूरे बल से उसे कुछ पीछे की ओर धकेल दिया। इस बार उस मदमस्त गज ने क्रोधातुर होकर पुनः दोगुनी तेज़ी से प्रहार किया, जिससे भीम रंगशाला की दीवार के पास पहुँच गया। अब गज उसे अपनी सूंड़ के माध्यम से दीवार से सटाकर दबा रहा था। भीम की बजाय कोई साधारण व्यक्ति होता तो गज द्वारा दिये जा रहे इस दबाव से उसके प्राण चले जाना निश्चित था। भीम को इतनी सरलता से कुचलना भले ही गज के लिए सम्भव न था, परन्तु गज को पीछे धकेलकर स्वयं को मुक्त करना भीम के लिए भी मुश्किल था। ऐसी स्थिति अधिक देर बनी रहे, ये भीम के लिए ख़तरनाक हो सकता था। द्रोणाचार्य का संकेत पाकर दुर्योधन आगे बढ़ा और गज के मस्तक पर गदा से प्रहार किया। दुर्योधन के प्रहार से गज की भीम पर पकड़ शिथिल हो गयी। गज का ध्यान दुर्योधन की ओर गया और इसी का लाभ उठाकर

भीम गज के शीश पर जा चढ़ा और गज पर अंकुश लगा दिया। गज के नियन्त्रण में आते ही रंगशाला में दर्शकों की तालियों की गड़गड़ाहट गूँज उठी।

अब बारी दुर्योधन और भीम के गदा युद्ध की थी। दोनों की ही उद्दण्ड छवि को ध्यान में रखकर आचार्य ने दोनों को पहले ही चेतावनी दे दी थी कि ये एक मैत्रीपूर्ण प्रदर्शन है, इसका विशेष ध्यान रखें। मुक़ाबला शुरू हुआ। दोनों गदाधारियों की गदाओं के टकराने से उत्पन्न ध्वनि ऐसी थी, मानो कान के पर्दे ही फाड़ डालेगी। दोनों गदावीरों में से कौन श्रेष्ठ है, ये समझ पाना बेहद कठिन था। भीम के प्रहार अधिक बलशाली प्रतीत हो रहे थे, लेकिन दुर्योधन की चपलता उसे भीम के प्रहारों से बचा लेती थी। साथ ही उसका शरीर भी वज्र की भाँति कठोर था। प्रहारों का उस पर कोई विशेष प्रभाव हो रहा हो, ऐसा दिखायी नहीं दे रहा था। आरम्भ में तो ये मुक़ाबला मैत्रीपूर्ण दिखायी दे रहा था, परन्तु कुछ ही देर बाद दोनों के बीच की कटुता मैत्रीपूर्ण मुक़ाबले में भी स्पष्ट दिखायी देने लगी थी। भीम का एक बलशाली प्रहार दुर्योधन के मुँह पर पड़ा और उसका ऊपरी होंठ कटने से कुछ रक्त बहने लगा। मैत्रीपूर्ण प्रदर्शन के लिए आचार्य द्वारा तय नियमों के अनुसार मुख पर प्रहार वर्जित था। वैसे भी नियमों का पालन न करने और दुर्योधन के चोटिल होने के बाद मुक़ाबला तत्काल रोक दिया जाना चाहिए था, परन्तु भीम इस युद्ध में दुर्योधन पर भारी पड़ रहा था और दुर्योधन पर उसकी श्रेष्ठता सिद्ध करने के लिए यह बिलकुल सही समय था। जिस रंगशाला में हस्तिनापुर की सारी प्रजा और राजपरिवार के सभी प्रभावी लोग उपस्थित हों, वहाँ अपनी श्रेष्ठता प्रमाणित करने के परिणाम दूरगामी होंगे। कदाचित् यही सोचकर भीम ने अपने प्रहार कुछ और तेज़ कर दिये। रंगशाला के बाहर दर्शक दीर्घा में उपस्थित आचार्य मुक़ाबला रोक देना चाहते थे, लेकिन भीम सम्भवतः जान–बूझकर उनकी ओर देखने से ही बच रहा था,

ताकि गुरु से दृष्टि मिलने से उनकी आज्ञा का अनादर करने का धर्मसंकट ही पैदा न हो। इधर, दुर्योधन भी कुछ ही क्षणों में अपनी पीड़ा से मुक्त हो चला था। उसकी स्फूर्ति पहले से भी अधिक दिखायी देने लगी थी। आधे प्रहर के बाद भीम कुछ शिथिल पड़ने लगा। अब भीम की शिथिलता का लाभ उठाने की बारी दुर्योधन की थी। दुर्योधन ने भीम के पूरे शरीर पर गदा के प्रहारों की झड़ी लगा दी। स्वेद से भीगा हुए भीम इतना थक चुका था कि स्वयं पर हुए प्रहार को कठिनाईपूर्वक ही रोक पा रहा था। ज्यों–ज्यों ये मुक़ाबला आगे बढ़ रहा था, दुर्योधन भीम पर हावी होता दिखायी दे रहा था। दोनों ही पक्षों ने गदा युद्ध के नियम भी ताक पर रख दिये थे। इतने में दुर्योधन की गदा का एक भरपूर प्रहार भीम की नासिका पर पड़ा और वहाँ से रक्त की धार फूट पड़ी। आचार्य का धैर्य अब समाप्त हो चुका था, लेकिन दोनों में से कोई भी योद्धा उनकी ओर देखने को तैयार नहीं था। ऐसे में उन्होंने सीधे अश्वत्थामा को रंगशाला में प्रवेश कर मुक़ाबला रुकवाने का आदेश दिया। अश्वत्थामा के हस्तक्षेप से जैसे–तैसे दुर्योधन और भीम को अलग किया गया, लेकिन दोनों के शरीर पर रक्त और मुख पर एक–दूसरे के लिए अपार घृणा का जो भाव था, उसने पूरे हस्तिनापुर के सामने एक बार पुनः स्पष्ट कर दिया कि कौरवों और पाण्डवों के बीच कितना वैमनस्य है।

अर्जुन की श्रेष्ठता

भीम और दुर्योधन के व्यवहार से आहत द्रोणाचार्य ने स्वयं को नियन्त्रित किया और रंगशाला में अपने सबसे प्रिय शिष्य अर्जुन के आने की घोषणा की। श्वेत अश्व पर बैठे अर्जुन ने रंगशाला में प्रवेश किया। युवा होने के बाद मैं भी पहली बार ही अर्जुन को देख रहा था। इसमें कोई सन्देह नहीं कि साँवले रंग के अर्जुन में कुछ ऐसा आकर्षण था कि उपस्थित जनमानस की दृष्टि उस पर ठहर–सी गयी थी। सबसे पहले अर्जुन ने अश्वारोहण के कुछ ऐसे करतब प्रस्तुत किये, जो उसके अद्‌भुत अश्वारोहण कौशल को प्रमाणित कर रहे थे, लेकिन निरन्तर प्रचार में बने रहने वाले अर्जुन से दर्शकों की अपेक्षाएँ इससे कहीं बढ़ कर थीं। अर्जुन का संकेत पाते ही शस्त्रों से सुसज्जित एक रथ रंगशाला में आया और सारथी के साथ अर्जुन उस रथ पर आरुढ़ हो गया। अर्जुन के हाथ में अब धनुष था और इस धनुष की टंकार से पूरी रंगशाला गूँज रही थी। पहले रंगशाला में लगे यन्त्रों के माध्यम से अर्जुन ने अचूक लक्ष्य भेदन का प्रदर्शन किया। फिर गतिमान लक्ष्य भेदन, प्रतिबिम्ब लक्ष्य भेदन, एक साथ सहस्त्रों बाणों की वर्षा जैसी कलाएँ उसके द्वारा प्रस्तुत की गयीं। जब अर्जुन ने वरुणास्त्र के माध्यम से वर्षा, आग्नेयास्त्र के माध्यम से अग्नि का प्रभाव उत्पन्न किया तो उपस्थित जनसमूह वाह–वाह कर उठा। मोहिनी अस्त्र के माध्यम से अर्जुन ने रंगशाला में ऐसी गन्ध का प्रवाह किया कि उपस्थित जनसमुदाय पर विचित्र–सी मादकता छाने लगी, मानो

सभी ने किसी मादक द्रव्य का सेवन कर लिया हो। कोई दर्शक भाव विभोर होकर नृत्य करने लगा तो किसी को निद्रा ने घेर लिया। कुछ दर्शक तो ऐसे थे, जो बिना किसी कारण ठहाके लगाकर हँस रहे थे। कुछ के आँसू थमने का नाम नहीं ले रहे थे। लोग सुध–बुध खोकर अर्जुन को देख रहे थे। मोहिनी अस्त्र को निष्प्रभाव करने के बाद ही फिर से स्थिति सामान्य हो सकी।

दिवस का दूसरा प्रहर प्रारम्भ हो चुका था। सूर्य अपने पूरे तेज के साथ प्रकाशमान था, परन्तु ये क्या! अर्जुन ने धनुष से एक बाण क्या छोड़ा, कुछ ही क्षणों में ऐसा अन्धकार छा गया, जैसे दिन का नहीं, बल्कि रात्रि का दूसरा प्रहर हो। मनुष्य तो मनुष्य, पशु–पक्षी भी अर्जुन के इस अस्त्र से भ्रमित हो गये। रात्रि के इस वातावरण के कारण कुछ ही देर में शृंगालों और श्वानों के भौंकने और रोने की ध्वनि सुनाई देने लगी और जब अर्जुन ने इस अस्त्र के प्रभाव को समाप्त किया तो सामने फिर से वही चमकता सूर्य विद्यमान था। अन्त में शब्द भेदन की बारी आयी। आँखों पर पट्टी बाँधे महज़ ध्वनि के आधार पर लक्ष्य को भेदना आसान नहीं था, लेकिन अर्जुन ने एक साथ कई लक्ष्यों का भेदन करके दर्शकों को प्रभावित किया। इसमें कोई दो मत नहीं थे कि अर्जुन ने हस्तिनापुर के समक्ष धनुर्विद्या का जो प्रदर्शन किया, वह अद्वितीय था। हस्तिनापुर की प्रजा ने भीष्म के धनुष कौशल के सम्बन्ध में सुना अवश्य था, लेकिन अपनी आँखों से इस प्रकार की विद्या को देखना उनके लिए किसी स्वप्न के जैसा था। पूरी रंगशाला में अर्जुन की जय–जयकार होने लगी। इस जयकार को देखकर सबसे अधिक प्रसन्नता और सन्तोष द्रोण के मुख पर दिखायी दे रहा था। दर्शकों के कोलाहल में से आचार्य द्रोण के जयकारे भी स्पष्ट सुनाई दे रहे थे। वास्तव में, ये द्रोण के आधुनिक विज्ञान के शस्त्र ज्ञान का ही चमत्कार था, जिसने अर्जुन को सर्वश्रेष्ठ धनुर्धर के रूप में स्थापित कर दिया था। अर्जुन कृतज्ञता का भाव लिए अपने आचार्य की ओर बढ़ा

और माता और राजा से भी पहले उसने पूरी श्रद्धा से गुरु को साष्टांग दण्डवत् किया। मेरे दृष्टिकोण से ये स्वाभाविक भी था। जिस गुरु ने उसे सर्वश्रेष्ठ बनाने के लिए किसी का अँगूठा तक कटवा लिया हो, ऐसे गुरु को जन्मदाता से भी अधिक सम्मान दिया जाना अपेक्षित ही था।

इस अद्भुत प्रदर्शन के बाद ये निश्चित था कि अर्जुन को द्रोणाचार्य के सभी शिष्यों में श्रेष्ठ घोषित किया जायेगा। भले ही मैं इससे प्रसन्न नहीं था, परन्तु मेरे पास ये स्वीकार कर लेने के अतिरिक्त कोई विकल्प नहीं था, क्योंकि अर्जुन की श्रेष्ठता का प्रमाण मैं स्पष्ट देख चुका था। कुलगुरु कृपाचार्य ने द्रोण की महानता और अर्जुन की योग्यता और पराक्रम की स्तुति की और उसे सभी द्रोण शिष्यों और राजकुमारों में सर्वश्रेष्ठ घोषित कर दिया, परन्तु फिर भी जाने क्यों द्रोणाचार्य कुलगुरु के कथन से सन्तुष्ट दिखायी नहीं दिये। अन्ततः आचार्य स्वयं अपने आसन से उठे। कुछ क़दम चलकर महाराज धृतराष्ट्र के सम्मुख आये। आदर के साथ महाराज को प्रणाम किया और बोले–"महाराज की आज्ञा हो तो मैं महाराज और हस्तिनापुर की प्रजा के सामने कुछ घोषणा करना चाहता हूँ।"

अपने अन्धत्व के कारण धृतराष्ट्र अर्जुन के प्रदर्शन को देख नहीं पाये थे। कदाचित् इसीलिए उन्होंने सहजता के साथ कहा– "आचार्य, आपको इस औपचारिकता की आवश्यकता नहीं है। मुझे विश्वास है कि आप जो भी घोषणा करेंगे, वह आपके शिष्यों और हस्तिनापुर के हित में ही होगी।"

चेहरे पर सन्तोष, गर्व और आत्मविश्वास का भाव लिए द्रोणाचार्य मंच पर कुलगुरु कृपाचार्य के निकट पहुँच गये और रंगशाला में उपस्थित विशाल जनमानस को सम्बोधित करते हुए कहा–"कुलगुरु कृपाचार्य ने अर्जुन के सम्बन्ध में जो कुछ कहा, उसे लेकर अब किसी के मन में सन्देह नहीं होगा, परन्तु मैं महाराज की आज्ञा से इसमें कुछ और संशोधन कर एक अति

महत्त्वपूर्ण घोषणा करना चाहता हूँ।" द्रोणाचार्य का स्वर कुछ और भी ऊँचा हो गया। इस उच्च स्वर को ध्वनि विस्तारक यन्त्रों के माध्यम से पूरी रंगशाला में सुना जा सकता था–"मैं भारद्वाज पुत्र और युद्ध विशारद द्रोण, सार्वजनिक रूप से ये घोषणा करता हूँ कि मेरा प्रिय शिष्य अर्जुन, विश्व का सर्वश्रेष्ठ धनुर्धारी है। वर्तमान में विश्व में ऐसा कोई योद्धा नहीं है, जो अर्जुन के समक्ष ठहर सके। धनुष संचालन का जो कौशल अर्जुन के पास है, विश्व में कोई अन्य उसके निकट भी नहीं पहुँच सकता।"

कर्ण का प्रवेश

यद्यपि अर्जुन के प्रदर्शन से मुझ ये विश्वास हो चला था कि उसके जैसा धनुर्धारी विश्व में दूसरा नहीं है, तथापि आचार्य ने जिस ढंग से इसकी घोषणा की, उससे मुझे लगा कि आचार्य पर उनका दम्भ हावी हो चला है। परन्तु मैंने ये कदापि नहीं सोचा था कि उनके दम्भ को ईश्वर कुछ ही समय में मिट्टी में मिला देने वाले हैं। आचार्य की घोषणा के पश्चात् रंगशाला में दर्शकों की तालियों की करतल ध्वनि और अर्जुन की जयकार अपेक्षित थी, लेकिन इस जय–जयकार के मध्य एक ऐसा ओजस्वी स्वर प्रकट हुआ, जिसने पूरी रंगशाला को स्तब्ध कर दिया। तालियों की गड़गड़ाहट के मध्य ये स्वर एक तेजस्वी नवयुवक का था। "क्षमा करें आचार्य, परन्तु आपको ये घोषणा करने का अधिकार किसने दिया कि अर्जुन ही विश्व का सर्वश्रेष्ठ धनुर्धारी है?" कौरवों की रंगभूमि में जहाँ हस्तिनापुर नरेश, महामहिम भीष्म, पूरा राजपरिवार उपस्थित हो, वहाँ आचार्य द्रोण से भला इस स्वर में बात करने का दुस्साहस भला कौन कर सकता है? अब तक साधारण दर्शकों के मध्य बैठा ये नवयुवक आत्मविश्वास भरी चाल से रंगशाला के खुले क्षेत्र में आ रहा था। ऊँची क़द–काठी, गौरवर्ण, घुंघराले केश और सूर्य की भाँति दमकता मुख। युवक ने अपने शरीर पर पीत वर्ण का अति साधारण उत्तरीय धारण किया हुआ था, लेकिन उसके चलने की शैली कुछ ऐसी थी, मानो कोई सिंह वन में स्वच्छन्द विचरण कर रहा हो। निश्चय ही इस युवक में कुछ ऐसा आकर्षण था, जिसने सभा को बाँध दिया था। सभी के मन में यही प्रश्न था

कि कौन है यह युवक, जो सीधे आचार्य से इस प्रकार प्रश्न कर रहा है। कुछ क्षणों की स्तब्धता के पश्चात् कुलगुरु कृपाचार्य ने ऊँचे स्वर में कहा–"कौन हो तुम नवयुवक? और आचार्य से इस प्रकार की धृष्टता करने का तुम्हारा साहस कैसे हुआ?" युवक ने अत्यन्त आदरपूर्वक कृपाचार्य को नमन किया और कहा–"कुलगुरु, मेरा मन्तव्य किसी को अपमानित करना कदापि नहीं है, परन्तु एक सत्य और तर्कपूर्ण प्रश्न करने के लिए मुझे किसी अतिरिक्त साहस की आवश्यकता भी नहीं। कृपया मेरे शब्दों को किसी के अनादर के रूप में न देखा जाये, किन्तु मेरी ये स्वाभाविक जिज्ञासा है कि आख़िर किस आधार पर आचार्य ने अर्जुन को सर्वश्रेष्ठ घोषित किया है। बिना किसी स्पर्धा के किसी को विजेता कैसे माना जा सकता है?" कृपाचार्य ने इस बार अपने स्वर को कुछ और कड़ा किया और कहा–"पूरे आर्यावर्त में युद्ध विशारद के रूप में पहचाने जाने वाले द्रोणाचार्य को अपनी किसी घोषणा के लिए क्या तुमसे अनुमति लेनी पड़ेगी युवक? रही बात स्पर्धा की तो यह कोई खुला मंच नहीं है, बल्कि आचार्य द्वारा प्रशिक्षित राजकुमारों का वर्ग है, जो राजपरिवार और हस्तिनापुर की प्रजा के समक्ष अपनी विद्या का प्रदर्शन कर रहे हैं। इसमें किसी बाहरी व्यक्ति को न तो आमन्त्रित किया गया है और न ही किसी से इस प्रकार का हस्तक्षेप अपेक्षित है।"

युवक ने कहा–"क्षमा करें गुरुवर। राजकुमारों की आपसी क्रीड़ा, प्रदर्शन या आश्रम की किसी भी गतिविधि से मेरा कोई सरोकार नहीं है। आचार्य अपने शिष्यों में किसे श्रेष्ठ घोषित करते हैं, इसमें भी मेरी कोई रुचि नहीं है, परन्तु इस समय आचार्य की घोषणा आश्रम और हस्तिनापुर की सीमाओं के आगे सम्पूर्ण विश्व के सम्बन्ध में है। मेरा आचार्य से नम्र निवेदन है कि या तो वे अपनी घोषणा को उनके शिष्यों व कुरु राजकुमारों तक ही सीमित करें या अर्जुन को सर्वश्रेष्ठ सिद्ध करने के लिए इस रंगशाला को खुला मंच घोषित कर सभी को

अपनी प्रतिभा–प्रदर्शन का अवसर दें।" कृपाचार्य ने कहा–"अर्जुन का प्रदर्शन देखने के पश्चात् भी क्या तुम्हें उसकी श्रेष्ठता को लेकर सन्देह है? आख़िर कौन है इस विश्व में ऐसा योद्धा, जो अर्जुन के स्तर की धनुर्विद्या जानता है?" युवक बोला– "वैसे तो स्वयं आचार्य द्रोण, पितामह भीष्म निस्सन्देह अर्जुन से श्रेष्ठ हैं। बिना अँगूठे के एकलव्य की वर्तमान में क्या स्थिति है, ये तो मुझे विदित नहीं है, परन्तु मुझे विश्वास है कि अर्जुन ने आज जो प्रदर्शन किया है, एकलव्य भी उसमें सक्षम होगा। सम्पूर्ण विश्व के बारे में जान सकूँ, इतनी योग्यता तो मुझमें नहीं है, लेकिन मैं स्वयं उन सभी विद्याओं का प्रदर्शन करने के लिए प्रस्तुत हूँ, जिनके आधार पर अर्जुन को सर्वश्रेष्ठ कहा जा रहा है।"

इस युवक की बातें सुनकर मेरा मन बल्लियों उछलने लगा। मुझमें आशा जगी कि कोई तो योद्धा है, जो अर्जुन के वर्चस्व को चुनौती दे रहा है, लेकिन कहीं यह युवक केवल बातों ही का तो वीर नहीं है। क्या वास्तव में ये अर्जुन के स्तर का प्रदर्शन कर सकेगा। मैं ये बातें सोच ही रहा था कि मुझे विदुर का स्वर सुनाई दिया–"नवयुवक, इसमें कोई सन्देह नहीं कि तुम में साहस की कोई कमी नहीं, बल्कि तुम तो दुस्साहस की सीमा भी लाँघते दिखायी दे रहे हो, परन्तु केवल साहस पर्याप्त नहीं है। इस रंगशाला में लाखों की संख्या में हस्तिनापुर के प्रजाजन उपस्थित हैं। यदि सभी तुम्हारी भाँति राजकुमारों के वर्ग में अपनी विद्या का प्रदर्शन करने की माँग करने लगें तो क्या उसे पूरा किया जाना सम्भव होगा। राजकुमारों के वर्ग में प्रदर्शन से पूर्व जाओ पहले इतनी योग्यता का प्रमाण लाओ कि तुम रंगशाला में प्रवेश करने के योग्य हो भी या नहीं।"?

विदुर के शब्दों से नवयुवक के चेहरे पर आक्रोश के भाव उत्पन्न हुए, परन्तु आक्रोश को दबाकर वह दृढ़ एवं कठोर शब्दों में बोला–"लाखों की प्रजा में क्या आपको कोई एक भी ऐसा दिखायी दे रहा है, जो राजकुमारों को चुनौती दे सके? रही बात

मेरी योग्यता की तो प्रत्यक्ष को प्रमाण की आवश्यकता नहीं है। आशा है कि महाराज इसे मेरी धृष्टता न मानते हुए मात्र योग्यता के प्रमाण के रूप में ही देखेंगे।" इतना कहकर युवक ने अपनी कटि में रखे हुए चार बाण निकाले। बिना धनुष के ही युवक ने इन चारों बाणों को इतनी कुशलता से उछाला कि पहला, रंगशाला में लगे घण्टे पर जाकर लगा और घण्टे की ध्वनि से सम्पूर्ण रंगशाला गूंज गयी। दूसरा बाण, महाराज धृतराष्ट्र को नमन स्वरूप उनके चरणों के मात्र एक अंगुल दूरी पर गिरा। तीसरा बाण, सीधे उसी लक्ष्य पर बैठा, जिसका भेदन अर्जुन ने अपने धनुष की मदद से किया था और चौथा तीर विदुर के सिर पर रखी महामन्त्री की पगड़ी पर यूँ जा बैठा, मानो पगड़ी में कोई आभूषण लगा दिया हो। चारों तीर बिना किसी धनुष के इतनी शीघ्रता से छोड़े गये थे कि लोगों को अपने नेत्रों पर ही विश्वास नहीं हो रहा था। बिना धनुष की मदद के इतने अचूक लक्ष्य भेदन की किसी ने कल्पना भी नहीं की थी। युवक की इस अनोखी कला से रंगशाला तालियों की गड़गड़ाहट से गूँज उठी। युवक को अपनी प्रतिभा प्रदर्शन का अवसर दिया जाये, इस प्रकार के कोलाहल से रंगशाला गूँजने लगी। युवक की अद्भुत प्रतिभा को सम्मान देने के लिए पितामह भीष्म भी अपने स्थान से खड़े हो गये। वहीं द्रोणाचार्य और विदुर के मुख पर चिन्ता के भाव दिखायी देने लगे। मेरे लिए तो ये युवक मानो ईश्वर का भेजा हुआ दूत था। इसे अपनी विद्या के प्रदर्शन की अनुमति दी जाना बेहद आवश्यक था, किन्तु मुझे ज्ञात था कि विदुर इतनी सरलता ये होने नहीं देगा। मैंने तुरन्त दुर्योधन को अपने निकट बुलाया। भीम से युद्ध करने के बाद उसके शरीर पर चोटों के निशान अब भी दिखायी दे रहे थे। दुर्योधन ने मुझे प्रणाम किया और भीम के साथ अपने मुक़ाबले की कथा सुनाने लगा। भीम और दुर्योधन के पूरे मुक़ाबले का मैं स्वयं साक्षी था। उसके बारे में सुनने में मुझे न तो रुचि थी और न ही इसे लेकर

कोई सन्देह। मैंने दुर्योधन की बात को बीच में ही काटते हुए कहा–"अपने पराक्रम पर स्वयं ही मन्त्रमुग्ध होते रहोगे कि आगे की भी सोचोगे? दुर्योधन, यदि तुमने चतुराई से काम न लिया तो तुम्हारे पिता का सिंहासन, जिस पर स्वाभाविक रूप से केवल तुम्हारा अधिकार है, उस पर तुम्हारी आँखों के समक्ष ही कोई और विराजमान हो जायेगा। भीम के साथ हुई जिस स्पर्धा का तुम वर्णन कर रहे हो, उसे छोड़ो और यह बताओ कि द्रोण जिसे सर्वश्रेष्ठ कह रहे हैं, उस अर्जुन की तुम्हारे पास क्या काट है।" दुर्योधन बोला–"मातुल, क्यों आप मुझे बार–बार वही प्रश्न कर दुखी करते हैं? मैंने पूरा प्रयास किया कि मेरे निन्यानवे भाइयों में से कोई तो अर्जुन की कोटि का धनुर्धर बन सके, परन्तु ऐसा हो न सका, मगर मैंने अभी भी हिम्मत नहीं हारी है। मुझे विश्वास है कि मेरी गदा न केवल भीम को उत्तर देगी, बल्कि अर्जुन के धनुष को भी काट सकती है।" दुर्योधन का उत्तर सुनकर मुझे क्रोध आ गया। मैंने कहा–"मूर्ख हो तुम दुर्योधन।" अपने सबसे बड़े हितैषी की डाँट सुनकर दुर्योधन कुछ निराश हो गया। अपना स्पष्टीकरण देते हुए वह बोला–"मामाश्री, अब मेरे भाइयों में कोई अर्जुन के समतुल्य नहीं है तो क्या ये मेरा दोष है?" मैंने कहा–"तुम्हारे भाइयों में अर्जुन जितनी प्रतिभा का न होना तुम्हारा दोष नहीं है, परन्तु तुम्हारे आस–पास जो हो रहा है, उससे अनभिज्ञ रहना निश्चित ही तुम्हारा दोष है। भोजन की सजी हुई थाली पर भी यदि ध्यान न रहे तो श्वान उसमें से रोटी उठाकर ले जाता है और यहाँ तो दाँव पर आर्यवर्त का सबसे शक्तिशाली सिंहासन है।" दुर्योधन मेरी ओर देखता रहा, जैसे मेरी बातों का अभिप्राय समझने का प्रयास कर रहा हो। मैंने अपनी बात जारी रखी–"तुम्हारे भ्राता, अर्जुन के जैसे पराक्रमी भले ही न हों, परन्तु किसी पराक्रमी को अपना भ्राता बनाकर तुम यह कमी पूरी कर सकते हो प्रिय दुर्योधन। इसके लिए तुम्हें अपनी आँखें खुली रखनी होंगी। भीम के साथ स्पर्धा में मिले इन मामूली घावों की चिकित्सा के लिए तुम

रंगशाला के बाहर चले गये थे और यहाँ जो महत्त्वपूर्ण घटनाक्रम हो रहा है, उसकी जानकारी तक तुम्हें नहीं।" इतना कहकर मैंने शीघ्रता से रंगशाला में उस युवक के प्रवेश और अर्जुन को उसके द्वारा दी गयी चुनौती के बारे में कह डाला। उधर कुरु महाराज, कुरुश्रेष्ठ भीष्म और अन्य मन्त्रिमण्डल विचार ही कर रहा था कि इस युवक को स्पर्धा में प्रदर्शन के लिए अनुमति दी जाये या न दी जाये और इधर मेरा मन्तव्य समझकर दुर्योधन की बाँछें खिल गयीं। दुर्योधन अपने स्थान पर खड़ा होकर बोला–"महाराज की जय हो! यदि आज्ञा हो तो मैं इस सम्बन्ध में कुछ कहना चाहता हूँ।" भरी हुई रंगशाला में दुर्योधन के इस प्रकार सविनय अनुमति माँगे जाने पर उसे भला मना कौन कर सकता था। हालाँकि विदुर के मुख पर ये स्पष्ट दिखायी दे रहा था कि इस विषय में दुर्योधन का हस्तक्षेप उसे बिलकुल भी रास नहीं आ रहा है। महाराज की आज्ञा के पश्चात् दुर्योधन ने अपनी बात आरम्भ की–"भरतवंश की ख्याति प्रतिभाओं के सम्मान के कारण है। हमारे पूर्वज महाराज भरत ने भी प्रतिभा को सम्मानित करते हुए अपने पुत्रों की अपेक्षा राज्य के सबसे योग्य व्यक्ति भूमन्यु को सिंहासन का उत्तराधिकारी माना। आज उसी महान सम्राट भरत के वंशज एक युवक को अपनी योग्यता सिद्ध करने का अवसर भी न दें तो इससे बड़ा अन्याय कदाचित् कुछ नहीं होगा। इससे न केवल हमारे पूर्वज महाराज भरत की कीर्ति कलंकित होगी, बल्कि अर्जुन की श्रेष्ठता पर भी ऐसा प्रश्नचिह्न लग जायेगा, जिसे हस्तिनापुर की प्रजा के मन से कभी भी निकाला नहीं जा सकेगा। वैसे भी इस युवक ने बिना धनुष के अपनी योग्यता का जो परिचय दिया है, उससे स्पष्ट है कि इसकी योग्यता साधारण श्रेणी की कदापि नहीं है। अतः मेरा महाराज से अनुरोध है कि कुरुवंश की छवि को धूमिल न करते हुए इसे अपनी विद्या व पराक्रम के प्रदर्शन का अवसर दिया जाये।" महामहिम भीष्म व महाराज भी इसके पक्ष में दिखायी दे रहे थे। ऐसे में अब विदुर के लिए भी इस युवक को रोकना

मुश्किल हो गया। अन्ततः युवक को प्रदर्शन की अनुमति दे दी गयी। प्रदर्शन से पूर्व उसने अपना परिचय हस्तिनापुर के सूत क्षेत्र के निवासी 'कर्ण' के रूप में दिया। हस्तिनापुर राजमहल के दक्षिणी क्षेत्र में लगभग ढाई कोस दूर सूतों का निवास था और ये युवक कर्ण स्वयं को उसी सूत क्षेत्र का निवासी बता रहा था। सहसा मेरे मन में वर्षों पूर्व आश्रम से अपमानित कर निकाले गये राधेय की स्मृति उभर आयी। राधेय को स्वयं मैंने कभी नहीं देखा था, लेकिन उसके सम्बन्ध में सुन–सुनकर मेरे मनो–मस्तिष्क में उसकी जो छवि बनी थी, वह इस कर्ण से काफ़ी मिलती–जुलती थी। तो क्या कर्ण ही राधेय है? मैं इन प्रश्नों का उत्तर खोज पाता, इससे पहले ही कर्ण का प्रदर्शन आरम्भ हो गया। कर्ण के पास न तो अर्जुन की तरह सुसज्जित रथ था और न ही शस्त्रों के संचालन के लिए उसके पास भारी–भरकम यन्त्र थे, लेकिन उसके मुख पर झलकते आत्मविश्वास से लग रहा था कि वह सफल होकर ही रहेगा। अश्वारोहण के करतब दिखाने के बाद कर्ण ने उसी अश्व को एक छकड़े से जोड़ दिया। इस छकड़े में उसके काम के समस्त अस्त्र व यन्त्र रखे हुए थे। अर्जुन की ही तरह कर्ण ने भी हर अस्त्र का संचालन सफलता से किया। अर्जुन के पास तो शस्त्र संचालन के लिए सुसज्जित रथ, सारथी, आधुनिक यन्त्र और दो सहायक उपलब्ध थे, लेकिन कर्ण के पास ऐसा कुछ नहीं था। सहायक के नाम पर एक किशोर वय का बालक ही उसके साथ उपस्थित था, जो कदाचित् उसका अनुज था। लक्ष्य भेदन, प्रतिबिम्ब लक्ष्य भेदन, वरुणास्त्र, आग्नेयास्त्र, मोहिनी अस्त्र, नागास्त्र जैसे सभी अस्त्रों का कर्ण ने बेहद कुशलता व सरलता से प्रयोग किया। कम संसाधनों के बावजूद कर्ण ने जिस प्रकार का प्रदर्शन किया था, उससे रंगशाला में मौजूद हर व्यक्ति आश्चर्यचकित रह गया था। पूरी रंगशाला तालियों की गड़गड़ाहट से गूँजने लगी। कर्ण का प्रदर्शन देखकर कई लोग उसे अर्जुन से श्रेष्ठ मान रहे थे तो कई अर्जुन के प्रदर्शन को

ही उत्तम बता रहे थे। कर्ण के पराक्रम से पलटती इसी स्थिति में अन्त में शब्दभेदी बाण के लक्ष्य भेदन को लेकर विवाद खड़ा हो गया। अर्जुन की ही तरह कर्ण ने भी रंगशाला में विभिन्न ध्वनियों पर शब्दभेदी बाण चलाकर दर्शकों को मन्त्रमुग्ध कर दिया, लेकिन इसी दौरान कर्ण के धनुष से निकला एक बाण लक्ष्य की बजाय रंगशाला के बाहर सुरक्षा की दृष्टि से लगाई गयी धातु की पट्टिका पर जा धँसा। इसे कर्ण की असफलता माना गया।

कर्ण बहुत निराश दिखायी दे रहा था। मैं विचार कर रहा था कि जिस व्यक्ति ने धनुर्विद्या की सभी महत्त्वपूर्ण और कठिन विधाओं को इतनी कुशलता से संचालित किया, वह भला शब्द भेदन के इस साधारण से कौशल में कैसे असफल हो गया। इसी बात को आधार बनाते हुए द्रोणाचार्य और विदुर ने तत्काल अर्जुन को श्रेष्ठ घोषित करने की तैयारी कर ली। स्वाभाविक रूप से दुर्योधन और मैं स्वयं इस निर्णय से सहमत नहीं थे। दुर्योधन ने रंगशाला में इसका कड़ा विरोध किया, लेकिन अर्जुन की श्रेष्ठता के लिए अँगूठा तक कटवा देने वाले द्रोणाचार्य से निष्पक्षता की अपेक्षा रखना व्यर्थ था। कर्ण स्वयं इस चिन्तन में था कि आख़िर साधारण स्तर के इस लक्ष्य भेदन में उससे चूक कैसे हो गयी। अर्जुन की विजय से पाण्डव खेमे में प्रसन्नता थी। भीम तो कर्ण की पराजय से सबसे अधिक उत्साहित दिखायी दे रहा था। दुर्योधन का उपहास करने के उद्देश्य से वह बोला–"अरे दुर्योधन, तुम सौ भ्राता मिलकर भी हम पाँचों को पराजित नहीं कर सके तो अब अर्जुन के मुक़ाबले किसी बाहरी और नीच कुल से उत्पन्न सूतपुत्र को खड़ा करना चाहते हो? सूत क्षेत्र में रहने वाले इस सूतपुत्र का भला अर्जुन से क्या मेल। इससे कहो कि चुपचाप अपनी पराजय स्वीकार करे और हाथ में कशा लेकर अश्वों को हाँके। सूतपुत्र के हाथ में प्रतोद ही शोभा देता है। धनुष तो क्षत्रियों का आभूषण है। सूतों की सहायता से तुम कभी पाण्डवों पर हावी नहीं हो सकोगे, मूर्ख दुर्योधन!"

भीम के इन तीक्ष्ण शब्दों ने मामूली–सी अग्नि में घी का काम कर दिया। भीमसेन का लक्ष्य दुर्योधन को क्रोधित करना था, लेकिन दुर्योधन से भी पहले प्रतिक्रिया कर्ण की ओर से आयी–"राजकुमार भीम, तुम स्वयं को क्षत्रिय कहते हो? अगर वास्तव में तुम क्षत्रिय हो तो रंगशाला की ये प्रतियोगिता छोड़ो। मैं सूतपुत्र कर्ण तुम पाँचों भ्राताओं को एक साथ द्वन्द्व युद्ध के लिए ललकारता हूँ। क्षत्रियत्व का दम्भ भरने वाले तुम अपने भाइयों के साथ इस सूतपुत्र के बाणों का सामना करो। अब रक्त से होने वाली क्रीड़ा ही ये निर्णय करेगी कि एक सूतपुत्र के सामने तुम जैसे क्षत्रियों का क्या हश्र होता है।"

हस्तिनापुर की रंगशाला में तमाम महारथियों और प्रजा के समक्ष राजकुमारों के लिए ऐसे शब्दों का प्रयोग पाण्डव भी सहन नहीं कर सके। युधिष्ठिर को छोड़ चारों पाण्डव रंगशाला के प्रांगण में आ गये। दुर्योधन और दुःशासन भी अपनी गदाएँ लेकर प्रांगण में जा पहुँचे। दुर्योधन ने भी पाण्डवों को ललकारते हुए कहा–"क्या पाण्डवों का पौरुष केवल इतना रह गया है कि सभी भाई मिलकर एक ऐसे व्यक्ति से युद्ध करें, जिसके पास रथ भी नहीं है? ये कायरता और अन्याय मुझे स्वीकार नहीं। इस धनुर्धारी से या तो अर्जुन अकेला युद्ध करे या फिर इस पर उठने वाली भीम की गदा को रोकने के लिए मैं स्वयं उपस्थित रहूँगा।"

अर्जुन बोला–"स्वयं को धनुर्धर कहने वाला ये अभिमानी साधारण से शब्द भेदन में असफल रहा है। इससे युद्ध करने के लिए मुझे अपने महावीर भाइयों की सहायता की कोई आवश्यकता भी नहीं है।" स्पष्ट था कि स्थिति कृपाचार्य, विदुर और द्रोण के नियन्त्रण से बाहर होती जा रही थी। दोनों ओर से धनुष तन गये थे। स्थिति की गम्भीरता को देखते हुए कृपाचार्य ने फिर से हस्तक्षेप किया और अर्जुन, भीम और दुर्योधन को सम्बोधित करते हुए कहा–"तुम सभी आचार्य द्रोण के शिष्य और हस्तिनापुर के राजकुमार हो। आक्रोश और उन्माद में क्या तुम्हें ये भी स्मरण

नहीं कि ये कोई युद्ध–भूमि नहीं, बल्कि रंगशाला है? यहाँ तुम्हारे गुरु, पिता, पितामह, तात जैसे आदरणीय लोग विराजमान हैं।" अर्जुन ने कृपाचार्य से क्षमा माँगते हुए कहा–"अपने असंयत व्यवहार पर हमें खेद है, किन्तु गुरुदेव द्वन्द्व की चुनौती कोई भी क्षत्रिय अस्वीकार नहीं कर सकता। अब आप ही बताइए कि क्षत्रिय होने के नाते मैं कैसे इस सूतपुत्र के द्वन्द्व के आह्वान से विमुख हो सकता हूँ? इस बार कृपाचार्य ने कर्ण से कहा–"नवयुवक, तुमने स्वयं अपना परिचय सूतपुत्र के रूप में दिया है। अब तुम ही बताओ कि एक सूत और क्षत्रिय के बीच द्वन्द्व की बात तुमने कभी सुनी है? शास्त्र भी इसकी अनुमति नहीं देते हैं। किसी एक राजपुरुष को द्वन्द्व की चुनौती केवल कोई राजपुरुष या क्षत्रिय ही दे सकता है।" कृपाचार्य की बात सुनकर कर्ण का मुख लज्जा से झुक गया।

स्वयं को प्रजा का पालक कहने वाले इस कुरुवंश में आख़िर अपने क्षत्रियत्व को लेकर कितना अहंकार है! कर्ण की जाति चाहे जो भी हो, भरी सभा में अपने ही राज्य के एक नागरिक को इस प्रकार अपमानित किया गया और महामहिम भीष्म, महाराज धृतराष्ट्र और स्वयं को महात्मा कहलाने वाला पाखंडी विदुर मौन धारण किये रहे। उद्दण्ड भीम के कटु शब्दों के कारण द्वन्द्व जैसी अप्रिय स्थिति उत्पन्न हो गयी, लेकिन भीम की उद्दण्डता पर उसे डाँटने का साहस किसी में न था। विदुर तो पहले ही इन पाँचों भाइयों को महात्मा और दुर्योधन को राक्षस सिद्ध करने के प्रयास में लगा रहता था, लेकिन धर्म और सहनशीलता के पर्याय पाण्डवों को क्या विदुर ने ये नहीं सिखाया था कि जाति को लेकर किसी का सार्वजनिक रूप से इस प्रकार अपमान करना पाप है। प्रश्न केवल इतना नहीं था कि कर्ण से शब्दभेदी बाण चलाने में त्रुटि हुई या नहीं। प्रश्न ये भी नहीं था कि अर्जुन और कर्ण में कौन श्रेष्ठ है। कर्ण का मूल्यांकन यदि अर्जुन से कम भी किया जाये तो भी ये तो स्पष्ट था कि कर्ण एक उत्कृष्ट

कोटि का धनुर्धर है और अपने ही नागरिकों में एक इतने पराक्रमी योद्धा को पाकर हस्तिनापुर को उसका स्वागत करना चाहिए था, लेकिन यहाँ स्वागत तो दूर उसका लगातार अनादर किया जा रहा था। किन्तु मेरे लिए ये समय उचित–अनुचित के विचार करने का नहीं था। वैसे भी इस हस्तिनापुर में आरम्भ से ही न्याय के नाम पर अन्याय किया जाना कोई नयी बात नहीं थी। मेरे लिए ये समय था, कर्ण के साथ हुए अन्याय के चलते उसे अपने पक्ष में कर लेने का। कर्ण जैसा असाधारण योद्धा दुर्योधन के पक्ष में रहना अति आवश्यक था। जाति और राज्य की आड़ लेकर दोनों के बीच द्वन्द्व को टाला जा रहा था। कर्ण की जाति तो मैं बदल नहीं सकता था, लेकिन उसे राजपुरुष बनाने की एक योजना मेरे पास अवश्य थी। हस्तिनापुर के दक्षिण–पूर्व में एक छोटा–सा देश था–अंग। कभी कौरव सेनाओं ने इस राज्य पर विजय प्राप्त की थी, लेकिन इसके आस–पास के पूरे क्षेत्र पर कालान्तर में जरासंध का आधिपत्य हो गया था। ऐसे में अंगदेश पर प्रशासनिक रूप से भले ही कौरवों का अधिकार हो, लेकिन वास्तविक रूप से वह जरासंध के ही अधीन था। एक बार दुर्योधन की बालहठ के चलते महाराज धृतराष्ट्र ने अंगदेश का अधिकार दुर्योधन को सौंप दिया था। दुर्योधन की इस हठ को पूरा करने में महामन्त्री विदुर और भीष्म को भी कोई आपत्ति नहीं थी। जिस देश पर वास्तविक रूप से कौरवों का कोई नियन्त्रण ही न हो और जिसकी भौगोलिक स्थिति भी ऐसी हो कि बिना जरासंध से युद्ध किये पहुँचना भी असम्भव हो, उसका प्रशासनिक अधिकार दिये जाने में भला किसी को क्या आपत्ति हो सकती थी। उस समय विदुर ने सोचा भी न होगा कि कई वर्ष पहले दुर्योधन की हठ के कारण अंगदेश के अधिकार सौंपने के लिए पकड़ाए गये झुनझुने का मैं इतना सटीक प्रयोग कर सकता हूँ।

दुर्योधन और कर्ण की मैत्री

मैंने तत्काल दुर्योधन को अंगदेश के सम्बन्ध में स्मरण करवाया और उससे कहा कि कर्ण को तत्काल अंग का राजा घोषित कर दे। दुर्योधन को भी मेरी योजना जँच गयी। योजना के अनुरूप दुर्योधन ने अपने आसन से उठकर कृपाचार्य से प्रश्न किया–"कुलगुरु, आपकी आपत्ति इसी बात को लेकर है न कि कर्ण कोई राजपुरुष नहीं है।" "निश्चित रूप से दुर्योधन।" कृपाचार्य ने कहा। दुर्योधन ने आगे कहा– "कुरु वंश के आदरणीय पितामह भीष्म, महाराज धृतराष्ट्र और तातश्री विदुर आप सभी को स्मरण होगा कि महाराज ने कई वर्ष पूर्व मुझे अंगदेश के सारे अधिकार सौंप दिये थे। इस पर पितामह और तातश्री विदुर को भी आपत्ति नहीं थी। तब से अंगदेश मेरे ही अधिकार में है।" महाराज धृतराष्ट्र ने कहा–"हाँ पुत्र हाँ। हमें सब स्मरण है, परन्तु अभी उस बात का उल्लेख करने का क्या अभिप्राय है, प्रिय दुर्योधन।"

"तो आपके द्वारा प्रदत्त अधिकार का प्रयोग करते हुए मैं अपने मित्र कर्ण को अंगदेश का राजा घोषित करता हूँ और इसी क्षण, इसी रंगशाला में कर्ण का राज्याभिषेक करता हूँ।" पहले से ही नियत एक कर्मचारी कर्ण के राज्याभिषेक के लिए एक मुकुट लेकर दुर्योधन के सामने उपस्थित हो गया। स्पष्ट था कि विदुर को यह सब रास नहीं आ रहा था। विदुर ने दुर्योधन से प्रश्न किया–"ये क्या हो रहा है, दुर्योधन? रंगशाला में इस प्रकार से राज्याभिषेक किये जाने का क्या तात्पर्य है?" इस बार मेरा सीधे

हस्तक्षेप करना आवश्यक हो गया था, अन्यथा विदुर इस संवाद को अपने पक्ष में मोड़ सकता था।

"महामन्त्री, आप तो स्वयं दुर्योधन को अंगदेश का अधिकार दिये जाने के साक्षी हैं। अब दुर्योधन अपने अधिकार का प्रयोग कर रहा है, इसे लेकर आपको क्या आपत्ति है?" विदुर सकपका कर बोला–"प्रश्न मेरी आपत्ति का नहीं, बल्कि ये है कि इस प्रकार रंगशाला में राज्याभिषेक किये जाने का क्या औचित्य है?" दुर्योधन ने कहा–"जिस प्रकार जाति, कुल, गोत्र व राज्य के नाम पर प्रतिभाशाली और पराक्रमी कर्ण के साथ पक्षपात किया जा रहा है और इस अन्याय को सभी न्यायप्रिय महानुभाव मौन होकर देख रहे हैं, उसे रोकने का मेरे पास यही एक रास्ता है। हस्तिनापुर राजसभा की सहमति से मुझे मिले इस संवैधानिक अधिकार को कोई नहीं छीन सकता। मेरा मित्र कर्ण, जो निस्सन्देह एक साहसी और शूरवीर योद्धा है, उसे अंग का राज्य सौंपने के बाद आप लोगों को भी यह स्वीकार करना ही पड़ेगा कि अब वह एक राजपुरुष है। ऐसी स्थिति में तो उसकी प्रतिभा का दमन नहीं किया जा सकेगा। राजपुरुष होने के चलते उसे द्वन्द्व का अधिकार भी मिल सकता है। अब मेरा प्रश्न कर्ण से है कि क्या वह दुर्योधन पर कृपा कर अंगदेश का राज्य स्वीकार करने के लिए तैयार है या नहीं? मैं जानता हूँ, कर्ण जैसे योद्धाओं के लिए किसी राज्य को प्राप्त करना कठिन कार्य नहीं है, परन्तु महावीर कर्ण यदि अंगदेश का राज्य स्वीकार करता है तो वह मुझ पर उसका अनुग्रह ही होगा।"

दुर्योधन के इन शब्दों को सुनकर कर्ण भावुक हो गया। अब तक मुझे भी स्पष्ट हो चुका था कि कर्ण ही राधेय है। राधेय, जिसे अपनी जाति के कारण ही क़दम–क़दम पर अपमान का सामना करना पड़ा था, उसी राधेय को हस्तिनापुर के नरेश का पुत्र न केवल एक अंगदेश का राजा बना रहा था, बल्कि ये कह रहा था कि राजपद ग्रहण कर वह दुर्योधन पर कृपा करेगा।

अपने भुजदण्ड के बल पर जिस व्यक्ति ने अर्जुन जैसे योद्धा को चिन्ता में डाल दिया हो, उसी कर्ण की आँखें दुर्योधन के स्नेह के कारण छलकने को आ गयीं। दुर्योधन ने कर्ण को अपने हृदय से लगा लिया। भावुक कर्ण ने स्वयं को नियन्त्रित किया और दुर्योधन से कहा–"मित्र, तुम कहोगे तो राज्य क्या हलाहल भी ग्रहण करने के लिए मैं प्रस्तुत हूँ। जिस शीश पर तुम यह मुकुट रख रहे हो, वह राजमुकुट तो तुम्हें समर्पित है ही। साथ ही मेरा ये शीश भी आज से तुम्हें ही समर्पित रहेगा।"

दुर्योधन ने कर्ण को मुकुट पहनाकर तिलक किया और रंगशाला 'अंगराज कर्ण की जय' के घोष से गूँज गयी, लेकिन उद्दंडता और शब्दों के और भी बाण चलना अभी भी शेष थे। भीम ने एक बार फिर अपनी वाणी से विष वमन किया और कहा–"भिक्षा में मिले राज्य से कोई क्षत्रिय नहीं हो जाता, सूतपुत्र। भेड़ को सिंह की खाल पहना दी जाये तो भी वह वनराज नहीं हो सकता।" इस बार कर्ण भी गरजा–"वाचाल भीम, तुम केवल बातों के ही वीर हो या शस्त्रों से भी बात करते हो? अब तुम या तुम्हारा अनुज मेरी जाति की आड़ लेकर बच नहीं सकते। मृत्यु का भय हो तो पलायन कर लो या फिर अंगदेश के राजा की द्वन्द्व की चुनौती स्वीकार करो।"

कर्ण और अर्जुन दोनों की ही भृकुटियाँ तन गयी थीं और उनके मध्य द्वन्द्व रुकने की अब कोई सम्भावना दिखायी न देती थी। इसी दौरान भीष्म अपने आसन से उठकर महाराज के पास गये और कुछ क्षणों की मन्त्रणा के पश्चात् सम्पूर्ण सभा को सम्बोधित करते हुए उन्होंने गर्जना की–"शस्त्र कौशल के प्रदर्शन के लिए बनाई गयी रंगशाला युद्धभूमि में परिवर्तित हो रही है, ये अत्यन्त निन्दनीय है। जिसे भी अपने धनुष पर अहंकार हो, वो ये बात कान खोलकर सुन ले कि जब तक ये गंगापुत्र भीष्म जीवित है, तब तक हस्तिनापुर की धरा पर ऐसा कोई भी कार्य न हो सकेगा, जिसकी अनुमति हस्तिनापुर का राजसिंहासन न दे। तो अर्जुन,

भीम, दुर्योधन और कर्ण, सभी अपने शस्त्रों को छोड़ मेरी बात ध्यान से सुनें। सारा विवाद इस बात लेकर है कि अर्जुन और कर्ण में श्रेष्ठ कौन है। कर्ण ने शब्दभेदी बाण को चलाने में त्रुटि की है या नहीं? इसी बात को आधार बनाकर अर्जुन को विजयी मान लेने वाले भी सुनें। वास्तविकता ये है कि कर्ण ने शब्दभेदी बाण चलाने में कोई त्रुटि नहीं की है। ये सत्य है कि कर्ण का बाण लक्ष्य की बजाय रंगशाला के बाहर धातु की पट्टिका पर लगा था, लेकिन यहाँ बैठे धनुर्विद्या के ज्ञाताओं में से किसी ने भी कर्ण के लक्ष्य भेद का सूक्ष्मता से अवलोकन ही नहीं किया। आँखों पर पट्टी बाँधे जब कर्ण लक्ष्य साध रहा था, तब निर्धारित लक्ष्य की ध्वनि से पूर्व आकाश में विचरण करते पक्षी के मुख से फल का बीज रंगशाला में लगी धातु की पट्टिका पर गिरा और उससे उत्पन्न ध्वनि के आधार पर ही कर्ण ने लक्ष्य भेद किया है। कर्ण के लक्ष्यभेद में कोई त्रुटि नहीं है, बल्कि हल्की–सी ध्वनि पर शीघ्र प्रतिक्रिया देने वाले कर्ण का लक्ष्य भेद अत्यन्त सटीक है। ऐसे में अर्जुन या कर्ण किसी को भी प्रतियोगिता का विजेता नहीं माना जा सकता। वैसे भी किसी प्रतियोगिता में श्रेष्ठता सिद्ध करना महत्त्वपूर्ण नहीं है। वास्तविक श्रेष्ठता तो रणभूमि में सामने आती है। केवल स्वयं की श्रेष्ठता सिद्ध करने के लिए क्रीड़ा के मैदान को युद्ध का मैदान बनाना कदापि योग्य नहीं है। हस्तिनापुर नरेश ने भी इसकी अनुमति नहीं दी है। अतः महाराज के प्रतिनिधि के रूप में मैं कर्ण, अर्जुन, भीम और दुर्योधन को ये आदेश देता हूँ कि द्वन्द्व की अमर्यादित बातें छोड़ अपनी जिह्वा पर नियन्त्रण रखें। रंगशाला का क्रीड़ा उत्सव समाप्त किये जाने की घोषणा की जाती है। आदेश का उल्लंघन राजाज्ञा का उल्लंघन माना जायेगा।" इतना कहकर भीष्म ने शंख बजाकर कार्यक्रम समाप्ति की घोषणा कर दी।

रंगशाला का उत्सव तो श्रेष्ठता के निर्णय के बिना ही समाप्त हो गया, लेकिन बिना परिणाम की ये प्रतियोगिता मेरे

लिए विशेष रूप से लाभकारी रही। अर्जुन का जो धनुष मुझे लम्बे समय से आतंकित कर रहा था, उसकी काट अब मेरे पास कर्ण के रूप में थी। ये सत्य है कि मैंने कर्ण के बल को अपने लाभ के लिए प्रयोग करना चाहा था। दुर्योधन से कर्ण की मैत्री का आरम्भ भी इसी स्वार्थ के चलते हुआ था, परन्तु थोड़े ही समय में कर्ण भी दुर्योधन की ही तरह मेरे स्नेहपात्रों की सूची में सम्मिलित हो गया। हालाँकि कर्ण की विचारधारा मुझसे पूरी तरह भिन्न थी। योजना बनाना (जिसे आप षडयन्त्र रचना कहते हैं) उसकी कार्यशैली में शामिल नहीं था। कदाचित् इसलिए कि उसकी भुजाओं में बल था। उसके पास धनुष का सामर्थ्य था। अपने अधिकार के लिए वह सीधे किसी को ललकार सकता था। यदि मैं कोई वीर योद्धा होता तो कदाचित् मैं भी ऐसा ही होता। क्या भुजाओं में बल न होने के बावजूद परिस्थिति और अन्याय के विरुद्ध लड़ने वाला वीर नहीं होता? यदि हाँ, तो फिर मैं वीर क्यों नहीं कहलाता? अपनी योजनाओं के लिए मैंने कई बार अपने प्राणों को भी संकट में डाला है। कुरुक्षेत्र की रणभूमि से पलायन करना मेरे लिए अति सरल था। मैं भीष्म, कर्ण, द्रोणाचार्य या अश्वत्थामा की तरह कोई दुर्दुश योद्धा नहीं था। दुर्योधन के लिए भी रणभूमि में मेरी आवश्यकता न के बराबर थी। चाहता तो मैं भी युद्ध के पहले गान्धार लौट सकता था या विदुर की तरह रणभूमि के बाहर बैठने का विकल्प भी मेरे लिए खुला था, लेकिन एक अति साधारण स्तर का योद्धा होने के बावजूद मैंने अपने क्षत्रिय धर्म का पालन किया और रणभूमि में महायुद्ध के दौरान अपने प्राणों की आहूति दी। फिर भी मैं खलनायक ही बना रहा।

द्रोण की गुरुदक्षिणा–पांचाल युद्ध

राजकुमारों के दीक्षांत समारोह के पश्चात् अब बारी थी गुरुदक्षिणा की। द्रोण अपनी गुरुदक्षिणा में क्या माँगेंगे, इस सन्दर्भ में सर्वाधिक रुचि मेरी ही थी, क्योंकि राजकुमारों के शिक्षण के प्रारम्भ से ही द्रोण ने अपनी गुरुदक्षिणा को काफ़ी महत्त्व दिया था। राजप्रसाद में द्रोण को गुरुदक्षिणा के रूप में मूल्यवान रत्न, माणिक्य, आभूषण, गौधन और भूमि दिये जाने की तैयारी की जा रही थी, परन्तु मुझे आभास हो रहा था कि द्रोण की रुचि इनमें नहीं है। शीघ्र ही मेरी शंका सत्य सिद्ध हुई और द्रोण ने गुरुदक्षिणा के रूप में वह माँग की, जिसे पूरा करना हस्तिनापुर जैसे विशाल और सम्पन्न राष्ट्र के लिए भी सरल नहीं था।

द्रोण ने गुरुदक्षिणा के रूप में राजकुमारों से पांचाल नरेश द्रुपद को बन्दी बनाकर लाने को कहा। अब पांचाल नरेश कोई भेड़ का बच्चा तो नहीं था, जिसे राजकुमार पकड़कर द्रोण के सम्मुख रख देते। पांचाल हस्तिनापुर की टक्कर का ही शक्तिशाली राष्ट्र था और उसके राजा को बन्दी बनाना पांचालों से युद्ध किये बिना सम्भव ही नहीं था। महाराज धृतराष्ट्र और भीष्म ने भी जब आचार्य की गुरुदक्षिणा के बारे में सुना तो उनके पैरों के नीचे से ज़मीन खिसक गयी। आचार्य हस्तिनापुर के समक्ष ऐसी कोई माँग रखेंगे, ये अकल्पनीय था। आचार्य को गुरुदक्षिणा देने का अर्थ था–पांचाल और हस्तिनापुर में भीषण युद्ध। दो शक्तिशाली राष्ट्रों के बीच युद्ध में लाखों सैनिकों का रक्तपात स्वाभाविक ही था। पांचाल और हस्तिनापुर के सम्बन्ध वैसे भी मधुर तो कभी नहीं

रहे थे, लेकिन स्थिति ऐसी भी नहीं थी कि पांचालों से प्रत्यक्ष युद्ध छेड़ना पड़े। अब आचार्य को गुरुदक्षिणा देना, यानी प्रत्यक्ष युद्ध को आमन्त्रित करना था। हस्तिनापुर की विदेश नीति और कूटनीति दोनों ही इस युद्ध की अनुमति नहीं देती थीं, परन्तु द्रोणाचार्य को गुरुदक्षिणा दिये जाने के हस्तिनापुर के वचन को पूरा किया जाना भी आवश्यक था। आचार्य द्रोण की गुरुदक्षिणा की माँग पर विचार करने के लिए राजसभा की आपात बैठक बुलाई गयी।

मेरा इस प्रकरण से सीधा कोई सरोकार नहीं था, परन्तु मैं आचार्य द्रोण के चरित्र को समझने का प्रयास करने लगा। द्रुपद और द्रोण के मध्य मित्रता कैसे शत्रुता में परिवर्तित हुई, इसकी पूरी कथा सुनने के बाद भी मेरे मन में द्रोण के लिए विशेष सहानुभूति उत्पन्न नहीं हुई। पांचाल नरेश द्रुपद, सहपाठी होने के चलते भारद्वाज पुत्र द्रोण की हर सहायता के लिए तैयार था, लेकिन उसने द्रोण को मित्र का स्थान देने से इनकार कर दिया था। अब बलपूर्वक किसी को मित्र बना पाना तो असम्भव है। यदि यह स्वीकार भी कर लिया जाये कि द्रोण ने द्रुपद के साथ अनुचित व्यवहार कर उसका अपमान किया था तो भी द्रोण के निजी मामले के लिए हस्तिनापुर और पांचालों की शत्रुता और हज़ारों–लाखों सैनिकों का रक्तपात मुझे अनुचित ही प्रतीत हो रहा था।

यहाँ प्रश्न ये भी था कि द्रोण स्वयं आर्यवर्त के श्रेष्ठतम योद्धाओं में गिने जाते थे तो वे स्वयं ही क्यों नहीं द्रुपद से युद्ध करते। क्या द्रोण के स्वयं के पास इतनी योग्यता या शक्ति नहीं थी कि वह अपने अपमान का स्वयं प्रतिशोध ले सकें। क्या उसे पांचालों को पराजित करने के लिए एक विशाल सेना की आवश्यकता थी, जो केवल हस्तिनापुर ही पूरा कर सकता था। द्रोणाचार्य की गुरुदक्षिणा की माँग को हर दृष्टि पर परखने के पश्चात् मैं तो इसी नतीजे पर पहुँचा था कि हस्तिनापुर को इसे पूरी तरह से अस्वीकार कर देना चाहिए। ये सत्य था कि

द्रोणाचार्य पाण्डवों और कौरवों के गुरु थे और गुरुदक्षिणा देना हर शिष्य का कर्तव्य होता है, लेकिन यहाँ तो राजकुमारों की गुरुदक्षिणा का मूल्य हस्तिनापुर राज्य, राज्य के लाखों सैनिकों के लहू और प्रजा के धन के बल पर चुकाया जाना था। किसी की निजी शत्रुता का मूल्य लाखों सामान्य नागरिक भला क्यों चुकायें। वैसे यदि नैतिकता की बात की जाये तो द्रोणाचार्य द्वारा गुरुदक्षिणा में ऐसी माँग करना भी सर्वथा अनुचित प्रतीत हो रहा था। राजसभा का एक सभासद होने के नाते मैंने अपना मत हस्तिनापुर राजसभा में रखा, परन्तु हमेशा की तरह विदुर मेरे सामने था और आचार्य की माँग पूरी किये जाने के मत के साथ दृढ़ता से खड़ा था। आखिरकार वही हुआ, जिसकी मुझे आशंका थी। आचार्य की गुरुदक्षिणा के लिए हस्तिनापुर के सैनिकों का बलिदान और रक्तपात तय हो गया। द्रोणाचार्य के शिष्यों के साथ विशाल सैनिक–बल पांचाल पर आक्रमण करने के लिए रवाना हो गया।

युधिष्ठिर, भीम, अर्जुन, दुर्योधन, दुःशासन सहित सभी राजकुमारों और कर्ण के साथ इस सैन्य दल को हस्तिनापुर से निकले दो दिन बीत चुके थे। हस्तिनापुर सेना ने पांचाल के मार्ग पर बीच में ही कहीं अपना डेरा लगाया था। पांचाल की सीमा अभी भी काफ़ी दूर थी। कौरवों की योजना दो दिन की यात्रा और कर, फिर आक्रमण करने की थी। स्वाभाविक है कि इतनी बड़ी संख्या में सैन्य शक्ति के आगमन की सूचना से पांचाल भी अनभिज्ञ नहीं थे। वे अपनी सुविधा से रणक्षेत्र का भी चयन कर चुके थे। पांचालों की योजना राजधानी से सोलह कोस की दूरी पर ही हस्तिनापुर की सेना को रोक देने की थी, ताकि किसी भी स्थिति में हस्तिनापुर की सेना राजधानी में प्रवेश न कर सके। इसी सूचना के साथ गुप्तचर ने मुझे एक ऐसी सूचना दी, जिसे सुनकर मेरे रोंगटे खड़े हो गये।

विदुर ने युधिष्ठिर को ये सन्देश पहुँचवाया था कि आचार्य की गुरुदक्षिणा के लिए द्रुपद को बन्दी बनाने का प्रथम प्रयास दुर्योधन

को करने दिया जाये। मेरा माथा ठनका कि विदुर द्रोणाचार्य के एक सौ पाँच शिष्यों को कौरव और पाण्डव में बाँटकर पांचाल की सेना से युद्ध करने के लिए क्यों उकसा रहा है। पांचाल एक शक्तिशाली सेना थी और इस सेना से कौरव और पाण्डवों का बँटकर युद्ध करना अत्यन्त भयावह हो सकता था। राजकुमारों ने युद्ध का प्रशिक्षण चाहे जितना लिया हो, परन्तु वास्तविक युद्ध का ये उनका पहला ही अनुभव था। पांचाल नरेश और उनका पुत्र स्वयं धनुष कौशल के महाज्ञाता के रूप में विख्यात थे। उनके सामने दुर्योधन, भीम और अर्जुन व कर्ण की सम्मिलित शक्ति ही अधिक प्रभावी हो सकती थी, तो फिर विदुर क्यों इस शक्ति को बाँटना चाहता है?

मैं इस सम्बन्ध में विचार कर ही रहा था कि गुप्तचर ने मुझे एक और सूचना दी। इस सूचना के अनुसार द्रोणाचार्य ने कर्ण को इस युद्ध में सम्मिलित होने को निषेध कर दिया था। आचार्य का तर्क था कि कर्ण उनका शिष्य नहीं है। अतः गुरुदक्षिणा के इस युद्ध में उसकी कोई भूमिका नहीं होनी चाहिए। युद्ध के लिए प्रस्थान कर चुकने के पश्चात् कर्ण को इस प्रकार युद्ध से विमुख करने में मुझे षड्यन्त्र दिखायी दे रहा था। यदि कर्ण द्रोणाचार्य का शिष्य नहीं था तो क्या हस्तिनापुर के वे सैकड़ों सैनिक, जो युद्ध के मैदान में अपना जीवन दाँव पर लगाये हुए थे, वे द्रोणाचार्य के शिष्य थे? यदि नहीं तो फिर किस अधिकार से उन्हें द्रोण की गुरुदक्षिणा के लिए युद्ध में झोंका गया था?

सूचना ये भी थी कि ये युद्ध हस्तिनापुर के ध्वज तले लड़े जाने की बजाय दुर्योधन और युधिष्ठिर के व्यक्तिगत ध्वजों के तले लड़ा जायेगा। इसके पीछे तर्क ये दिया जा रहा था कि गुरुदक्षिणा दिया जाना किसी राष्ट्र का नहीं, बल्कि शिष्यों का व्यक्तिगत दायित्व है। कौरव और पाण्डव दोनों को गुरुदक्षिणा के लिए अलग–अलग अवसर प्राप्त होंगे। विदुर की कुटिल योजना के अनुसार युधिष्ठिर अपना बड़प्पन या सहृदयता दिखाकर दुर्योधन को चयन का अवसर देगा। अपने अहंकार और अतिउत्साह में दुर्योधन

पहले युद्ध करने निकल पड़ेगा। कर्ण को युद्ध से विमुख कर दिये जाने के कारण दुर्योधन के दल में कोई भी स्तरीय और सक्षम धनुषधारी नहीं रह गया था। युद्ध की आधुनिक शैली में धनुष सबसे प्रमुख अस्त्र माना जाता था। आधुनिक विज्ञान से विकसित आग्नेयास्त्र, मोहिनी अस्त्र व विषयुक्त धुआँ छोड़ने वाले सभी अस्त्र धनुष के माध्यम से ही शत्रु सेना पर छोड़े जाते थे, इसीलिए धनुषविद्या का सम्मान दिनोदिन बढ़ रहा था। सेना के व्यूह की रचना करना भी धनुर्विद्या के जानकारी के बिना सम्भव नहीं था। कर्ण या अर्जुन के बिना जो भी इस युद्ध में जायेगा, उसकी पराजय मुझे स्पष्ट दिखायी दे रही थी।

तभी मेरे मन में एक और विचार कौंधा, जिसके कारण मैं सिर से पाँव तक स्वेद से भीग गया। कहीं विदुर ने दुर्योधन की हत्या का षड्यन्त्र तो नहीं रचा। निस्सन्देह दुर्योधन वीर है और वह कर्ण के बिना भी पांचालों से भिड़ने में कोई संकोच नहीं करेगा। युद्ध से पलायन भी उसके मूल में नहीं है तो क्या गुरुदक्षिणा के नाम पर विदुर अपने प्रिय युधिष्ठिर के रास्ते का रोड़ा हटाना चाहता है, क्योंकि पलायन न करने की स्थिति में तो दुर्योधन का एक ही हश्र हो सकता है। वह है–वीरगति को प्राप्त होना। यानी ये सीधे–सीधे दुर्योधन की हत्या का षड्यन्त्र था। विदुर नीचता के इस स्तर पर पहुँच सकता है, इसमें मुझे कोई सन्देह नहीं था। मेरे सामने विकराल चुनौती थी दुर्योधन को बचाने की और समय बेहद कम था।

स्थितियाँ इतनी विकट थीं कि इस सूचना को सन्देशवाहक के द्वारा भेजना उचित नहीं था। मैंने स्वयं पांचाल की ओर कूच करने का निर्णय लिया। गान्धार के अपने कुछ विश्वस्त सैनिकों के साथ मैं तत्काल पांचाल की ओर रवाना हो गया। निरन्तर चलने के बाद भी मुझे हस्तिनापुर के सैनिक डेरे पर पहुँचने में दो दिन का समय लग ही गया और वही हुआ, जिसका मुझे अन्देशा था। कर्ण अपने शिविर में बेहद व्याकुल, चिन्तित और अशान्त भाव लिए बैठा था। द्रोणाचार्य के निर्देश के चलते उसे युद्धभूमि

में जाने से रोक दिया गया था और विदुर की योजना के अनुसार दुर्योधन अपने अनुजों और हस्तिनापुर की सेना के साथ पांचाल सेना से युद्ध करने युद्धभूमि में जा चुका था। युद्ध आरम्भ हो चुका था। मैं अपना माथा पकड़कर भूमि पर ही बैठ गया। उत्तेजना में मेरा आक्रोश कर्ण पर फूट पड़ा–"मूर्ख हो तुम कर्ण, तुम्हारे भरोसे पर मैंने दुर्योधन को इस युद्ध में भेजा था और तुमने उसे मरने के लिए अकेला युद्ध में झोंक दिया!" कर्ण के मुख पर भी चिन्ता की रेखाएँ स्पष्ट देखी जा सकती थीं। उसने कहा–"क्षमा करें गान्धारकुमार, मैं युद्धभूमि में जाऊँ, इसके लिए आचार्य द्रोण और स्वयं दुर्योधन की सहमति नहीं थी। दुर्योधन ने मुझे कड़े निर्देश दिये थे कि किसी भी परिस्थिति में मैं युद्धभूमि में प्रवेश न करूँ। आचार्य को गुरुदक्षिणा देना उसका कर्तव्य है और यदि मैंने उसकी सहायता की तो एक शिष्य के रूप में उसकी कीर्ति कलंकित हो जायेगी। अब आप ही कहें मामाश्री, अपने प्राणप्रिय मित्र की बात भला मैं कैसे टाल सकता था।'' मैं समझ गया कि कर्ण भी विदुर की योजना को समझ ही नहीं पाया है। उसे तो ये भी ज्ञात नहीं होगा कि इस पूरे घटनाक्रम में विदुर की कोई भूमिका भी है। धनुष और युद्ध ज्ञान में कर्ण को भले ही कितनी भी महारथ प्राप्त हो, लेकिन विदुर की राजनीति, कुटिलता और षड्यन्त्र को समझने का सामर्थ्य इसमें नहीं है। इसका बाहुबल और दुर्योधन के प्रति इसका समर्पण व निष्ठा भी दुर्योधन को पूर्ण सुरक्षा नहीं दे सकते। मैंने कर्ण से कहा–"इसीलिए तो मैं तुम्हें मूर्ख कह रहा हूँ। दुर्योधन यदि आत्महत्या पर आमादा हो जाये तो क्या तुम उसे मरने दोगे? भुजाओं में शक्तिशाली धनुष धारण करने के साथ–साथ कर्ण कभी बुद्धि से भी काम लिया करो। शत्रु ने षड्यन्त्र रचा और तुम व दुर्योधन बिना कुछ सोचे–विचारे उसके जाल में फँस गये। मुझे बताओ कि दुर्योधन के पूरे दल में क्या कोई भी ऐसा धनुर्धारी है, जो द्रुपद के सामने ठहर सके? ये मान्य है कि गदा युद्ध में दुर्योधन का सामना कोई नहीं कर

सकेगा, लेकिन ज़रा ये तो सोचो कि योग्य धनुर्धर के अभाव में क्या दुर्योधन पांचाल नरेश के निकट भी पहुँच सकेगा? मैं स्पष्ट देख पा रहा हूँ कि ये दुर्योधन की हत्या का षड्यन्त्र है। अब बिना समय गँवाए जाओ और दुर्योधन को किसी तरह की हानि हो, इससे पहले उसे वापस बुला लाओ।" मेरी बातें सुनकर कर्ण को भी षड्यन्त्र की गहराई का अनुभव हुआ। अपना धनुष धारण कर सारथी को बुलाते हुए उसने कहा–"मामाश्री, आप चिन्ता न करें। दुर्योधन की ओर से मैं युद्ध का मोर्चा सँभालने तत्काल युद्ध भूमि में प्रवेश कर रहा हूँ।" मैंने कर्ण को टोकते हुए कहा–"एक मूर्खता तुम और दुर्योधन पहले कर ही चुके हो, अंगराज। अब दूसरी मूर्खता न करो। युद्ध आरम्भ हो चुका है। तुम इस सेना के सेनापति भी नहीं हो। युद्ध की रणनीति बनाना तो दूर तुम्हारी सेना को कौन–सा व्यूह रचना है, इसकी जानकारी भी तुम अपने सैनिकों तक नहीं पहुँचा सकते हो। अब भावनाओं की बजाय बुद्धि से काम लो। ये युद्ध तुम किसी भी स्थिति में नहीं जीत सकते, इस कटु सत्य को स्वीकार करो और अपने मित्र दुर्योधन को सुरक्षित कैसे वापस ला सकते हो, इसमें अपनी ऊर्जा लगाओ।" जैसी मुझे अपेक्षा थी, कर्ण ने वैसा ही प्रश्न किया–"परन्तु इसे तो युद्ध से पलायन कहा जायेगा! क्षत्रियों के लिए युद्ध से पलायन उचित नहीं माना जाता!" मुझे ज्ञात था कि कर्ण भी उन्हीं मूर्ख योद्धाओं में से था, जो वीरगति को पलायन से श्रेष्ठ समझते थे। मैंने लगभग चीख़कर कहा– "परन्तु तुम तो क्षत्रिय नहीं हो। ये वाद–विवाद का समय नहीं है अंगराज। मैं हाथ जोड़कर तुमसे भिक्षा माँगता हूँ कि जैसा मैं कहता हूँ, वैसा ही करो। समय नष्ट न करो, अन्यथा दुर्योधन के स्थान पर उसका शव ही वापस ला सकोगे। मुझमें तुम्हारे जैसा सामर्थ्य नहीं है, अन्यथा मैं अपने भाँजे के जीवन के लिए इस प्रकार याचना न कर रहा होता।" मेरे इन कथनों से कर्ण कितना आहत हुआ होगा, कितना नहीं, यह सोचने–समझने योग्य चेतना उस क्षण मुझमें नहीं थी। मेरी

बात सुनकर मौन कर्ण युद्धभूमि के लिए प्रस्थान कर रहा था। मूर्खता और वीरता में काफ़ी सूक्ष्म अन्तर होता है और उस अन्तर को न तो दुर्योधन समझ सका था और न ही अब कर्ण समझ पा रहा था। मुझे अन्देशा था कि बिना किसी रणनीति के रणभूमि में धकेले जाने के बावजूद कर्ण दुर्योधन को बचाने पर लक्ष्य केन्द्रित करने की बजाय कहीं स्वयं युद्ध में न उलझ जाये। इस स्थिति को टालने के लिए मैंने स्वयं कर्ण के साथ युद्धभूमि में जाने का निश्चय किया।

द्रुपद के चक्रव्यूह में कर्ण का पराक्रम

सीधे युद्धभूमि में जाने का मेरा भी ये पहला ही अवसर था। योद्धा न होने के कारण रणक्षेत्र का माहौल मुझे काफ़ी भयावह प्रतीत हो रहा था। चारों ओर अश्वों व हाथियों के दौड़ने के कारण उड़ने वाली धूल ऐसी थी कि चन्द क़दमों की दूरी तक देखना भी मुश्किल हो रहा था। सैनिकों के हताहत होने की चीख़ें, जय भवानी और हर–हर महादेव के उद्घोष से पूरा रणक्षेत्र गूँज रहा था। सैनिकों की भीड़ में दुर्योधन और उसके अनुजों को ढूँढ़ना भी एक चुनौती थी। हस्तिनापुर के सैनिकों और नायकों को भी दुर्योधन की स्थिति के बारे में सही जानकारी नहीं थी। रणक्षेत्र में लगभग एक प्रहर तक निरन्तर ढूँढ़ने के बाद पता चला कि दुर्योधन द्रुपद के 'चक्रव्यूह' में फँसा हुआ है।

'चक्रव्यूह' ये नाम तो मैंने पहले भी कई बार सुना था। चक्रव्यूह को युद्धशास्त्र में सुरक्षा का सर्वश्रेष्ठ व्यूह माना जाता था। ये एक ऐसा व्यूह होता है, जिसमें प्रवेश करते समय योद्धा को सफलता का अनुभव होता है, लेकिन वास्तव में तो सफलता का यही छद्म आभास उसे चक्रव्यूह में फँसा देता है। इस व्यूह की रचना और इसे भेदने की तकनीक सम्पूर्ण विश्व में गिने–चुने योद्धाओं को ही ज्ञात थी। द्रोण स्वयं चक्रव्यूह रचना के विशेषज्ञ थे। स्वाभाविक है कि उनके सहपाठी और गुरु भ्राता रहे द्रुपद को भी इसका विशेष ज्ञान रहा होगा। अति उत्साही दुर्योधन द्रुपद के इस चक्रव्यूह को समझ नहीं पाया और पांचाल नरेश को बन्दी बनाने का विचार कर सीधे चक्रव्यूह में जा फँसा।

मैंने कर्ण से प्रश्न किया–"अंगराज, क्या तुम इस चक्रव्यूह को भेद सकते हो?" कर्ण के मुख पर आत्मविश्वास दिखायी दे रहा था। उसने कहा–"मातुल, ये तो मात्र एक चक्रव्यूह है, दुर्योधन को यदि यमराज भी ले जा रहे हों तो मैं उनसे भी युद्ध कर उसे वापस ले आऊँगा।"

स्थितियाँ कुछ ऐसी थीं कि हमारे रथ का चक्रव्यूह के मुहाने पर पहुँचना भी असम्भव दिखायी दे रहा था, लेकिन कर्ण ने रणक्षेत्र में हाहाकार मचा दिया। कर्ण के धनुष से बाणों की वर्षा होने लगी। पांचाल सैनिकों में भगदड़ मच गयी और हमारा रथ चक्रव्यूह के मुहाने तक जा पहुँचा। कर्ण के युद्ध में आगमन और चक्रव्यूह में प्रवेश के प्रयास की सूचना कदाचित् पांचाल सेनापति को भी मिल गयी थी। सामान्यतः चक्रव्यूह का उद्देश्य किसी योद्धा को आसानी से प्रवेश लेने के बाद वापस लौटने का मार्ग अवरूद्ध कर देने का होता है, परन्तु पांचाल सेना को ये भली–भाँति पता चल चुका था कि कर्ण चक्रव्यूह भेदन कर सकता है और वह दुर्योधन को सुरक्षित निकालने के लिए आया है। यही कारण है कि कर्ण के रथ को चक्रव्यूह के भीतर प्रवेश ही नहीं करने दिया जा रहा था। चक्रव्यूह के आरम्भ में पांचाल सेना ने अपने गजदल को तैनात कर दिया था। मुझे लगा कि गजों की इस विशाल–अभेद्य दीवार को पार करना असम्भव है। एक तो चारों ओर से हमारे रथ पर हो रही बाणों की वर्षा और सामने चिंघाडते हुए गजों का दल, स्थितियाँ अत्यन्त विकट थीं। इतने में पांचाल सेना से एक बाण मेरे दाहिने हाथ में आकर धँस गया। यह एक अति साधारण बाण था। भले ही इसने मुझे कोई गम्भीर घाव न दिया हो, लेकिन तीव्र पीड़ा के कारण मैं तड़प उठा। मारे भय के मैं रथ के पिछले हिस्से में सुरक्षित स्थान पर दुबक गया। बाणों की वर्षा अब भी जारी थी और कई बाणों का लक्ष्य तो सीधे कर्ण ही था, लेकिन कर्ण के शरीर पर कोई भी गम्भीर घाव मुझे दिखायी नहीं दे रहा था। ऐसा लग रहा था, मानो उसने शरीर पर कोई

अभेद्य कवच धारण कर रखा हो। कोई बाण उसे भेदने में सफल नहीं हो पा रहा था, धनुष और बाणों के इस युद्ध में कर्ण के लिए आगे बढ़ना काफ़ी कठिन हो रहा था, क्योंकि उसका अधिक समय उन बाणों को रोकने में ही नष्ट हो रहा था। आक्रमणकर्ताओं का उद्देश्य जैसे उसे आगे बढ़ने से रोकना ही था। अकेले कर्ण का सामना सहस्त्रों पांचाल धनुर्धारियों से था। अचानक कर्ण ने अपना धनुष और बाणों से भरा तूणीर उतारकर रथ में रख दिया। मैं भयभीत हो गया। क्या कर्ण युद्ध से विमुख हो रहा है? क्या वह शस्त्र त्याग कर रहा है? ऐसे में दुर्योधन को बचाना तो दूर, हम स्वयं भी सुरक्षित नहीं रह पायेंगे। मैं कर्ण से कुछ कहता, इससे पूर्व ही उसने रथ में रखी सबसे भारी गदा उठा ली और एक क्षण भी व्यर्थ गँवाये बिना रथ से नीचे छलाँग लगा दी। इस दौरान अपने शरीर पर लगने वाले बाणों को भी वह सरलता से हटाता जा रहा था। गजों के ठीक सामने पहुँचकर उसने अपनी भारी गदा से एक गज के मस्तक पर घातक प्रहार किया। प्रहार इतना तीव्र था कि गज के मस्तक से रक्त की धार निकलती दिखायी देने लगी। जिस गज पर प्रहार हुआ था, वह तो ढेर हो गया, परन्तु अब गज दल के दूसरे गज भी कर्ण को कुचलने के लिए तीव्रता से आगे बढ़ने लगे। मुझे हस्तिनापुर की रंगशाला का वह दृश्य याद आ गया, जहाँ दुर्योधन और भीम ने गजों के मध्य अपने साहस, कौशल और वीरता का प्रदर्शन किया था। रंगशाला के प्रदर्शन की अपेक्षा युद्धभूमि की ये स्थिति कहीं अधिक विकट थी। गजों की संख्या भी रंगशाला से अधिक थी और यहाँ गजों का मुक़ाबला करने के लिए भीम और दुर्योधन जैसे दो बलशाली योद्धा नहीं, बल्कि अकेला कर्ण था, परन्तु कर्ण का कौशल कुछ ऐसा था कि उसने अपनी चपलता से न केवल ख़ुद को गजों के आक्रमण से बचाया, बल्कि गजों के मस्तक पर ऐसे प्रहार किये कि गज दल में ही भगदड़ की स्थिति बन गयी। गजों की इस भगदड़ के कारण

कर्ण को चक्रव्यूह में प्रवेश करने का अवसर मिल गया। कर्ण ने सारथी को संकेत किया और सारथी ने पूरी गति से रथ को चक्रव्यूह में प्रवेश करा दिया।

अब कर्ण एक बार फिर रथ पर आरुढ़ था और हम पूरे वेग से चक्रव्यूह के अन्दर बढ़े जा रहे थे। कर्ण अब अपने पराक्रम के चरम पर था और उसके सामने आने वाले हर योद्धा का हश्र केवल और केवल मृत्यु था। कुछ ही देर में हम चक्रव्यूह के केन्द्र में पहुँच गये। दुर्योधन भी हमें यहाँ से दिखायी देने लगा। चारों ओर से योद्धाओं से घिरा दुर्योधन विरथ हो चुका था। द्रुपद की सेना ने उसके सारथी और रथ के अश्वों को भी मार दिया था। बुरी तरह से घायल हो चुके दुर्योधन के शरीर में कई घाव हो चुके थे। सम्पूर्ण शरीर रक्त में नहाया दिखायी दे रहा था। शिथिल हो चुका दुर्योधन जैसे–तैसे स्वयं को शत्रु के प्रहार से बचा पा रहा था। दुर्योधन को देखते ही कर्ण ने उसे पुकारते हुए कहा–"हिम्मत न हारना मित्र दुर्योधन, कर्ण तुम्हें कुछ नहीं होने देगा।" कर्ण को देखते ही शिथिल होते दुर्योधन में पुनः ऊर्जा व उत्साह का संचार हो गया। मुझे लगा कि शत्रुओं से पूरी तरह से घिर चुका दुर्योधन जीवन की आस ही छोड़ चुका था, लेकिन कर्ण के आगमन से उसे आशा की किरण दिखायी देने लगी थी, इसीलिए उसने एक बार फिर पूरी शक्ति से अपनी गदा थाम ली। इधर कर्ण के धनुष से एक साथ कई दिशाओं में बाण छूट रहे थे। धनुर्विद्या का इतना अद्भुत कौशल मैंने अपने जीवन में देखना तो दूर, सुना तक नहीं था। कदाचित् चक्रव्यूह में चारों ओर से घिरने के बाद उसे भेदने या उससे बचने का यही एक उपाय होता हो। बाणों की इस वर्षा के बीच हमारा रथ दुर्योधन के पास जा पहुँचा और कर्ण ने हाथ देकर दुर्योधन को रथ में खींच लिया। द्रुपद का चक्रव्यूह ध्वस्त हो चुका था। अब समय दुर्योधन को सुरक्षित युद्धभूमि से बाहर ले जाने का था। जैसी मुझे पहले से ही आशंका थी, युद्ध का उन्माद कर्ण पर हावी हो चला था।

चक्रव्यूह के ध्वस्त होने के बाद भी वह वहीं खड़ा होकर द्रुपद को युद्ध के लिए ललकार रहा था। मैंने कर्ण से कहा–"क्या सोच रहे हो अंगराज? रथ को वापस शिविर की ओर ले चलो।" लेकिन कर्ण के सिर पर एक तरह का 'पागलपन' जिसे वह 'वीरता' कहता था, सवार हो चुका था। वह बोला–"युद्धभूमि से वीर या तो विजय के साथ लौटता है या फिर उसका शव ही वापस जाता है। इस युद्ध को भी मैं पांचाल नरेश को दुर्योधन का बन्दी बनाये जाने तक जारी रखूँगा। क्यों मित्र?" बुरी तरह से घायल दुर्योधन की आँखों में कर्ण की बातें सुनकर चमक आ गयी। दुर्योधन ने सहमति में सिर हिलाया। कर्ण ने सारथी को रथ पांचाल नरेश की ओर ले जाने का आदेश दिया। युद्ध के उन्माद में कर्ण विक्षिप्तों की तरह चीख़–चीख़ कर द्रुपद को युद्ध के लिए ललकार रहा था। मुझे लगा कि कर्ण की मति मारी गयी है और दुर्योधन भी उसी की भाँति मूर्ख है। कुछ क्षणों पूर्व यही दुर्योधन मृत्यु के मुख में था, जिसे कर्ण बड़ी कठिनाई से बचा पाया था। अब ये दोनों स्वयं को सुरक्षित करने की बजाय द्रुपद को ललकार कर पुनः मृत्यु के मुँह में जाना चाहते हैं। इस समय जब परिस्थिति पूरी तरह से प्रतिकूल है, दुर्योधन की सेना को ये जानकारी भी नहीं है कि कर्ण रणभूमि में आ चुका है, दुर्योधन के चक्रव्यूह में फँस जाने के बाद बिना सेनापति के सैनिक हतोत्साहित हैं, स्वयं दुर्योधन गम्भीर रूप से घायल है, यहाँ तक कि युद्ध के लिए हमारे पास केवल एक ही रथ है, इस दारूण स्थिति में द्रुपद को ललकारना सिवाय मूर्खता के कुछ नहीं है। ये सत्य है कि कर्ण ने हाल ही में असाधारण वीरता और क्षमता का परिचय दिया है, लेकिन बिना रणनीति के द्रुपद को बन्दी बनाने का प्रयास आत्मघाती हो सकता है। यदि किसी प्रकार कर्ण और दुर्योधन सफल हो भी गये तो भी यश और कीर्ति उन्हें नहीं मिल सकेगी, क्योंकि आचार्य की ये गुरुदक्षिणा कर्ण (जो कि द्रोण शिष्य नहीं है) के सहयोग से मिली होगी। मैंने बार–बार

कर्ण से युद्धभूमि से बाहर चलने को कहा, लेकिन वह लगातार मेरी बात अनसुनी कर रहा था। ऐसे में मेरे पास केवल एक ही उपाय शेष था। रथ के पिछले भाग से निकलकर मैं सारथी के स्थान पर आ गया और अश्वों की वल्गाएँ अपने हाथों में ले लीं। स्वयं सारथ्य करते हुए मैंने अश्व की दिशा बदल थी और रथ को युद्धभूमि के बाहर ले जाने लगा। कर्ण ने मेरा विरोध किया, परन्तु मैंने भी निश्चय कर लिया था। अतः मैंने कहा–"आयु और अनुभव में मैं तुम दोनों से बड़ा हूँ। मेरी बात मानो, ये समय युद्ध का नहीं है। युद्धभूमि से पलायन तुम दोनों के लिए लज्जास्पद हो सकता है, परन्तु मुझे अपने प्राण बचाने में किसी लज्जा का अनुभव नहीं हो रहा है। तुम दोनों में से जिसे मेरे इस कार्य से आपत्ति हो, वह किसी साधारण से शस्त्र से भी मेरा वध कर सकता है। मेरी मृत्यु के पश्चात् तुम्हें यहाँ युद्ध से रोकने वाला कोई न होगा।" मुझे पूरा विश्वास था कि कर्ण या दुर्योधन भले ही मेरे विचारों को स्वीकार न करें, परन्तु मुझ पर बल प्रयोग करने की वे कल्पना भी नहीं कर सकते थे। मैंने पूरी गति से रथ को शिविर की ओर दौड़ा दिया।

दुर्योधन की हत्या के इस भीषण षड्यन्त्र को तो मैंने विफल कर दिया था, लेकिन इस पूरे प्रकरण से पर्याप्त हानि हो चुकी थी। दुर्योधन की मृत्यु या पराजय के समाचार की तो पाण्डव जैसे प्रतीक्षा ही कर रहे थे। इस स्थिति की सम्भावना के चलते अर्जुन और भीम कदाचित् पहले ही शेष सेना के साथ युद्ध की रणनीति बना चुके थे। दुर्योधन व कर्ण को रणभूमि से भले ही मेरे कारण पलायन करना पड़ा हो, लेकिन पहले दुर्योधन फिर कर्ण पांचाल सेना में उथल–पुथल मचा चुके थे। ऐसे में पूरी तैयारी के साथ युद्ध में प्रवेश करने वाले अर्जुन के लिए स्थितियाँ कुछ सरल हो गयीं। अर्जुन के सेनापतित्व में उसकी सेना गरुड़ व्यूह बनाकर पांचालों पर टूट पड़ी। इसमें कोई सन्देह नहीं था कि अर्जुन एक उच्च कोटि का योद्धा था

और यहाँ तो उसे रोकने के लिए चक्रव्यूह जैसा कोई व्यूह भी नहीं था (कर्ण पहले ही चक्रव्यूह को तहस–नहस कर चुका था)। अर्जुन ने युद्ध भूमि में असाधारण कौशल और पराक्रम दिखाया और द्रुपद को बन्दी बना लिया। हज़ारों सैनिकों की वीरगति के बाद द्रोण का प्रतिशोध पूर्ण हुआ। आश्चर्यजनक तो ये था कि इस भीषण रक्तपात के बाद बन्दी बनाये गये द्रुपद को द्रोण ने बन्धन से भी मुक्त कर दिया और उसका आधा राज्य भी उसे लौटा दिया। पांचाल की राजधानी काम्पिल्य सहित आधा राज्य द्रुपद को लौटा दिया गया, जबकि शेष राज्य द्रोण ने अपने लिए रखा और अहिछत्र को उसकी राजधानी बनाया।

पाण्डवों द्वारा द्रुपद को सफलतापूर्वक बन्दी बना लिए जाने से जितनी प्रसन्नता स्वयं अर्जुन, युधिष्ठिर या द्रोण को नहीं हुई होगी, उससे अधिक प्रसन्न तो हस्तिनापुर में विदुर दिखायी दे रहा था। हमारे हस्तिनापुर लौटने से पहले ही प्रजा में अर्जुन और भीम के पराक्रम की गाथा प्रचारित कर दी गयी थी। दुर्योधन की हत्या के षड्यन्त्र पर पर्दा डालने के लिए कर्ण और दुर्योधन के युद्ध भूमि से पलायन के क़िस्से का भी चटखारे लेकर प्रचार किया गया था। दुर्योधन एक बार पुनः हस्तिनापुर में दीन–हीन बन गया था और पाण्डव नायक बनकर उभरे थे। मुझे फिर भी इस बात का संतोष था कि जैसे भी हो, मैं दुर्योधन को मृत्यु के मुख से बचाकर लाने में सफल रहा था।

गुरुदक्षिणा के इस प्रकरण के पश्चात् तो द्रोण का हस्तिनापुर में कार्य समाप्त हो गया था, परन्तु द्रोण हस्तिनापुर से प्रस्थान का नाम ही नहीं ले रहे थे। द्रोण के पास स्वयं का राज्य था, स्वयं की राजधानी थी, परन्तु अपना राज्य छोड़कर हस्तिनापुर में डेरा डालने के पीछे क्या मंशा थी। इसका कारण मेरी समझ से परे था।

युवराज का चयन

राजकुमारों के दीक्षांत और गुरुदक्षिणा के बाद सिंहासन का संघर्ष निर्णायक स्थिति में जा पहुँचा था। महाराज धृतराष्ट्र को हस्तिनापुर का उत्तराधिकारी घोषित किये जाने की कोई विशेष शीघ्रता नहीं थी। उनकी रुचि तो स्वयं सिंहासन पर दीर्घकाल तक बैठने की थी, लेकिन विदुर उन पर लगातार दबाव बनाये हुए था। ये सत्य था कि धृतराष्ट्र अपने पुत्र दुर्योधन को सिंहासन का उत्तराधिकारी बनाना चाहता था, लेकिन विदुर ज्येष्ठता और योग्यता को आधार बनाकर हर क़ीमत पर युधिष्ठिर को युवराज बनाने पर तुला हुआ था। सिंहासन का ये संघर्ष दुर्योधन और युधिष्ठिर के बीच दिखायी दे रहा था, लेकिन वास्तव में तो इसे दुर्योधन की ओर से मैं और युधिष्ठिर की ओर से विदुर खेल रहे थे। राजनीति की इस चौसर से परे यदि निष्पक्ष रूप से विचार किया जाये कि वास्तव में इस शक्तिशाली सिंहासन के योग्य आख़िर है कौन तो निश्चित रूप से दुर्योधन को इसके योग्य नहीं माना जा सकता। इसका प्रमाण मुझे पांचाल युद्ध के समय मिल गया था। जो मनुष्य अपने क्रोध पर नियन्त्रण नहीं रख सकता, जिसमें अपने बाहुबल पर इतना अहंकार हो कि बिना सोचे–विचारे द्रुपद के चक्रव्यूह में जा फँसे, उसे किसी भी प्रकार से इस सिंहासन के योग्य नहीं माना जा सकता था, परन्तु इसके साथ ही प्रश्न ये भी था कि क्या युधिष्ठिर इसके योग्य था? वीरता और युद्ध–कौशल का होना हमेशा से राजा का अत्यन्त महत्त्वपूर्ण गुण माना गया है, लेकिन युधिष्ठिर तो किसी भी दृष्टि से इस

कसौटी पर खरा नहीं उतरता था। कई बार तो मैंने यह अनुभव किया था कि युधिष्ठिर एक अति भीरु व्यक्ति है, जिसे युद्धभूमि तो दूर किसी सामान्य स्पर्धा में जाने तक से भय लगता है। हर अवसर पर वह अपनी भय को छिपाने के लिए अपने अनुजों का अवलम्ब लेता है। किशोरावस्था और युवावस्था में किसी प्रौढ़ की तरह व्यवहार करने वाले युधिष्ठिर में ऐसा कोई भी गुण नहीं दिखायी देता था, जो उसे राजसिंहासन के योग्य बना सके। हाँ, अपनी अयोग्यता को गम्भीरता का आवरण ओढ़कर छिपाने की कला उसे अवश्य आती थी। विदुर के प्रचार तन्त्र ने प्रजा के मध्य उसकी छवि चमकाने का भी काफ़ी प्रयत्न किया था, परन्तु फिर भी प्रजा में उसकी लोकप्रियता नहीं बन पायी थी। महाबली भीमसेन और अर्जुन का अग्रज होने का लाभ उसे अवश्य मिल जाता था। वैसे निष्पक्षता से विचार किया जाये तो युधिष्ठिर और दुर्योधन की ही तरह भीम को भी सिंहासन के योग्य नहीं माना जा सकता था। क्रोधी, उद्दण्ड, अहंकारी, अतिआत्मविश्वासी, अदूरदर्शी, जो कमज़ोरियाँ दुर्योधन में थीं, वे सारी कमियाँ दुर्योधन से भी कुछ अधिक प्रमाण में भीम में विद्यमान थीं। दुःशासन, नकुल, सहदेव में तो हस्तिनापुर के सामान्य सभासद बनने तक की योग्यता नहीं थी। ऐसे में सौ कौरवों और पाँच पाण्डवों में केवल एक ही राजकुमार ऐसा था, जिसे वास्तव में सिंहासन के योग्य कहा जा सकता था। वह था—अर्जुन। अर्जुन विश्व का श्रेष्ठ धनुर्धर था या नहीं, ये तो मुझे ज्ञात नहीं, परन्तु इस बात में कोई सन्देह नहीं था कि उसका धनुर्कौशल उत्तम कोटि का था। उस में न तो भीम या दुर्योधन की तरह उद्दण्डता और अहंकार था और न ही वह युधिष्ठिर की तरह भीरु था। रंगशाला में जब कर्ण ने पाण्डवों को द्वन्द्व के लिए ललकारा था, तब उसके चेहरे पर क्रोध या उत्तेजना नहीं थी, बल्कि एक आत्मविश्वास और निश्चिन्तता दिखायी दे रही थी। जैसे उसे अपनी विजय के सम्बन्ध में पूरा विश्वास हो। भीम की तरह उसने कर्ण का अपमान नहीं किया, बल्कि अपने

गुरुजनों से उसकी चुनौती को स्वीकार करने की अनुमति देने का निवेदन किया था। स्पष्ट था कि वीरता और बाहुबल के साथ अर्जुन में संयम, विनम्रता और दूरदर्शिता जैसे गुण भी थे, जो एक राजा में होने अति आवश्यक हैं। इन सब गुणों के बावजूद अर्जुन को सिंहासन सौंपने की चर्चा तक नहीं हो रही थी। ऐसा क्यों? कुरुवंश में ज्येष्ठ पुत्र को ही राजा बनाए जाने की कोई परम्परा तो थी नहीं। पुरु, शान्तनु, विचित्रवीर्य, पाण्डु, ये सभी लोग जो हस्तिनापुर के राजसिंहासन पर विराजमान हुए थे, वे राजा के ज्येष्ठ पुत्र नहीं थे। फिर भी राजा बने। ऐसे में अर्जुन को सिंहासन सौंपे जाने पर कोई भी विचार क्यों नहीं कर रहा था? क्यों आख़िर विदुर केवल और केवल युधिष्ठिर को राजा बनाने के लिए प्रयत्नरत था?

ये तो स्पष्ट था की पाँचों पाण्डव पाण्डु की औरस सन्तान नहीं थे। विदुर हमेशा से पाण्डवों को ईश्वरीय चमत्कार से मिला देव प्रसाद बताता रहा था। कथा ये प्रचारित की गयी थी कि कुन्ती के पास दुर्वासा मुनि का दिया हुआ एक ऐसा दिव्य मन्त्र है, जिसके जाप से सम्बन्धित देवता का स्मरण किया जाये तो उक्त देवता का पुत्र उसके गर्भ से जन्म लेता है। विदुर द्वारा प्रचारित इस कथा पर लोगों ने कितना विश्वास किया, ये तो पता नहीं, लेकिन मुझे स्पष्ट था कि कुन्ती ने पुत्र प्राप्ति के लिए नियोग का सहारा लिया था। नियोग को तत्कालीन समाज में आदर की दृष्टि से भले ही न देखा जाता हो, लेकिन असाधारण परिस्थिति में इसे पुत्र प्राप्ति के लिए मान्यता प्राप्त थी। नियोग की प्रक्रिया को सामान्यतः गुप्त ही रखा जाता था, परन्तु सबसे मुश्किल माना जाता था नियोग के लिए योग्य पुरुष का चुनाव। विचित्रवीर्य के बाद अम्बा और अम्बालिका से भी नियोग के लिए राजमाता सत्यवती की पहली पसन्द भीष्म थे, लेकिन ब्रह्मचर्य के चलते भीष्म स्वयं इसके लिए तैयार नहीं हुए। तब राजमाता ने अपने कानीन पुत्र वेदव्यास को नियोग के लिए नियुक्त किया।

स्पष्ट था कि नियोग के लिए प्राथमिकता विचित्रवीर्य के सौतेले भाई को ही दी गयी थी।

मैं दावे से तो नहीं कह सकता, परन्तु मुझे लगता था कि कुन्ती से नियोग के लिए जो प्रथम पुरुष नियुक्त किया गया था, वह विदुर ही रहा होगा। विदुर और युधिष्ठिर के स्वभाव, गुण–अवगुण, रूप में समानता से मेरी धारणा को और बल मिलता था। हर दृष्टि से अयोग्य युधिष्ठिर को सिंहासन पर बिठाने के लिए विदुर जिस प्रकार की उधेड़–बुन कर रहा था, उसके चलते मेरा ये विश्वास दृढ़ हो गया था कि कुन्ती का प्रथम नियोग विदुर से ही है। ऐसी स्थिति में मेरे लिए दुर्योधन को युवराज बनाने से भी अधिक महत्त्वपूर्ण था, युधिष्ठिर की युवराज पद के लिए अयोग्यता को सामने लाना।

हस्तिनापुर के युवराज का निर्णय लिया जाना था। इसी विषय में विचार–विमर्श करने के लिए महाराज ने एक विशेष राजसभा का आयोजन किया था। सामान्यतः इस प्रकार की बैठकों का संचालन महामन्त्री ही किया करते थे। मुझे पता था कि यदि राजसभा में विदुर ने युधिष्ठिर के नाम का प्रस्ताव रखा तो भीष्म सहित अधिकांश सभासद इस प्रस्ताव को स्वीकार कर लेंगे। इस स्थिति में मेरे लिए भी युधिष्ठिर का विरोध कर दुर्योधन के नाम को प्रस्तावित करना असम्भव हो जायेगा। मैंने भी ठान लिया था कि मैं विदुर को ये अवसर ही प्रदान नहीं करूँगा, इसलिए राजसभा के संचालन का कार्य मैंने अपने हाथ में ले लिया।

हस्तिनापुर के महान और गौरवशाली इतिहास से विषय को आरम्भ कर उसका महिमामण्डन करने के बाद मैंने मूल विषय, यानी हस्तिनापुर के युवराज के चयन पर चर्चा आरम्भ की। सभा में बैठा प्रत्येक व्यक्ति ये तय मान रहा था कि मैं दुर्योधन के नाम का प्रस्ताव सभा में रखने जा रहा हूँ, लेकिन मेरी योजना कुछ और थी–"जिस सिंहासन पर कभी सम्राट भरत विराजमान हुए हों, जिस कुल में पुरु, नहुष, ययाति, प्रतीप, शान्तनु जैसे पराक्रमी राजाओं

ने जन्म लिया हो। उस राजसिंहासन के लिए योग्य युवराज का चयन निश्चित ही सरल नहीं है। आप सब महानुभाव ये सोच रहे होंगे कि मैं इस महान सिंहासन के लिए अपने प्रिय भांजे दुर्योधन का नाम प्रस्तावित करूँगा, परन्तु मैं इस भरी राजसभा में सार्वजनिक रूप से स्वीकार करता हूँ कि भले ही मेरा दुर्योधन से कितना ही स्नेह या अनुराग हो, परन्तु सिंहासन या युवराज पद का निर्णय भावनाओं के आधार पर नहीं किया जा सकता है। ये सत्य है कि दुर्योधन वीर ही नहीं महावीर और पराक्रमी है, लेकिन केवल साहस और बाहुबल सिंहासन पर विराजित होने की एकमात्र योग्यता नहीं है। मैं स्वीकार करता हूँ कि दुर्योधन अतिउत्साही और किंचित असंयमी भी है और उसकी इन्हीं दुर्बलताओं के चलते मैं स्वयं उसे इस महान सिंहासन का उत्तराधिकारी नहीं मानता।"

मेरी बातें सुनकर सभी सभासद हक्के–बक्के रह गये। दुर्योधन के अधिकार को लेकर दिन–रात एक करने, तरह–तरह के षड्यन्त्र रचने वाला शकुनि आख़िर ये क्या कह रहा है।

मैंने अपनी बात जारी रखते हुए कहा–"हस्तिनापुर के राजसिंहासन पर बैठने वाले राजकुमार में ऐसा बाहुबल और पराक्रम होना अनिवार्य है, जिससे वह हस्तिनापुर की सीमाओं का विस्तार भले ही न करें, परन्तु जिसकी वीरता का प्रताप ऐसा हो कि सम्पूर्ण आर्यावर्त में कोई हस्तिनापुर की ओर आँख उठाने का भी साहस न कर सके। जो समय आने पर हस्तिनापुर के सम्मान के अनुरूप सैनिक अभियान का नेतृत्व करने में सक्षम हो। साथ ही सौम्यता, शालीनता, दूरदर्शिता और संयम जैसे गुण भी जिसमें विद्यमान हों, वही राजकुमार हस्तिनापुर के राजसिंहासन की शोभा बढ़ा सकता है और हस्तिनापुर नरेश से लेकर राज्य के साधारण नागरिक तक स्वीकार करेंगे कि यदि किसी राजकुमार में ये सभी गुण विद्यमान हैं तो वह केवल और केवल राजकुमार अर्जुन है। मैं युवराज पद के लिए अर्जुन का नाम प्रस्तावित करता हूँ।"

ये मेरा ऐसा दाँव था, जिसकी किसी ने कल्पना भी नहीं

की थी। विदुर सहित युधिष्ठिर के सभी समर्थक मुझ से दुर्योधन के नाम के प्रस्ताव की अपेक्षा कर रहे थे और दुर्योधन के विरोध में उन्होंने अनेक तर्क भी गढ़ रखे थे, लेकिन अर्जुन का नाम प्रस्तावित होने के बाद राजसभा में एक प्रकार की स्तब्धता छा गयी। बौखलाए विदुर ने मेरी बात का विरोध करते हुए कहा–"ये कैसा अनर्गल प्रलाप कर रहे हैं गान्धारकुमार? अर्जुन को युवराज बनाये जाने की बात सोची भी कैसे जा सकती है? और न ही अर्जुन ने स्वयं कभी इस प्रकार की अभिलाषा व्यक्त की है। भला ज्येष्ठ भ्राता युधिष्ठिर के रहते अर्जुन युवराजत्व कैसे स्वीकार कर सकता है?"

"क्यों नहीं महामन्त्री विदुर? स्वयं आचार्य द्रोण ने अर्जुन को अपना सर्वश्रेष्ठ शिष्य माना है। मुझे नहीं लगता कि इस बात में किसी को भी सन्देह होगा कि अर्जुन सभी राजकुमारों में सर्वश्रेष्ठ है तो क्या न्याय ये नहीं कहता कि सर्वश्रेष्ठ को ही सिंहासन प्राप्त होना चाहिए? जहाँ तक ज्येष्ठता की बात की जाये तो आप स्वयं महाज्ञानी हैं और भली–भाँति जानते हैं कि हस्तिनापुर राजवंश ने हमेशा ज्येष्ठता से अधिक योग्यता को महत्त्व दिया है। ऐसे कई अवसर आये हैं, जब ज्येष्ठ के बजाय कनिष्ठ को राजसिंहासन का दायित्व सौंपा गया। इसमें कोई दो मत नहीं की प्रिय अर्जुन को राजसिंहासन में कोई रुचि नहीं है, लेकिन सिंहासन प्राप्ति की लालसा तो प्रिय युधिष्ठिर ने भी व्यक्त नहीं की है। परन्तु ये कुरुकुल के वरिष्ठ जनों का दायित्व है कि वे अपने राज्य को सबसे योग्य व्यक्ति युवराज के रूप में चुनकर दें और अपनी योग्यता के अनुसार दिये गये दायित्व का पालन करना प्रत्येक राजकुमार का धर्म है। मुझे विश्वास है कि अर्जुन को जब ये समझाया जायेगा कि हस्तिनापुर का हित इसी में है तो राज्य और प्रजा के व्यापक हित में अर्जुन ये निर्णय भी सहर्ष स्वीकार कर ही लेगा। ज़रा ये भी तो सोचिए कि आज प्रजा के मन में अर्जुन की श्रेष्ठता निर्विवाद है। उसकी लोकप्रियता का दृश्य आप रंगशाला में देख ही चुके हैं।"

मेरी बातें सुनकर विदुर का तो मानो रक्त ही जम गया। मन के भीतर का आक्रोश संयम की सीमाएँ लाँघने लगा–"गान्धारकुमार, आपकी बातों में न तो कोई तर्क है, न सार है। अर्जुन का नाम युवराज पद के लिए प्रस्तावित कर आप केवल राजसभा का समय नष्ट कर रहे हैं। इसके पीछे पाण्डवों में फूट डालने की आपकी जो मंशा है, उसे भी मैं भली–भाँति समझ रहा हूँ, परन्तु मैं आपकी मंशा को कभी सफल नहीं होने दूँगा।"

"मेरी मंशा को छोड़िए, महामन्त्री। यदि ये मान भी लिया जाये कि मेरी मंशा पाण्डवों में फूट डालने की है तो भी क्या उनकी एकता इतनी कमज़ोर है कि केवल अर्जुन के युवराज बनने से टूट जायेगी और महाज्ञानी महामन्त्री क्या ये स्पष्ट करने का कष्ट करेंगे कि वे केवल पाण्डवों की एकता की ही बात क्यों करते हैं? क्या कौरवों और पाण्डवों, दोनों की ही परस्पर एकता से उन्हें कोई सरोकार नहीं है? मुझ पर मिथ्या आरोप लगाना छोड़िये और यदि आपके पास कोई ठोस तर्क हो तो उसके आधार पर कृपया राजसभा को ये बताइए कि मेरे प्रस्ताव में आख़िर त्रुटि ही क्या है।" इस बार विदुर ने मेरे प्रश्न का उत्तर देने के स्थान पर महाराज धृतराष्ट्र को सम्बोधित किया–"महाराज, गान्धारकुमार शकुनि अनावश्यक रूप से राजपरिवार में वैमनस्य स्थापित कर वातावरण को दूषित कर रहे हैं। दुर्योधन को युवराज बनाने के लिए शकुनि किसी भी स्तर तक गिर सकते हैं। मेरा करबद्ध निवेदन है कि शकुनि को सभा से अविलम्ब निष्कासित किया जाये।"

"क्षमा करें महाराज, परन्तु मेरी मंशा किसी को ठेस पहुँचाने या षड्यन्त्र रचने की कदापि नहीं है। एक सभासद के रूप में मुझे भी अपने विचार रखने का अधिकार है। हाँ, उस पर कोई भी निर्णय लेना महाराज का अधिकार है, परन्तु महामन्त्री का व्यवहार तो मेरे नैसर्गिक अधिकारों का भी हनन दिखायी दे रहा है। शकुनि यदि दुर्योधन के अधिकारों की बात करें तो उसे यह राजसभा षड्यन्त्र का नाम दे देती है। शकुनि यदि निष्पक्षता की

बात कर सर्वश्रेष्ठ राजकुमार अर्जुन को युवराज बनाने का प्रस्ताव रख रहा है तो माननीय महामन्त्री उसे भी षड्यन्त्र घोषित कर रहे हैं। स्वयं महामन्त्री जिस युधिष्ठिर को युवराज बनाने पर अड़े हुए है, कृपया ये भी बतायें कि उस युधिष्ठिर में ऐसे कौन से गुण या योग्यता है, जिसके आधार पर उसे इस महान सिंहासन के योग्य बताया जा रहा है? एक कटु सत्य आप सभी सुन लें। युधिष्ठिर न केवल पराक्रम शून्य है, बल्कि उसे राजनीति और कूटनीति की भी कोई समझ नहीं है। दार्शनिकों जैसा व्यवहार करने वाले युधिष्ठिर के हाथों में इतने बड़े राज्य की बागडोर सौंपना कैसे उचित माना जा सकता है?" "अपनी जिह्वा पर नियन्त्रण रखिये, गान्धारकुमार।" मुझे चेतावनी देने वाला स्वर विदुर का था। सामान्यतः चर्चा के दौरान मौन रहने वाले महाराज ने हस्तक्षेप करते हुए कहा–"शान्त हो जाओ विदुर। शकुनि की राय कोई अन्तिम निर्णय तो नहीं। फिर वे भी राजसभा के एक सम्मानित सभासद हैं। उन्हें भी अपना मत व्यक्त करने का अधिकार तो होना ही चाहिए।"

महाराज के हस्तक्षेप के कारण मेरा साहस कुछ और बढ़ गया। कुछ विनम्र होने का प्रयास करते हुए मैंने अपनी बात जारी रखी–"धृष्टता के लिए क्षमा चाहता हूँ, महाराज, परन्तु मैंने ऐसा क्या कह दिया, जो मुझे नहीं कहना चाहिए था? क्या मेरा कहा एक–एक शब्द सत्य नहीं है? जब मैंने अर्जुन की प्रशंसा की, तब मुझे किसी ने नहीं टोका। जब मैंने स्वयं दुर्योधन की कमियों को भरी राजसभा में रखा तो मुझे किसी ने जिह्वा पर नियन्त्रण रखने के लिए नहीं कहा, लेकिन जब मैंने युधिष्ठिर को पराक्रम शून्य कहा तो ये महापाप हो गया! पांचाल युद्ध में दुर्योधन के पलायन की कथा प्रचारित करने वाले महामन्त्री विदुर कभी ये क्यों नहीं बताते कि इस युद्ध में युधिष्ठिर की क्या भूमिका थी? दुर्योधन इस युद्ध में असफल भले ही रहा हो, लेकिन इस सत्य से कोई इनकार नहीं कर सकता कि उसी के कारण बड़ी संख्या

में पांचाल सेना का संहार हुआ, जो पाण्डवों की विजय का आधार था। इसी युद्ध में दुर्योधन लगभग मृत्यु के मुख में ही चला गया था। उसके शरीर पर लगे गम्भीर घाव अभी भी पूरी तरह से भरे नहीं हैं। ये जानते हुए भी कि उसकी सेना में एक भी योग्य धनुर्धारी नहीं है, दुर्योधन अपने गुरु के आदेश–मात्र पर उनकी गुरुदक्षिणा पूर्ति के लिए पांचाल की शक्तिशाली सेना से जा भिड़ा। क्या ये दुर्योधन के साहस का प्रमाण नहीं है? और वहीं दूसरी ओर युधिष्ठिर है, जो पांचाल युद्ध के दौरान अपने शिविर से भी तब बाहर आया, जब अर्जुन और भीम पांचाल नरेश को बन्दी बना चुके थे। संकट के समय अपने अनुजों को आगे कर देने का उदाहरण युधिष्ठिर ने एक नहीं, कई बार प्रस्तुत किया है। ऐसे कायर और भीरु के हाथों में इस गौरवशाली सिंहासन की बागडोर देने के हठ पर आख़िर विदुर क्यों अड़े हुए हैं? युधिष्ठिर के प्रति इस विशेष स्नेह और अनुराग का क्या कारण है?

स्वयं पर नियन्त्रण रखने का पूर्ण प्रयास करते हुए भी विदुर क्रोध से काँप रहा था–"युधिष्ठिर नीति और धर्म का महाज्ञाता है। शील, विनम्रता और संयम जैसे गुणों का भी उसमें समावेश है।"

"नीति और धर्म के महाज्ञाता तो ऋषि–मुनियों की श्रेणी में आते हैं। महर्षि वेदव्यास जैसे महाज्ञाता भी महलों को नहीं, बल्कि वनों को अपना निवास बनाते हैं। राजनीति में कई बार नीति के साथ, कूटनीति की भी आवश्यकता होती है। रही बात विनम्रता और संयम की तो राजा के लिए आवश्यकता से अधिक विनम्रता और संयम भी नकारात्मक सिद्ध होता है।" स्वाभाविक रूप से धृतराष्ट्र को मेरी बातें काफ़ी सुहा रही थीं। उसने विदुर से कहा–"भई विदुर, शकुनि के विचारों से पूरी तरह से असहमत भी नहीं हुआ जा सकता। कई बार मैं भी अनुभव करता हूँ कि प्रिय युधिष्ठिर अत्यधिक भावुक हो जाता है। राजनीति के दाँव–पेंच और कूटनीति भी उसके स्वभाव के अनुरूप नहीं है।"

गंगापुत्र भीष्म ने पहली बार इस चर्चा में हस्तक्षेप करते हुए कहा--"मुझे लगता है कि युवराज के चयन को लेकर काफ़ी चर्चा हो चुकी है। महाराज स्वयं भी सभी राजकुमारों के गुणों और अवगुणों को अच्छी तरह से परख सकते हैं। अतः अन्तिम निर्णय महाराज पर छोड़कर सभा का विसर्जन करना उचित होगा।" मेरे और विदुर के मध्य पहली बार प्रत्यक्ष में कटु वार्तालाप के बाद राजसभा तो विसर्जित हो गयी, लेकिन मैं समझ चुका था कि दुर्योधन का युवराज बनना अब सम्भव नहीं है। अर्जुन का नाम प्रस्तावित कर मैंने राजसभा से लेकर जनसामान्य तक ये सन्देश तो दे ही दिया था कि युधिष्ठिर का चयन न्यायपूर्ण नहीं है। युधिष्ठिर की योग्यता पर प्रश्नचिह्न लग चुका था। मैं निरन्तर महाराज पर युधिष्ठिर को युवराज घोषित न करने के लिए दबाव बनाये हुए था तो विदुर जल्दी–से–जल्दी ये कार्य पूर्ण करवाना चाहता था। विदुर के पास भीष्म का समर्थन था और यही सम्मिलित दबाव उसके काम आया। धृतराष्ट्र ने युधिष्ठिर को युवराज घोषित करने का निर्णय कर लिया। दुर्योधन के लिए तो बड़ा आघात था, लेकिन उसकी उत्तेजना को नियन्त्रित करना अब मेरे लिए भी बड़ी चुनौती थी। काफ़ी कठिनाई से मैंने दुर्योधन को शान्त कर उसे ये समझाया कि समय पराजय स्वीकार करने का नहीं है, बल्कि अब उसे अपने अधिकार के लिए नयी शक्ति के साथ संघर्ष करने की आवश्यकता है।

वारणावत का लाक्षागृह

शकुनि ने लाख से बने लाक्षागृह में पाण्डवों को जीवित जला देने की योजना बनायी। इसके लिए लाख, घी, जानवरों की चर्बी, सन, राल, मूंज, बाँस, भूसे से एक विशाल महल का निर्माण करवाया। विदुर को शकुनि की योजना की भनक भी लग जाती है। विदुर ने युधिष्ठिर को इस सम्बन्ध में अवगत करा दिया, परन्तु धर्मपरायण युधिष्ठिर सब–कुछ जानने के बाद भी अपने तात की आज्ञा के पालन के लिए वारणावत के लाक्षागृह में अपनी माता और भाइयों के साथ चला गया। वारणावत की घटना को कुछ इसी प्रकार प्रचारित किया गया। सबसे पहला प्रश्न तो ये उठता है कि जब युधिष्ठिर को इस बात का पता पहले ही चल चुका था कि वारणावत में उन्हें भाइयों और माता के साथ जला दिये जाने का षड्यन्त्र रचा गया है तो वे वहाँ जाने को तैयार ही कैसे हुए? कारण बताया जाता है पितास्वरूप धृतराष्ट्र की आज्ञा का पालन। अब यदि पाण्डवों के मन में धृतराष्ट्र का इतना सम्मान था कि युधिष्ठिर स्वयं ही नहीं, बल्कि पूरे परिवार सहित लाख के महल में जलकर प्राण देने को तैयार है तो सिंहासन की ये लड़ाई तो शुरू ही नहीं होनी चाहिए थी। पितृतुल्य धृतराष्ट्र यदि दुर्योधन को सिंहासन सौंपने की इच्छा भी व्यक्त करते तो उनकी आज्ञास्वरूप पाण्डवों को उसे शिरोधार्य कर लेना चाहिए था। एक ओर तो विदुर इतना शक्तिशाली है कि उसके प्रभाव या दबाव में धृतराष्ट्र को न चाहते हुए भी युधिष्ठिर को युवराज घोषित करना पड़ता है और दूसरी ओर वह इतना दुर्बल है कि लाक्षागृह के

सम्पूर्ण षड्यन्त्र की सूचना होने के बावजूद सभी पाण्डवों और कुन्ती को वारणावत जाने से रोक नहीं पाता। यही नहीं, वारण ावत में दुर्योधन–शकुनि के कथित षड्यन्त्र से बच निकलने के बाद भी पाण्डव हस्तिनापुर आकर महाराज से इस सम्बन्ध में दुर्योधन के विरुद्ध कोई अभियोग या आरोप प्रस्तुत नहीं करते! वारणावत में पाण्डवों के लिए विशाल महल का निर्माण कोई गोपनीय रूप से किया जा सकने वाला कार्य नहीं था। इतना बड़ा राजप्रासाद बनाने के लिए सैकड़ों श्रमिकों की आवश्यकता थी। क्या ये सम्भव है कि सैकड़ों श्रमिक एक निर्माण में भवन सामग्री के स्थान पर लाख, घी, जानवरों की चर्बी, सन, राल, मूंज, बाँस जैसी सामग्री का प्रयोग करें और इसकी गोपनीयता भी बनी रहे! मिट्टी, पत्थर और गारे के स्थान पर ज्वलनशील सामग्री से भवन बनाना कोई सरल कार्य नहीं है। साथ ही इतनी अधिक मात्रा में ज्वलनशील सामग्री को गोपनीय रूप से एकत्रित करना भी असम्भव है। विदुर ने वारणावत की यह कथा क्यों रची और इसके बाद पाण्डवों के लम्बे समय तक हस्तिनापुर न लौटने के पीछे क्या कारण रहा, यह तो उस समय मेरे लिए भी एक अबूझ पहेली थी।

वारणावत में पाण्डवों के जलकर भस्म हो जाने की घटना पर न जाने क्यों मुझे ही विश्वास नहीं हो रहा था। युधिष्ठिर सहित सारे पाण्डव और कुन्ती के अग्नि की भेंट चढ़ जाने के बाद भी विदुर के मुख पर मुझे व्याकुलता और दुख के अपेक्षित भाव दिखायी नहीं दे रहे थे, बल्कि पाण्डवों की मृत्यु के समाचार के पश्चात् विदुर की गतिविधि और व्यस्तता अचानक और भी अधिक बढ़ गयी थी। विदुर के भवन में व्यापारियों, साधु–सन्तों का आना–जाना भी बढ़ गया था। मुझे ये भी सन्देह होने लगा कि वास्तव में ये सब विदुर के गुप्तचर हैं, जो निरन्तर उस तक कोई गुप्त सूचना पहुँचा रहे हैं। मरणोपरान्त होने वाले कर्मकाण्ड में भी विदुर की रुचि बिलकुल नहीं थी। मुझे विश्वास हो चला था

कि हो न हो, पाण्डव अब भी जीवित हैं। मैंने अपना पूरा गुप्तचर तन्त्र विदुर की योजना का पता लगाने के लिए झोंक दिया, परन्तु पाण्डव कहाँ हैं और इस प्रकार से अज्ञातावस्था में रहने के पीछे उनका क्या उद्देश्य है, ये मुझे स्पष्ट नहीं हो पा रहा था।

विदुर की योजना चाहे जो हो, परन्तु उसकी योजना का अनुमान लगाते हुए हाथ पर हाथ धरे बैठना व्यर्थ था। ये तो स्पष्ट हो चुका था कि विदुर ही ने पाण्डवों की मृत्यु का भ्रामक समाचार प्रसारित किया था। सन्देह की स्थिति होने के बावजूद हस्तिनापुर राजसभा में भी इस समाचार को सत्य मान लिया गया था। कम–से–कम महाराज और भीष्म तो इसे सत्य मानने ही लगे थे। ऐसे में मैंने पाण्डवों की मृत्यु के भ्रामक समाचार का लाभ लेने की योजना बना ली। मैंने कुछ राजज्योतिषियों को अपने पक्ष में कर योजनाबद्ध ढंग से यह प्रचारित करवाया कि युधिष्ठिर के युवराज घोषित होने के तुरन्त बाद स्वयं युवराज और उनके परिवार की अकाल मृत्यु बेहद अशुभ घटना है। यदि एकादशी के पूर्व युवराज के रिक्त आसन को भरा नहीं गया तो राजपरिवार और हस्तिनापुर के लिए परिणाम बेहद घातक हो सकते हैं। यही नहीं, एकादशी के पश्चात् ग्रहों की दशा कुछ ऐसी है कि अगले दो वर्षों तक युवराज्याभिषेक का मुहूर्त है ही नहीं। युवराज का सिंहासन रिक्त रहने की स्थिति में ये दो वर्ष हस्तिनापुर पर घोर संकट लाने वाले हो सकते हैं। ज्योतिषियों के माध्यम से ये सूचनाएँ महाराज और भीष्म तक इस प्रकार पहुँचाई गयीं कि सभी कुछ एकदम स्वाभाविक लगे। मेरा प्रयास था कि ये बात विदुर तक सीधे न पहुँच सके और पहुँचे भी तो तब, जब महाराज दुर्योधन को युवराज घोषित करने का निर्णय ले चुके हों। विदुर भी इन दिनों किसी दूसरी ही उधेड़–बुन में लगा था। कदाचित् पाण्डवों के अज्ञातवास के प्रबन्ध और गुप्त रूप से उन्हें सहायता देने को लेकर ही विदुर का भी काफ़ी समय हस्तिनापुर के बाहर ही बीत

रहा था। विदुर का हस्तिनापुर से बाहर रहना मेरे लिए काफ़ी शुभ सिद्ध हुआ। धृतराष्ट्र और भीष्म ने भी यह सोचकर सहमति दे दी कि पाण्डवों की मृत्यु के पश्चात् आज नहीं तो कल दुर्योधन को युवराज बनाना ही है तो फिर ज्योतिषियों के वचन की अनदेखी कर क्यों किसी संकट को आमन्त्रित किया जाये।

विदुर के हस्तिनापुर लौटने पर जब उसे यह समाचार मिला तो वह आग–बबूला हो गया, लेकिन शान्त और संयमित छवि वाले विदुर के लिए इसे लेकर सार्वजनिक विरोध करना भी सम्भव नहीं था। साथ ही वह सार्वजनिक रूप से पाण्डवों के जीवित होने की बात स्वीकार भी नहीं कर सकता था। कुल मिलाकर उसके पास भी दुर्योधन को युवराज स्वीकार करने के अतिरिक्त कोई चारा नहीं रह गया था, परन्तु विदुर मौन बैठने वालों में से नहीं था। प्रत्यक्ष रूप से भले ही विदुर कुछ न कर सके, लेकिन परोक्ष रूप से उसने एक बार पुनः अपने प्रचार तन्त्र को सक्रिय कर दिया। प्रचार ये किया गया कि वारणावत के लाक्षागृह में पाण्डवों और कुन्ती को मारने की घृणित योजना दुर्योधन ने शकुनि के परामर्श पर बनायी थी। विदुर का यह प्रचार जब राजभवन तक पहुँचा तो महाराज और भीष्म भी सन्न रह गये। भीष्म ने योग्य अधिकारियों के एक दल के साथ स्वयं वारणावत जाकर प्रकरण की जाँच की, लेकिन राजकीय जाँच में जाँचकर्ताओं को एक भी ऐसा प्रमाण नहीं मिला, जिसके आधार पर भवन ज्वनलशील पदार्थों से बना होना सिद्ध हो सके। अधिकतर ज्वलनशील सामग्री का विक्रय भी राजकीय नियन्त्रण में होता है। वारणावत में बड़ी मात्रा में ज्वलनशील पदार्थों को ले जाने के भी कोई प्रमाण नहीं मिल सके। यहाँ तक कि वारणावत में नवनिर्मित भवन में जो आग लगी थी, उसकी भयावहता या विकरालता ऐसी थी ही नहीं कि उसमें से मनुष्य जीवित न निकल सके। भवन के अन्दर जले हुए शवों के सम्बन्ध में भी दावे से कुछ नहीं कहा जा सकता था। जले हुए शव कितने हैं, जो शव मिले, वे मनुष्य

के हैं या फिर किसी पशु के, यह कहना भी कठिन था। ऐसे में दुर्योधन पर लगाये गये अभियोगों में से एक भी प्रमाणित नहीं हो सका। मुझे प्रसन्नता थी कि अल्पकाल के लिए ही सही, मैंने दुर्योधन को युवराज तो बनवा ही दिया।

मेरे गुप्तचर पाण्डवों की खोज में सक्रिय थे, परन्तु अब तक किसी को सफलता नहीं मिल सकी थी। इस बीच पांचाल राजकन्या द्रुपद कुमारी द्रौपदी के स्वयंवर का निमन्त्रण हस्तिनापुर को प्राप्त हुआ। द्रौपदी के अप्रतिम सौन्दर्य की चर्चा सम्पूर्ण आर्यावर्त में थी। स्वाभाविक रूप से पांचाल कन्या का स्वयंवर आर्यवर्त का एक बड़ा आयोजन माना जा रहा था। द्रुपद ने अपनी कन्या को वीर्यशुल्का घोषित किया था। वीर्यशुल्का का अर्थ आर्यावर्त में ऐसी कन्या से होता था, जिसको प्राप्त करने के लिए पराक्रम का प्रदर्शन करना होता है। वीर्यशुल्का कन्या स्वयंवर में अपनी इच्छा--मात्र से किसी के गले में वरमाला नहीं डालती, बल्कि उसका विवाह उस व्यक्ति से होता है, जो स्वयंवर की शर्त या कठिन प्रतियोगिता में सफल हो पाता है। पांचाल नरेश द्रुपद के साथ हस्तिनापुर के सम्बन्धों को कदापि मधुर नहीं कहा जा सकता था। द्रोण की गुरुदक्षिणा को लेकर हुए युद्ध के कारण स्थिति और भी विकट हो गयी थी, परन्तु दोनों राज्यों के सम्बन्धों में कटुता के बावजूद यदि इस स्वयंवर का निमन्त्रण आया था तो उसका कारण था कि यह एक खुला आयोजन था, जिसमें कोई भी वीर अपने पराक्रम का प्रदर्शन कर सकता था या यूँ कहा जाये कि यह औपचारिक निमन्त्रण न होकर, वीर्यशुल्का पांचाली के स्वयंवर की सूचना थी तो कोई अतिश्योक्ति न होगी।

द्रौपदी का स्वयंवर, कर्ण का अपमान

द्रौपदी के सौन्दर्य का वर्णन सुनकर दुर्योधन तो स्वयंवर में जाने के लिए लालायित था ही, हस्तिनापुर के गौरव और दोनों राज्यों के बीच सम्बन्ध सुधारने की दृष्टि से महाराज और भीष्म ने भी इसका स्वागत किया। दुर्योधन पांचाल राजधानी काम्पिल्य नगरी में स्वयंवर में जाने की तैयारी करने लगा। उसने मुझे भी साथ चलने को कहा। मैं अब भी ये मानने को तैयार नहीं था कि पाण्डव मर चुके हैं। मैंने अपनी आशंका दुर्योधन को बतायी तो वह हँसने लगा। अपनी बात सिद्ध करने के लिए मेरे पास कोई प्रमाण नहीं था। फिर भी मैंने दुर्योधन के समक्ष कर्ण को अपने साथ काम्पिल्य नगरी ले जाने का प्रस्ताव रखा। दुर्योधन सहर्ष मान गया। दुर्योधन, दुःशासन, कर्ण और मैं काम्पिल्य नगरी पहुँच गये। अब तक हम हस्तिनापुर को ही एक विकसित और भव्य नगरी के रूप में जानते थे, परन्तु काम्पिल्य का वैभव किसी भी दृष्टिकोण से हस्तिनापुर से कम नहीं था। ऊँचे महल और अट्टालिकाएँ, सुव्यवस्थित मार्ग, मार्गों पर दौड़ते सुसज्जित अश्व और रथ, जल निकासी के लिए साफ़–सुथरी नालियाँ और फलों व फूलों से लदे हुए वृक्ष, नगर का ये स्वरूप ही काम्पिल्य और पांचाल की सम्पन्नता की कहानी कह रहे थे। नगर के विभिन्न मार्गों से होते हुए हमारा रथ आयोजन स्थल पर जा पहुँचा। आयोजन स्थल पर आर्यावर्त के क्षत्रियों और सम्राटों का जमावड़ा दिखायी दे रहा था। एक विशाल पाण्डाल में लगे सिंहासनों

पर मगध नरेश जरासंध, मद्रराज शल्य, चेदि नरेश शिशुपाल, सिन्धुराज जयद्रथ जैसे बड़े–बड़े सम्राट विराजमान थे। सभा के मध्य में जो राजसिंहासन रखा हुआ था, वह पांचाल नरेश द्रुपद का था। चन्द क़दमों की दूरी पर एक जल–कुण्ड बनाया गया था और जल–कुण्ड के ठीक ऊपर एक गोल घूमने वाला यन्त्र लगा हुआ था। उस यन्त्र पर एक मछली का चित्र बना हुआ था। जल कुण्ड से कुछ ही दूरी पर एक सुन्दर–सा धनुष रखा हुआ था। धनुष को देखकर ही अनुमान लगाया जा सकता था कि उसका भार काफ़ी अधिक है।

स्वयंवर स्थल की इन व्यवस्थाओं को देखकर मै जान गया कि स्वयंवर का पण क्या है। मेरे अनुमान के अनुसार स्वयंवर के प्रतिभागियों को जल कुण्ड में देखकर घूमते हुए यन्त्र में बनी मछली या उसकी आँख को भेद कर अपना कौशल और पराक्रम सिद्ध करना होगा। प्रतियोगिता का पण सरल नहीं था। दुर्योधन की योग्यता को मैं भली–भाँति जानता था। मुझे विश्वास हो गया कि उस शर्त को पूर्ण करना कम–से–कम दुर्योधन के वश की बात तो नहीं है। मेरी दृष्टि आयोजन स्थल पर उपस्थित सभी प्रतियोगियों पर तेज़ी से घूमने लगी। जयद्रथ, शिशुपाल, शल्य, चेकितान, शिवि, भूरिश्रवा, सैन्धव, सुषेण, चित्रांगद जैसे सारे राजाओं और राजकुमारों में भी मुझे कोई ऐसा दिखायी नहीं दे रहा था, जो इस कठिन कार्य को सफलता से पूरा कर सके। मगध नरेश जरासंध की ख्याति के बारे में मैंने काफ़ी–कुछ सुन रखा था। जरासंध कृष्ण के मामा कंस का श्वसुर था। जरासंध की आयु स्वयंवर में शामिल होने की नहीं थी, परन्तु बढ़ती आयु का कोई लक्षण उस पर दिखायी नहीं दे रहा था। उसकी बलिष्ठ भुजाओं को देखकर मुझे लगा कि अपनी वय पर विजय पाकर जरासंध कदाचित् इस शर्त में सफल हो भी सकता है।

रंगशाला में कर्ण और अर्जुन दोनों का ही कौशल मैं स्वयं अपनी आँखों से देख चुका था। अर्जुन, जिसे मृत माना जा रहा

था, परन्तु मुझे विश्वास था कि वह अपने भाइयों के साथ किसी अज्ञात स्थान पर सुरक्षित है। ऐसे में स्वयंवर की शर्त यदि कोई पूरी कर सका है तो वह केवल कर्ण है। कर्ण तो इतने निश्चिन्त भाव से बैठा था, मानो उसे इस स्वयंवर से कोई सरोकार ही न हो। मैं इस सम्बन्ध में दुर्योधन से कुछ कहता, इससे पूर्व ही पांचाल नरेश द्रुपद और राजकुमार धृष्टद्युम का आगमन हो गया। महिलाओं के लिए बनाये गये गवाक्ष में राजस्त्रियों के उपस्थित होने के संकेत भी मिल रहे थे।

स्वयंवर आरम्भ हुआ। गर्व और अहंकार से भरे हुए कितने ही क्षत्रिय राजा अतिआत्मविश्वास के साथ धनुष के नि़कट गये, लेकिन अधिकांश तो धनुष को उठा ही नहीं पाये और अपमानित होकर लौट आये। इन राजाओं का हश्र देखकर मुझे विश्वास हो गया कि दुर्योधन किसी भी प्रकार से यह शर्त पूर्ण नहीं कर सकेगा। मेरे विचार से तो उसके लिए शर्त पूरी करने का प्रयास करना भी भरी सभा में अपमानित होना था, लेकिन अपने उच्च कुल और क्षत्रियत्व का दम्भ भरने वाले कुरुवंशियों को ये बात समझाना भी व्यर्थ था। स्त्री सौन्दर्य और मादकता तो शान्तनु के युग से इन कुरुवंशियों की दुर्बलता है। कोई आश्चर्य नहीं कि दुर्योधन भी पांचाली के सौन्दर्य के मोहपाश में सुध–बुध खो बैठा था। दुर्योधन ने भी प्रयास किया। धनुष उठाने में तो वह सफल रहा, लेकिन धनुष पर प्रत्यंचा चढ़ाने की क्षमता उसमें नहीं थी। अपमानित दुर्योधन जब पुनः अपने आसन पर लौटा तो मैं संकोच छोड़कर उसके आसन तक जा पहुँचा। जिस सभा में आर्यावर्त के कई बड़े सम्राट, राजा और युवराज विराजित हों, वहाँ मेरा इस प्रकार अपने आसन से उठकर दुर्योधन के आसन तक जाना अशिष्टता समझी जा सकती थी। छोटा ही सही, लेकिन मेरा भी अपना एक राज्य था और उस राज्य में अब सुबल राज की मृत्यु के पश्चात् तो मैं गान्धारकुमार से गान्धारराज कहलाने लगा था, परन्तु यह समय औपचारिकताओं के निर्वहन का नहीं था। मैंने

दुर्योधन से कहा–"वत्स, तुम्हें ये तो स्पष्ट हो ही गया होगा कि इस शर्त को पूर्ण करना किसी साधारण धनुर्धर के लिए सम्भव नहीं है। मुझे पूर्ण विश्वास है कि कर्ण और अर्जुन के अतिरिक्त ये चमत्कार कोई कर ही नहीं सकता। अब इससे पूर्व कि अर्जुन, जिसे तुम मरा हुआ समझ रहे हो, यहाँ उपस्थित हो जाये, कर्ण से कहो कि अतिशीघ्र लक्ष्य भेदन कर स्वयंवर को विजित करे।" अपनी असफलता से निराश दुर्योधन ने कर्ण से लक्ष्य भेदन का आग्रह किया। कर्ण ने अरुचि दिखाते हुए कहा– "युवराज, मैं तो केवल आपकी सहायता और सुरक्षा के उद्देश्य से यहाँ आया हूँ। वैसे भी यह क्षत्रियों का आयोजन है। इस स्वयंवर में मेरा भाग लेना उचित नहीं होगा।"

कर्ण का तर्क सही हो सकता था, परन्तु पांचाल नरेश ने तो द्रौपदी को वीर्यशुल्का घोषित किया था, यानी ये तय था कि जिसमें शर्त पूरी करने की शक्ति होगी, पांचाल कन्या उसी का वरण करेगी। वहीं कुछ ब्राह्मण भी स्वयंवर में भाग लेने की तैयारी में थे। स्पष्ट था कि वीर्यशुल्का के लिए जाति बन्धन मान्य नहीं है। मैंने कर्ण को इसका विश्वास दिलाते हुए उसे स्वयंवर में भाग लेने के लिए राज़ी कर लिया। इसमें कोई सन्देह नहीं था कि कर्ण स्वयंवर में उपस्थित सभी क्षत्रियों से श्रेष्ठ दिखायी दे रहा था। कर्ण अपने पूरे आत्मविश्वास से अपने आसन से उठा और धनुष को कुछ इस प्रकार से उठा लिया, मानो प्रतिदिन इसी धनुष से अभ्यास किया करता हो। बड़ी ही सरलता से धनुष पर प्रत्यंचा चढ़ाकर कर्ण ने लक्ष्य भेदन के लिए शरासन साधा ही था कि राजस्त्रियों की बैठक से एक स्वर स्वयंवर सभा में गूँजा, "ठहरो। मैं सूतपुत्र से विवाह नहीं करूँगी।"

ये वाणी स्वयं द्रुपद सुता द्रौपदी की थी। द्रौपदी के इन वचनों से सारी सभा स्तब्ध रह गयी। ये सत्य है कि 'सूतपुत्र', ये सम्बोधन कर्ण के लिए कोई नया नहीं था, लेकिन स्वयंवर सभा में जिस समय और जिस प्रकार से ये शब्द कहे गये थे,

वे न केवल कर्ण, बल्कि किसी के भी सम्मान को छिन्न–भिन्न कर देने वाले थे। जो कर्ण कुछ क्षणों पहले तक अत्यन्त भारी धनुष सरलता से अपने हाथों में थामे शरासन लगाये बैठा था, वही अब भरी सभा में हुए इस अपमान से इतना व्यथित हुआ कि उसके हाथ से धनुष छूटकर भूमि पर गिर गया। क्रोध के कारण उसका मुख तमतमा गया। आँखों में रक्त उतर आया, लेकिन अपनी भुजाओं की शक्ति और अद्‌भुत पराक्रम के बावजूद वह किसी प्रकार का विरोध करने की स्थिति में नहीं था, क्योंकि यही सत्य था। वह था तो एक सूतपुत्र ही और इस सत्य को कर्ण भी झुठला नहीं सकता था।

कर्ण के इस अपमान का कारण मैं भी था, क्योंकि मैं ही वह व्यक्ति था, जिसने उसकी अनिच्छा के बावजूद उसे स्वयंवर में भाग लेने पर विवश किया था। ऐसे में कर्ण के इस अपमान का विरोध करने का नैतिक दायित्व मुझ पर भी था और मैंने उसे पूर्ण करने का प्रयास भी किया। अहंकारी क्षत्रियों की इस भरी सभा में खड़े होकर मैंने पांचाल नरेश को सम्बोधित करते हुए कहा–"पांचाल नरेश, क्या अतिथियों को आमन्त्रित कर उन्हें अपमानित करना ही पांचाल की परम्परा है? किसी भी कन्या को अपने पति या पुरुष के चयन की स्वतन्त्रता होती है। मुझे विश्वास है कि आपने भी अपनी कन्या को वीर्यशुल्का घोषित करने से पूर्व उसकी सहमति ली ही होगी। स्वयंवर के आयोजन के पूर्व आपने ऐसी कोई शर्त भी नहीं रखी थी कि प्रतिभागी के क्षत्रिय होने की अनिवार्यता है। अब जबकि अधिकांश प्रतियोगी इस शर्त को पूरा करने में असमर्थ सिद्ध हो चुके हैं और महावीर कर्ण जिस सरलता से शर्त को पूरा करने जा रहे थे, उन्हें इस प्रकार रोकना क़तई न्यायपूर्ण नहीं है। यदि एक सूतपुत्र के स्वयंवर में सम्मिलित होने को लेकर आपको आपत्ति थी तो स्वयंवर की प्रक्रिया आरम्भ होने के समय भी आप स्पष्ट कर सकते थे कि स्वयंवर स्पर्धा केवल क्षत्रियों के लिए है। अंगराज जब अपने आसन से उठे,

तब भी किसी ने आपत्ति नहीं की। जब उन्होंने धनुष उठाया, तब किसी ने आपत्ति नहीं की। कर्ण जब धनुष पर प्रत्यंचा चढ़ाने का कठिन कार्य कर रहे थे, तब तक भी पांचाल परिवार मौन था। जब लक्ष्य भेदन के अन्तिम चरण के रूप में कर्ण ने शरासन साध लिया, तब आपको अचानक स्मरण हो आया कि वे सूतपुत्र हैं? आप स्वयं जानते हैं कि स्वयंवर में जिस प्रकार की शर्त आपने रखी है, उसे कर्ण, अर्जुन, भीष्म, द्रोण या परशुराम के अतिरिक्त कोई पूरा नहीं कर सकता। द्रोण, भीष्म या परशुराम को लक्ष्य कर आपने यह आयोजन किया नहीं होगा और आपकी अहंकारी कन्या ने कर्ण को भी अपमानित कर उन्हें स्वयंवर की प्रतिभागिता से वंचित कर दिया है। इसका सीधा तात्पर्य ये है कि आपको विदित है कि अर्जुन मरा नहीं, बल्कि जीवित है। मेरा आपसे सीधा–सा प्रश्न है कि यदि आपको अपनी पुत्री का विवाह अर्जुन से ही करना था तो उसे वीर्यशुल्का घोषित कर स्वयंवर का ये पाखण्ड आयोजित कर सारे प्रतिभागियों को अपमानित करने का क्या अर्थ है? स्मरण रहे पांचालराज, इस अपमान का दण्ड एक दिन आपको अवश्य भुगतना पड़ेगा।"

मेरे वचन सुनकर द्रुपद का आक्रोश चरम पर पहुँच गया। मारे आक्रोश के थर–थर काँपते द्रुपद ने कहा–"गान्धार नरेश, आप इस समय द्रुपद के राज्य में उसी की सभा में खड़े हैं और हमारी ही सभा में, आप हमें ही दण्ड भुगतने की चेतावनी दे रहे हैं!" द्रुपद की बात सुनकर मेरे मुख पर एक मुस्कुराहट फैल गयी। मैंने कहा–"पांचालराज, प्रश्न मेरी चेतावनी का नहीं, प्रकृति के नियम का है। यदि आप आज किसी को अपमानित कर रहे हैं तो भविष्य में आपको भी अपमान का घूँट पीना ही पड़ेगा। आश्चर्य है कि इतने बड़े साम्राज्य का सम्राट होने के बाद भी आप इस साधारण से तथ्य को नहीं समझ पा रहे हैं! क्या आपको स्मरण नहीं है कि अपने सहपाठी, ब्राह्मण द्रोण के अपमान का आपको क्या मूल्य चुकाना पड़ा था? जिस सिंहासन

के बल पर आप ये विशाल आयोजन कर रहे हैं, वह आप पर द्रोण की कृपा के अतिरिक्त कुछ भी नहीं है। जिस प्रकार द्रोण ने अहिछत्र के साथ आपका आधा राज्य छीन लिया था, यदि वे चाहते तो आपसे आपका पूरा राज्य भी ले सकते थे। अतः मेरा आपको ये परामर्श है कि द्रोण की कृपा पर मिले इस राज्य पर इतना अहंकार उचित नहीं है।"

मेरी बातों को स्वयंवर सभा में उपस्थित अधिकांश लोगों का समर्थन मिल रहा था, कदाचित् इसीलिए पांचाल नरेश ने भी बलपूर्वक मुझे मौन कराने का साहस नहीं किया। इस बार मैंने राजस्त्रियों की बैठक को सम्बोधित करते हुए कहा–"एक बात तुम भी सुन लो द्रुपदसुता, इसमें कोई दो मत नहीं कि एक कन्या को अपने वर चयन का सम्पूर्ण अधिकार प्राप्त होता है। यदि तुम्हारे मन में अर्जुन ही बसा था तो तुम सीधे उससे विवाह करने के लिए स्वतन्त्र थीं, लेकिन स्वयं को वीर्यशुल्का घोषित किये जाने के बाद जाति को आधार बनाकर तुमने जिस प्रकार कर्ण का अपमान किया है, उस अपमान का मूल्य न केवल तुम्हें इस जन्म में चुकाना पड़ेगा, बल्कि इतिहास भी सदैव तुमसे ये प्रश्न करता रहेगा।"

जाति के आधार पर हुए कर्ण के अपमान से मैं इतना आहत था कि पांचाल राजवंश पर व्यंग्य कर उसे अपमानित करना भी मुझे अनुचित नहीं लगा। विषयुक्त व्यंग्य बाण छोड़ते हुए मैंने कहा–"रही बात क्षत्रियत्व के दम्भ की तो पांचालों के मुख से क्षत्रियत्व की बातें शोभा नहीं देतीं। जो राजवंश अब तक ये भी तय नहीं कर पाया कि पांचाल नरेश की प्रथम सन्तान को राजकुमार शिखण्डी कहा जाये या राजकुमारी शिखण्डिनी, उसी राजवंश की राजकुमारी द्रौपदी एक सक्षम और प्रतिभाशाली युवक का अपमान करे, इससे अधिक हास्यास्पद और क्या होगा! राजकुमारी द्रौपदी स्वयंवर में आये प्रतिभागियों की जाति छोड़िए, कम–से–कम आपके वंश की तरह उनके लिंग को लेकर तो कोई अस्पष्टता

नहीं है।" मेरा ये कहना था कि पूरी स्वयंवर सभा में हँसी के फव्वारे छूट गये। मैं जानता हूँ कि मेरा विनोद शिखण्डी के लिए काफ़ी पीड़ादायक रहा होगा। वास्तव में, मेरी मंशा शिखण्डी को पीड़ा देने की नहीं थी, परन्तु स्वयंवर सभा में जिस प्रकार की स्थितियाँ थीं, उसमें मैं स्वयं से आदर्श व्यवहार करने की अपेक्षा नहीं कर रहा था। मेरा उद्देश्य था कि जिस प्रकार पांचाली और उसके पिता ने कर्ण सहित कइयों का अपमान किया था, उसी प्रकार उन्हें भी लज्जित होना पड़े। वैसे द्रुपद और द्रोण को लेकर मैंने जो कुछ कहा था, वह न तो असत्य था, न ही अनुचित था। पहले अपने कथित अपमान को लेकर द्रोणाचार्य ने हस्तिनापुर और उसके राजकुमारों को अपने प्रतिशोध का माध्यम बनाया। क्या यह उचित था? और अब द्रुपद क्या कर रहा था? जिस द्रोणाचार्य ने कृपा कर उसे बन्दी बनाने के बाद न केवल छोड़ दिया, बल्कि आधा राज्य भी लौटा दिया, आज वही दुपद द्रोण से प्रतिशोध लेने को लेकर इतना आतुर था कि अपनी गुणवन्ती पुत्री के विवाह को भी उसने प्रतिशोध का उपकरण बना लिया! अर्जुन से पुत्री के विवाह के लिए द्रुपद केवल इसीलिए आतुर था कि वह द्रोण को नीचा दिखाना चाहता था। कैसे क्षत्रिय हैं ये! एक ओर तो अपनी वीरता का दम्भ लिए ताल ठोंकते रहते हैं और दूसरी ओर अपनी पुत्री तक को अपने प्रतिशोध के लिए प्रयोग करना चाहते हैं।

अपने वचनों से द्रुपद और कदाचित् पांचाली को भी लज्जित कर मैं स्वयंवर सभा से बाहर निकल आया। सभा में इतने राजा और क्षत्रिय उपस्थित थे कि मेरे द्वारा किये गये अपमान के बाद भी द्रुपद ने मुझ पर किसी प्रकार का बल प्रयोग करने का साहस नहीं किया। बाद में मुझे पता चला कि ब्राह्मण वेश में आये एक युवक ने लक्ष्य भेदकर पांचाली को जीत लिया। आश्चर्य इस बात का था कि क्षत्रिय न होने बावजूद ब्राह्मण युवक को अवसर दिये जाने पर किसी ने आपत्ति नहीं उठायी! मुझे कोई सन्देह न था

कि ब्राह्मण के वेश में आया वह युवक अर्जुन ही था। यह स्पष्ट था कि स्वयंवर में इस ब्राह्मण की सहायता जिस बलशाली युवक ने की थी, वह भीम ही रहा होगा, परन्तु मेरी चिन्ता पाण्डवों के जीवित होने को लेकर नहीं थी। मेरा तो पहले ही विश्वास था कि पाण्डव वारणावत में मरे नहीं हैं। मेरी चिन्ता थी श्रीकृष्ण को लेकर।

श्रीकृष्ण से मेरी पहली भेंट पांचाल कन्या के स्वयंवर में ही हुई थी। कैसा अद्भुत व्यक्तित्व था कृष्ण का। कहने को तो वह केवल एक औपचारिक भेंट थी, लेकिन कृष्ण जिस प्रकार मेरी ओर देखकर मुस्कुराया, उससे मुझे लगा, मानो वह मेरे हृदय के भीतर देख सकता है। उसकी आँखों में कुछ ऐसी गहराई थी, मानो मुझसे कह रहा हो कि गान्धार से लेकर हस्तिनापुर और काम्पिल्य तक की मेरी यात्रा की हर छोटी–बड़ी घटना का उसे पता है। एक मन्द–सी आकर्षक मुस्कान के साथ औपचारिकतावश उसने केवल इतना ही तो कहा था, "प्रणाम गान्धार कुमार।" लेकिन मुझे लगा कि इस प्रणाम के साथ वह ये भी कह रहा हो कि तुम्हारी हर योजना, हर विचार, हर प्रतिशोध मुझ तक ही पहुँचता है।

मैं सोचने लगा कि ऐसा क्या विलक्षण है इस कृष्ण में। इसकी आयु तो भीम से भी कम ही रही होगी। धृतराष्ट्र के लिए गान्धारी को हासिल करने के लिए भीष्म जब गान्धार आया था, उस समय तो इस कृष्ण का जन्म भी नहीं हुआ था। फिर कैसे इसे उस काल तक की घटनाओं का ज्ञान हो सकता था! मैं कृष्ण के प्रभाव में आता जा रहा था। मैंने स्वयं को झकझोरा और अपने आप से ही कहा कि शकुनि, तू क्यों चिन्ता करता है। कृष्ण भी युधिष्ठिर, भीम, दुर्योधन या अर्जुन की भाँति एक बालक ही है। तेरी तीक्ष्ण बुद्धि के आगे गदा और धनुष ताने हुए ये वीर नतमस्तक हो जाते हैं तो फिर ये ग्वाला कृष्ण क्या है! लेकिन नहीं, अनेक प्रयासों के बाद भी मैं स्वयं को ये समझाने

में सफल नहीं हो पाया कि कृष्ण एक साधारण व्यक्ति ही तो है। मानता भी कैसे, जिस व्यक्ति ने बालपन ही में कंस जैसे शक्तिशाली राजा का वध किया हो, जरासंध जैसा शक्तिशाली सम्राट भी जिसे समाप्त न कर पाया हो, वह साधारण तो हो ही नहीं सकता। कई लोग तो ये मानते थे कि कृष्ण में ईश्वर का अंश है और कुछ का तो ये तक कहना था कि कृष्ण स्वयं ईश्वर हैं, जो इस पृथ्वी पर अवतार लेकर उतरे हैं। कृष्ण में ईश्वरीय अंश हो, न हो, परन्तु पहली और छोटी–सी भेंट में ही जाने मुझे ये क्यों लगा कि कृष्ण इस महागाथा के हर पात्र को किसी–न–किसी प्रकार से प्रभावित अवश्य करेगा।

स्वयं के शौर्य पर विजित कन्या का भाइयों में बँटवारा

पाण्डवों के जीवित होने की वास्तविकता अब गोपनीय नहीं रह गयी थी। अब तो पांचाल जैसे सामर्थ्यशाली राज्य से भी उनका सम्बन्ध स्थापित हो चुका था। काम्पिल्य से हस्तिनापुर लौटने के पश्चात् मैंने जो समाचार सुना, उसने तो मानो मेरे मस्तिष्क और विचारने की शक्ति को ही पंगु कर दिया। पता चला कि अर्जुन द्वारा विजित पांचालकुमारी का अर्जुन ही नहीं, बल्कि पाँचों पाण्डुकुमारों से विवाह सम्पन्न हुआ है। मुझे अपने कानों पर विश्वास ही नहीं हुआ। ऐसा भी कहीं सम्भव है! एक कन्या का पाँच पुरुषों से विवाह! एक स्त्री के पाँच पति! आर्यावर्त में बहुपतित्व प्रथा प्रचलित नहीं थी। यदा–कदा ही अपवाद स्वरूप इस बारे में सुनने को मिला था, लेकिन इसे समाज में घृणा की दृष्टि से ही देखा जाता था। मैं सोचने लगा कि आख़िर क्या कारण था कि पाँचों पाण्डवों को एक ही स्त्री से विवाह करना पड़ा! क्या कारण था कि अपनी जाति के अहंकार में डूबी द्रौपदी को पाँच पतियों को स्वीकार करना पड़ा! इस विवाह के पीछे पाण्डवों और उनके समर्थकों के द्वारा जो तर्क दिये जा रहे थे, वे तो और भी चौंकाने वाले थे।

पहला तर्क यह दिया गया कि पांचाली को विजित कर जब पाण्डव कुन्ती के पास पहुँचे तो कुन्ती ने बिना देखे ही ये कह दिया कि जो भिक्षा लाये हो, उसे पाँचों आपस में बाँट लो और

मातृभक्त पाण्डवों ने माता की आज्ञा के पालन के लिए पांचाली को आपस में बाँटकर सामूहिक पत्नी स्वीकार कर लिया। कैसा मूर्खतापूर्ण तर्क है ये! यदि कुन्ती के मुँह से भिक्षा को आपस में बाँटकर खाने का आदेश निकल गया होता तो क्या पाँचों पाण्डव मानव–मांस का भक्षण कर लेते? यदि कुन्ती ने बिना देखे ऐसा कोई आदेश दे भी दिया था तो माता होने के नाते वह अपने आदेश को संशोधित कर सकती थी। दूसरा, माँ के आदेश को ही सम्मान देना यदि पाण्डवों का उद्देश्य था तो औपचारिक रूप से पांचाली को पत्नी स्वीकार करना ही काफ़ी था, लेकिन ऐसा नहीं हुआ, बल्कि पाँचों भाइयों के बीच पांचाली पत्नी के रूप में कैसे रहेगी, इस पर विचार कर नियम बनाये गये। कालान्तर में पाँचों भाइयों ने पांचाली से सम्भोग कर अलग–अलग सन्तानें भी प्राप्त कीं।

दूसरा तर्क परिवेदन का दिया गया। ज्येष्ठ भ्राता के अविवाहित रहते कनिष्ठ द्वारा विवाह किये जाने को परिवेदन का नाम दिया गया है। परिवेदन को पाप माना जाता था और अर्जुन ये पाप नहीं करना चाहता था। मुझे ये भी पता चला था कि भीम भी वारणावत से निकलकर हिडिम्बा नाम की राक्षसी (जंगलों में रहकर मानव भक्षण करने वाले समुदायों को 'राक्षस' सम्बोधित किया जाता था) से विवाह कर चुका है, यानी भीम के लिए परिवेदन का पाप करना सहज था, लेकिन अर्जुन ने अपनी पत्नी को अपने भाइयों के साथ बाँटने को परिवेदन से बेहतर विकल्प माना। क्या यह बात तर्कपूर्ण लगती है कि अपने ज्येष्ठ भाई से पूर्व विवाह कर लेने के पाप से बचने के लिए कोई अपनी पत्नी को अपने भाइयों के साथ बाँट ले! तत्कालीन आर्यों में ज्येष्ठ भ्राता की पत्नी को मातातुल्य और अनुज की पत्नी को पुत्रीतुल्य माना जाता था। इस प्रकार के महापाप को स्वीकार करने से क्या कहीं उत्तम ये नहीं था कि अर्जुन परिवेदन को ही स्वीकार कर लेता?

एक स्त्री के दृष्टिकोण से देखा जाये तो ये स्थिति उसके लिए भारी पीड़ा देने वाली कही जा सकती थी। मेरे विचार से कोई भी स्त्री अपनी इच्छा से एक से अधिक पुरुषों की पत्नी बनना स्वीकार नहीं कर सकती, लेकिन द्रुपदसुता ने भी जाने किस विवशता के चलते पाँच भाइयों की पत्नी बनना स्वीकार कर लिया! द्रौपदी के बहुपतित्व के पीछे एक तर्क यह भी दिया गया कि द्रौपदी का सौन्दर्य इतना अप्रतिम था कि उसे लेकर पाँचों भाइयों में मनमुटाव की सम्भावना कुन्ती ने भाँप ली थी और पाण्डवों को एकत्रित रखने के लिए उसका विवाह पाँचों भ्राताओं से करवा दिया। मुझे नहीं पता कि कुन्ती के मन में क्या था, लेकिन यदि द्रौपदी का बहुपतित्व इस सिद्धान्त पर आधारित था तो इससे घृणित बात तो कोई हो ही नहीं सकती! यदि ये सत्य है तो पाडंवों को मर्यादाहीन व यौन–लम्पट कहना भी अतिश्योक्ति नहीं होगी। इस तर्क के आधार पर तो विश्व में जो भी महिलाएँ अप्रतिम सौन्दर्य की स्वामिनी हैं, उनका विवाह एक पुरुष से नहीं, बल्कि उनके भाइयों से भी किया जाना चाहिए, क्योंकि अप्रतिम सौन्दर्य वाली महिला को देखकर उसके भ्राताओं की आसक्ति जाग सकती है और इसे लेकर भाइयों में संघर्ष सम्भावित है! कुल मिलाकर मुझे एक भी ऐसा कारण नहीं मिला, जिसके आधार पर पांचाली का विवाह पाँच भाइयों से किया जाना उचित ठहराया जा सके। उधर, हस्तिनापुर में विदुर का पूरा प्रचार तन्त्र पाण्डवों के इस पाशविक कृत्य को उचित और मर्यादित ठहराने के लिए नये–नये तर्क गढ़ने में जुटा था। स्वयं भीष्म इस विवाह को लेकर काफ़ी अप्रसन्न व लज्जित थे, परन्तु विदुर के पास जाने भीष्म के लिए कौन–सी बूटी थी कि वह उन्हें प्रत्येक बात, चाहे वह उचित हो या अनुचित, के लिए अन्ततः मना ही लेता था।

अब मुझे लाक्षागृह की कहानी रचने के पीछे विदुर का खेल भी समझ में आने लगा था। मैं दावे से तो नहीं कह सकता, पर मुझे लगता है कि पांचाल राजकुमारी के स्वयंवर के सम्बन्ध में

विदुर काफ़ी पहले से जानता था। युधिष्ठिर के युवराज रहते यदि स्वयंवर का आयोजन होता तो हस्तिनापुर का युवराज और ज्येष्ठ होने के नाते उसे ही स्वयंवर में भाग लेना पड़ता। युधिष्ठिर की क्षमताओं का विदुर को पूरा ज्ञान था। स्पष्ट था कि स्वयंवर में सफल होना युधिष्ठिर के लिए कभी सम्भव नहीं था। उधर द्रोण से प्रतिशोध लेने के लिए विक्षिप्तता की सीमा तक पहुँच चुके द्रुपद को संसार का श्रेष्ठ धनुर्धर अपने जमाता के रूप में चाहिए था। कदाचित् विदुर ने द्रुपद को न केवल जमाता के रूप में श्रेष्ठ धनुर्धारी देने का, बल्कि द्रुपदसुता को हस्तिनापुर की सम्राज्ञी बनाने का भी वचन दिया हो। पांचाली हस्तिनापुर की सम्राज्ञी बने तो द्रुपद के लिए द्रोण से प्रतिशोध लेना कुछ और सरल हो सकता था। कुटिल योजनाएँ बनाने में दक्ष विदुर ने वारणावत में लाक्षागृह और उसमें पाण्डवों के जल मरने की कहानी रची, ताकि स्वयंवर की शर्त पूरी करने के लिए अर्जुन को भेजा जा सके और विदुर की ही मंशा के अनुरूप युधिष्ठिर ने माता की आज्ञा और परिवेदन जैसे प्रश्न उठाकर एक स्त्री का पाँच भ्राताओं से विवाह भी उचित ठहरा दिया। ओह यह कपटी विदुर! नीचता की सीमाओं को इसने कहीं पीछे छोड़ दिया था, लेकिन विदुर ने ये नहीं सोचा होगा कि वारणावत में पाण्डवों के जल जाने के समाचार के बाद भी मैं इतनी जल्दी दुर्योधन को युवराज बनाने में सफल हो जाऊँगा और यहीं उसकी योजना उल्टी पड़ गयी थी।

हस्तिनापुर के समक्ष अब नयी समस्या खड़ी हो गयी थी। पाण्डव जीवित थे और दुर्योधन को भी युवराज घोषित किया जा चुका था। राज्य में दो युवराज हो गये थे। दुर्योधन अब किसी क़ीमत पर युवराज पद छोड़ने के लिए राज़ी न था। धृतराष्ट्र की 'आज्ञा' पर जो पाण्डव लाक्षागृह में जीवित जल जाने को तैयार थे, वे भी सिंहासन पर अपना अधिकार जता रहे थे! विदुर ने युधिष्ठिर के लिए, तो मैंने दुर्योधन के लिए अपनी पूरी शक्ति झोंक दी थी। स्थिति ये बन गयी थी कि राज्य पर अपने

अधिकार के लिए युद्ध की भी चर्चा होने लगी थी। ऐसे में राज्य का विभाजन ही एकमात्र विकल्प था। सभी की सहमति से राज्य को दो भागों में विभाजित किया गया। खाण्डववन वाले हिस्से को कोई स्वीकार नहीं करना चाहता था। हस्तिनापुर के सिंहासन पर धृतराष्ट्र पहले से ही विराजित थे, जबकि खाण्डवप्रस्थ को नया राज्य बनाया जाना था। आख़िरकार पाण्डवों को खाण्डवप्रस्थ को स्वीकार करना ही पड़ा। राज्य विभाजन के समय ही यह तय हो गया था कि खाण्डवप्रस्थ पर पूर्ण नियन्त्रण युधिष्ठिर का रहेगा, परन्तु खाण्डवप्रस्थ हस्तिनापुर का ही अंग माना जाता रहेगा। राज्य की विदेश नीति में कोई परिवर्तन नहीं होगा, यानी दूसरे राष्ट्र से व्यापार–व्यवसाय के सम्बन्ध में तो युधिष्ठिर पूरी तरह से स्वतन्त्र होगा, लेकिन किसी राष्ट्र आक्रमण या युद्ध अभियान जैसे विषयों पर हस्तिनापुर सम्राट, यानी धृतराष्ट्र की सहमति अनिवार्य रहेगी। खाण्डवप्रस्थ में कुरुराज्य के पारम्परिक ध्वज का प्रयोग भी जारी रहेगा। यह भी पूर्ण और अविवादित सत्य है कि पाण्डवों ने अविकसित खाण्डवप्रस्थ का अद्‌भुत विकास किया और नये सिरे से राजधानी विकसित कर उसे इन्द्रप्रस्थ का नाम दिया।

युधिष्ठिर का राजसूय यज्ञ, हस्तिनापुर की सम्प्रभुता का अस्वीकार्य

राज्य के विभाजन के पश्चात् कौरवों और पाण्डवों का तनाव कुछ नियन्त्रित होता जान पड़ रहा था। हस्तिनापुर के युवराज के रूप में दुर्योधन काफ़ी प्रसन्न था। धृतराष्ट्र के अन्धत्व के कारण सत्ता के जो सूत्र अब तक विदुर के हाथ में रहे थे, अब उन पर दुर्योधन का नियन्त्रण था। हस्तिनापुर की प्रजा में भी दुर्योधन की प्रशासनिक कार्यकुशलता का सिक्का जमता जा रहा था। स्वाभाविक रूप से विदुर को यह फूटी आँख नहीं सुहा रहा था। विदुर शरीर से भले ही हस्तिनापुर में था, लेकिन उसका मन, उसकी निष्ठा और एक मन्त्री के रूप में उसका कौशल, सभी पाण्डवों के पक्ष में था।

पाण्डवों को राजपाट सँभाले अभी अधिक समय नहीं हुआ था कि युधिष्ठिर ने हस्तिनापुर को राजसूय यज्ञ के लिए निमन्त्रण भेजा। तत्कालीन प्रथा के अनुसार अपने को सबसे शक्तिशाली और श्रेष्ठ समझने वाला राजा स्वयं को चक्रवर्ती सम्राट घोषित करने के लिए राजसूय यज्ञ का आयोजन करता था। राजसूय करने वाले राजा के वर्चस्व को चुनौती देने वाले को उससे युद्ध करना होता था। स्वाभाविक रूप से राजसूय यज्ञ के आयोजन का अधिकार उस राज्य या राजा को होता था, जो सम्पूर्ण प्रभुत्व सम्पन्न हो। राज्य विभाजन के समय हस्तिनापुर और खाण्डवप्रस्थ के बीच जो अनुबन्ध तय हुआ

था, उसके अनुसार इन्द्रप्रस्थ को सम्प्रभुता प्रदान नहीं की गयी थी। स्पष्ट है कि इस प्रकार के यज्ञ का आयोजन न केवल हस्तिनापुर की विदेश नीति का उल्लंघन था, बल्कि इसका सीधा-सीधा अर्थ था-हस्तिनापुर की संप्रभुता को अस्वीकृत करना। होना तो ये चाहिए था कि हस्तिनापुर से अनुमति लिए बिना राजसूय जैसे बड़े यज्ञ को आयोजित किये जाने के लिए महाराज धृतराष्ट्र की ओर से युधिष्ठिर को कड़ी चेतावनी दी जाती, लेकिन अब ये समझना मेरे लिए कठिन नहीं था कि युधिष्ठिर को राजसूय यज्ञ करने का परामर्श विदुर से ही प्राप्त हुआ होगा। यदि ऐसा है तो विदुर ने अपनी नीति के नाम पर छल कर महाराज और भीष्म को भी समझा दिया होगा कि युधिष्ठिर के राजसूय यज्ञ के आयोजन में कुछ भी अनुचित नहीं है।

जैसा मैंने सोचा था, वैसा ही हुआ। जब मैं राजसभा पहुँचा तो दुर्योधन का पारा चढ़ा हुआ था और वह महाराज और भीष्म को निरन्तर ये समझाने का प्रयास कर रहा था कि राजसूय के आयोजन के पीछे पाण्डवों की मंशा उचित नहीं है। वाणी पर संयम न रख पाने की दुर्बलता दुर्योधन में हमेशा से ही थी। यहाँ भी वह अपने तर्कों को सही प्रकार से रखने की बजाय आवेश और भावनाओं में बहकर बात कर रहा था। परिणामस्वरूप दुर्योधन के तर्कों पर उसकी उद्दण्डता हावी दिखायी दे रही थी। अन्त में वही हुआ। दुर्योधन के सभी तर्कों की अनदेखी कर युधिष्ठिर के राजसूय यज्ञ के लिए हस्तिनापुर का राजकोष खोल दिया गया। स्वयं पितामह भीष्म और विदुर ने राजसूय के लिए इन्द्रप्रस्थ जाने का निर्णय लिया और दुर्योधन को भी उसकी इच्छा के विरुद्ध इन्द्रप्रस्थ भेजा गया।

शिशुपाल वध और दुर्योधन का अपमान

इन्द्रप्रस्थ का निर्माण वाक़ई किसी चमत्कार से कम नहीं था। गान्धार से लेकर हस्तिनापुर और काम्पिल्य जैसे वैभवशाली नगरों को मैं देख चुका था, लेकिन इन्द्रप्रस्थ का वास्तुकौशल अद्‌भुत था। इन्द्रप्रस्थ आकार में हस्तिनापुर जितना विशाल भले ही न हो, लेकिन हस्तिनापुर की तुलना में ये कहीं अधिक आधुनिक और सुन्दर था। नगर की सुन्दरता से आगे बढ़कर राजमहल का निर्माण तो असाधारण था। राजसूय यज्ञ के समय जब मैं इन्द्रप्रस्थ में भ्रमण कर रहा था तो मुझे लगा कि इस सुन्दर और वैभवशाली नगर के निर्माण का श्रेय निश्चित ही पाण्डवों को जाता है, परन्तु पाण्डव केवल अपने बल पर यह चमत्कार नहीं कर सकते। बताया जा रहा था कि मयासुर नाम का दानव, जो एक असाधारण वास्तुविद था, उसी ने इस अद्‌भुत नगरी का निर्माण किया था। प्रश्न केवल नगर की सुन्दरता या अद्‌भुत वास्तुकौशल का नहीं था। पांचाली के स्वयंवर में अर्जुन को मिली सफलता हो या भीम द्वारा जरासंध का वध किये जाने की घटना हो, पाण्डव जिस सफलता के घोड़े पर सवार थे, उसके पीछे किसी दैवीय शक्ति का आभास हो रहा था। क्या ये दैवीय शक्ति कृष्ण की थी? क्या उन्हें कृष्ण के कारण ही एक के बाद एक सफलताएँ मिलती जा रही थीं? क्या कृष्ण ही पाण्डवों की सफलता का मूल है? यदि वह ईश्वर है तो वह पाण्डवों के ही पक्ष में क्यों है? क्या उसे मेरे साथ हुआ अन्याय दिखायी नहीं देता? क्या उसे गान्धारी के साथ हुआ अन्याय दिखायी नहीं देता? यदि स्वयं

ईश्वर पाण्डवों के साथ है तो भला शकुनि उनका क्या बिगाड़ सकता है? पर मैं कृष्ण के सम्बन्ध में इतना अधिक विचार क्यों कर रहा था?

शीघ्र ही मेरी आँखों के समक्ष वह घटना भी घटी, जिससे मेरा भी विश्वास दृढ़ हो गया कि कृष्ण कोई साधारण मानव नहीं है। राजसूय यज्ञ में अग्रपूजा का दिन था। यज्ञ में अग्रपूजा का सम्मान किसे मिलेगा, इसे लेकर कुछ उत्सुकता मेरे मन में भी थी। भीष्म, महाराज धृतराष्ट्र, द्रोण जैसे नाम मेरे मन में घूम रहे थे, परन्तु स्वयं भीष्म ने कृष्ण के नाम का प्रस्ताव रखा। कृष्ण– ये नाम ही कुछ ऐसा था कि किसी ने इसका विरोध नहीं किया, लेकिन चेदि नरेश शिशुपाल ने जो किया, वह सर्वथा अनपेक्षित था। शिशुपाल का कृष्ण से बैर और ईर्ष्या कुछ ऐसी थी कि अग्रपूजा का सम्मान कृष्ण को दिया जाना वह सहन न कर सका। शिशुपाल ने भरी सभा में कृष्ण को न केवल अनेक अपशब्द कहे, बल्कि भद्दी–भद्दी गालियाँ देना भी शुरू कर दिया। कृष्ण के जन्म, जाति और एक गौपालक के रूप में उसके व्यवसाय पर भी उँगली उठायी। शिशुपाल ने भीष्म को भी नहीं छोड़ा। भीष्म के ब्रह्मचर्य का उपहास उड़ाते हुए शिशुपाल ने उन्हें नपुंसक तक कह डाला। सभा में बैठे पाण्डवों और कौरवों ने भी यह सुनकर अपनी तलवारें खींच लीं, लेकिन कृष्ण अभी भी शान्त भाव से मन्द–मन्द मुस्कुरा रहे थे। कृष्ण ने सभी को अपना आक्रोश नियन्त्रित करने को कहा और उनकी वाणी में जाने क्या जादू था कि जैसा उन्होंने कहा, वैसा ही हुआ। शिशुपाल के अपशब्दों की बौछार जारी रही। अचानक शान्तचित्त कृष्ण के मुख के भाव एकाएक बदल गये। गम्भीर, संयत, परन्तु उच्च स्वर में श्रीकृष्ण ने गर्जना की–"शिशुपाल, तुम्हारी माता, यानी मेरी बुआ को मैंने तुम्हारे एक सौ अपराध क्षमा करने का वचन दिया था। यही कारण है कि मैं अब तक तुम्हारा प्रत्येक अपराध क्षमा कर रहा था, लेकिन तुम्हारे पापों का घड़ा अब भर चुका

है। अब तुम्हारी जिह्वा से निकला एक भी अपशब्द तुम्हारी मृत्यु का कारण बन जायेगा।" लेकिन जब नाश मनुष्य पर छाता है तो उसका विवेक सबसे पहले मर जाता है। शिशुपाल ने कृष्ण की चेतावनी को नहीं समझा और अनर्गल प्रलाप जारी रखा। पलक झपकते ही कृष्ण ने अपनी केवल एक उँगुली से एक ऐसे शस्त्र का प्रयोग किया, जिसके बारे में मैंने न तो कभी सुना था और न ही कभी देखा था। चक्रनुमा ये शस्त्र कब कृष्ण की उँगली से चला और कब शिशुपाल की ग्रीवा तक पहुँचकर उसके शीश को धड़ से अलग कर गया, ये मुझे पता ही नहीं चला। पूरी सभा स्तब्ध थी। कईयों को तो ये समझ ही नहीं आ रहा था कि कुछ क्षणों पूर्व जो व्यक्ति अपनी शक्ति के दम्भ पर कृष्ण के विरोध में अनर्गल प्रलाप कर रहा था, उसका मस्तक अब उसके धड़ पर है ही नहीं। हमेशा सौम्य दिखायी देने वाले कृष्ण का ये रूप कदाचित् पहले किसी ने नहीं देखा था। शिशुपाल के समर्थक थर–थर काँप रहे थे। शिशुपाल वध के समय पर कृष्ण के मुख पर जो कठोरता आयी थी, कुछ क्षणों पश्चात् वह लुप्त हो चुकी थी। कुछ समय पहले जिस कृष्ण का रौद्र रूप दिखायी दे रहा था, वही कृष्ण एक बार फिर अपनी चिर–परिचित मुस्कान के साथ यज्ञ में सम्मिलित थे।

राजसूय यज्ञ सम्पन्न हुआ। युधिष्ठिर 'चक्रवर्ती' राजा घोषित कर दिया गया। सामान्यतः चक्रवर्ती राजा की पदवी किसी बेहद पराक्रमी और शूरवीर राजा को मिला करती है, लेकिन यह कैसा चक्रवर्ती राजा था, जिसने कभी रणभूमि में प्रवेश तक नहीं किया! यहाँ तक कि उसके लिए उसकी पत्नी तक को भी उसके अनुजों ने विजित किया था! क्या युधिष्ठिर भाग्यशाली था, जो राजयोग लेकर पैदा हुआ था या फिर उसके लिए विदुर द्वारा बनायी गयी योजनाएँ इतनी सटीक थीं कि बिना किसी योग्यता के भी विदुर ने उसे चक्रवर्ती सम्राट बना दिया। यदि ये सत्य है तो धिक्कार है मुझ पर, जो युधिष्ठिर से कहीं

अधिक योग्य दुर्योधन को सम्राट तो क्या, आधे राज्य का स्वामी भी नहीं बना पाया। दुर्योधन के हिस्से के हस्तिनापुर में अब भी वह युवराज ही था। अन्धे धृतराष्ट्र ने अपने ही पुत्र तक के लिए भी सिंहासन रिक्त नहीं किया था। यहाँ तक कि युवराज के रूप में भी निर्णय लेने की स्वतन्त्रता दुर्योधन को नहीं थी, क्योंकि यहाँ विदुर जैसा मन्त्री मौजूद था, जो हस्तिनापुर को केवल चूस रहा था। उसकी वास्तविक निष्ठा तो इन्द्रप्रस्थ और युधिष्ठिर के प्रति ही थी।

इस पूरे यज्ञ के दौरान धार्मिक क्रिया–कलाप से अधिक पाण्डवों में ये प्रदर्शित करने की होड़ लगी रही कि उनका राज्य अब हस्तिनापुर से भी कहीं अधिक सम्पन्न है। राजकोष की धन–सम्पदा का इतना भौंड़ा प्रदर्शन मैंने पहले कभी नहीं देखा था। यज्ञ के दौरान ये भी स्पष्ट सन्देश दिया गया कि कुछ दिनों पहले ही हस्तिनापुर से पृथक् हुए इस राज्य का अब हस्तिनापुर से कोई सम्बन्ध नहीं है। पाण्डवों के वैभव, शक्ति और सम्पन्नता के इस प्रदर्शन को लेकर दुर्योधन स्वाभाविक रूप से खिन्न था, परन्तु मुझे चिन्ता पाण्डवों की भौतिक सम्पदा की नहीं थी। मेरे लिए चिन्ता का कारण था, कृष्ण का पाण्डवों की ओर झुकाव। दुर्योधन उसे केवल कुछ चमत्कार दिखाकर दृष्टिभ्रम पैदा करने वाला 'छलिया' कहा करता था, परन्तु शिशुपाल वध के दृश्य को मैं अपनी आँखों से देख चुका था। इसके बाद कृष्ण को साधारण मनुष्य नहीं कहा जा सकता था। जिस व्यक्ति को विश्व में ईश्वर के अवतार के रूप में देखा जा रहा था, वह दुर्योधन के नहीं, पाण्डवों के पक्ष में दिखायी दे रहा था। विदुर जैसी नीच प्रवृत्ति के लोग चाहे जितने बुद्धिमान हों, शकुनि से पार नहीं पा सकते थे, लेकिन कृष्ण की बात अलग थी। उसके अद्भुत सम्मोहन से बचना असम्भव था।

राजसूय के सम्पन्न होने के पश्चात् लगभग सारे अतिथि लौट चुके थे। दुर्योधन सहित हम सब भी वापसी की तैयारी में

थे। इन्द्रप्रस्थ नगर और राजप्रासादों का भ्रमण तो हम कर ही चुके थे, लेकिन युधिष्ठिर का विशेष निमन्त्रण आया। उसने हमें ख़ासतौर से बनाये माया भवन को देखने के लिए आमन्त्रित किया था। माया भवन का निर्माण भी अद्भुत वास्तुशिल्पी मयासुर ने ही किया था और उसका दावा था कि इस प्रकार का भवन सम्पूर्ण विश्व में दूसरा नहीं है। दुर्योधन तो पहले ही पाण्डवों का वैभव देखकर खिन्न था। उसे इस भवन को देखने में कोई रुचि नहीं थी, परन्तु मेरे आग्रह पर सामान्य शिष्टाचार के पालन के लिए वह इसे देखने के लिए तैयार हुआ। पाण्डवों ने औपचारिक रूप से हमारा स्वागत किया। इसमें कोई दो मत नहीं कि इन्द्रप्रस्थ का माया भवन केवल एक भवन मात्र नहीं, अपितु मायानगरी के समान था। यहाँ कहीं तो काँच की बनी पारदर्शी दीवारें ऐसी थीं कि दीवार होने का आभास ही न हो और कहीं जल कुण्ड पर ऐसी रंगोली बना दी गयी थी कि वह जल नहीं, बल्कि स्थल होने का ही आभास दे। कहीं–कहीं तो जल के ऊपर पारदर्शी काँच को इस प्रकार लगाया गया था कि देखने वाले को भ्रम हो कि यहाँ मनुष्य जल के ऊपर चल रहा है। इसी अद्भुत भवन को देखते–देखते मैं एक कक्ष से दूसरे कक्ष तक चलता रहा। युधिष्ठिर मुझे महल के वास्तु के सम्बन्ध में रोचक जानकारियाँ देता जा रहा था। मैं जानता था कि दुर्योधन को ये सब क़तई रोचक नहीं लग रहा होगा। कदाचित् इसीलिए वह अन्य पाण्डव भ्राताओं के साथ काफ़ी पीछे, दूसरे कक्ष में ही रह गया था। पूरे माया भवन का अवलोकन कर मैंने युधिष्ठिर की इस अद्भुत निर्माण के लिए प्रशंसा की और उससे चलने की आज्ञा ली। युधिष्ठिर के साथ जब मैं अगले कक्ष में पहुँचा तो दृश्य चौंका देने वाला था। दुर्योधन उसी जल कुण्ड में गिरा हुआ था, जहाँ रंगोली के कारण जल की बजाय स्थल का आभास हो रहा था। दुर्योधन के सिर से मुकुट भी गिर चुका था और पूरे भवन में अट्टाहस गूँज रहा था। मैं समझ गया कि दुर्योधन ने ठोस भूमि समझकर इस पर पैर रखा होगा और जल

कुण्ड में जा गिरा होगा। दुर्योधन की स्थिति अति दयनीय हो गयी थी। दुर्योधन की इस स्थिति पर राजस्त्रियाँ तो हँस ही रही थीं, दासियों ने भी अपनी हँसी रोकने की कोई चेष्टा नहीं की। इन सभी स्त्रियों की हँसी रोके नहीं रुक रही थी। इन्हीं स्त्रियों में एक स्वर पांचाली का भी था। नकुल–सहदेव भी मुँह दबाये हंस रहे थे। भीम ने तो मुँह दबाने का भी प्रयास नहीं किया, बल्कि दुर्योधन को खिजाने के लिए वह और ज़ोर–ज़ोर से हँस रहा था। युधिष्ठिर ने किसी प्रकार अपनी मुस्कुराहट छिपाते हुए भीम को बनावटी ढंग से डाँटा। युधिष्ठिर की झिड़की सुनकर हँसता हुआ भीम दुर्योधन के निकट पहुँचकर उसे निकालने के लिए हाथ बढ़ाकर बोला–"आओ धृतराष्ट्र पुत्र"।

'धृतराष्ट्र पुत्र!' इस सम्बोधन से तो दुर्योधन को आज तक किसी ने नहीं पुकारा था। यह सत्य था कि दुर्योधन धृतराष्ट्र का पुत्र था, पर जिस प्रकार पाण्डु के नाम पर कुन्ती और माद्री के पुत्रों को 'पाण्डव' कहा जाता था, धृतराष्ट्र पुत्रों को इस तरह से पुकारे जाने की कोई परम्परा नहीं थी। फिर आज दुर्योधन को 'धृतराष्ट्र पुत्र' कहने का कोई औचित्य नहीं था। भीम के धृतराष्ट्र पुत्र सम्बोधन के बाद तो राजस्त्रियों के खण्ड से इस संबोधन को दोहराते हुए खिलखिलाने के स्वर तेज़ हो गये। मुझे पूरा विश्वास है कि स्त्रियों के खण्ड से आने वाले स्वरों में सबसे तीव्र और स्पष्ट स्वर किसी और का नहीं, अपितु पांचाली का ही था। निश्चित ही दुर्योधन और मैं दोनों ही इतने मूर्ख तो नहीं थे कि 'धृतराष्ट्र पुत्र' के सम्बोधन के पीछे छिपे व्यंग्य को न पहचान सकें। अपने इस अपमान पर दुर्योधन का मुख क्रोध से तमतमा गया। जल कुण्ड से बाहर निकलकर उसने अपनी राह में खड़े नकुल को इतनी ज़ोर से धक्का दिया कि वह भूमि पर जा गिरा। महल से बाहर निकलकर उसने मेरे आने की प्रतीक्षा भी नहीं की। वह सीधे रथ पर बैठा और हस्तिनापुर की ओर प्रस्थान कर गया।

कौरवों और पाण्डवों के युद्ध की भूमिका यहीं से तय हो गयी थी, लेकिन मैं दुर्योधन की तरह जोश में होश खोने वालों में से नहीं था। इन्द्रप्रस्थ में अपने अल्प निवास के दौरान मैं युधिष्ठिर की एक कमी भाँप चुका था। 'धर्मराज' के रूप में प्रचारित किया गया यह युधिष्ठिर द्यूत व्यसनी था। मैंने कई बार उसे द्यूत खेलते देखा व सुना था। मैं स्वयं भी कई बार उसके साथ चौसर बिछा चुका था। दुर्योधन के इस प्रकार जाने से माया महल के वातावरण में एक प्रकार का तनाव उत्पन्न हो गया था। उस पर मैं और दुर्योधन एक ही रथ पर आये थे और दुर्योधन उस रथ को लेकर जा चुका था। परिस्थिति को देखते हुए युधिष्ठिर ने मुझसे कहा–"मातुल, लगता है अनुज दुर्योधन कुछ अधिक ही क्रोधित हो गये, परन्तु हमारी मंशा उन्हें दुख पहुँचाने की कदापि नहीं थी।" मैंने भी अपने मुख पर बनावटी मुस्कुराहट बिखेर कर कहा–"चक्रवर्ती सम्राट की मंशा पर प्रश्न उठाने का साहस तो मैं नहीं कर सकता, परन्तु यह सत्य है कि दुर्योधन क्रुद्ध होकर गया है, लेकिन उसका क्रोध मैं जानता हूँ। जल्द ही वह शान्त भी हो जायेगा। सम्राट से निवेदन है कि वे मेरे लिए एक रथ का प्रबन्ध करवा दें तो बड़ी कृपा होगी।"

दुर्योधन के क्रोध से पाण्डवों में से कोई अन्य भयभीत हो या न हो, परन्तु मैं विश्वास से कह सकता हूँ कि युधिष्ठिर अवश्य भयभीत था। स्थिति को सामान्य करने के उद्देश्य से उसने कहा–"मातुल, आपको जाने की ऐसी क्या शीघ्रता है? यदि आप भी दुर्योधन के पीछे–पीछे चले गये तो मैं समझूँगा कि आप भी दुर्योधन की ही तरह हमसे नाराज़ हैं।"

"नहीं सम्राट, मैं भला आपसे कैसे नाराज़ हो सकता हूँ!" युधिष्ठिर पुनः बोला–"मामाश्री, ये बात तो मैं तभी मानूँगा, जब आप हमारा आतिथ्य कुछ और समय ग्रहण करें।" युधिष्ठिर के आग्रह को टालना मैंने उचित नहीं समझा और ये तय हुआ कि इन्द्रप्रस्थ के राजकीय रथ से मैं दूसरे दिन भोर में हस्तिनापुर के

लिए प्रस्थान करूँगा। अब एक रात के लिए मैं पाण्डवों के साथ था और प्रमाद के लिए चौसर की बाज़ी बिछा दी गयी। विदुर के प्रचार के चलते मैं पहले ही एक जुआरी के रूप में ख्याति प्राप्त कर चुका था। युधिष्ठिर के बारे में मैं पहले ही भाँप चुका था कि ये मूर्ख द्‌यूत व्यसनी तो है, परन्तु इसमें द्‌यूत खेलने की योग्यता बिलकुल नहीं है।

द्‌यूत का खेल आरम्भ हुआ। मेरे सम्मान में युधिष्ठिर ने उत्तम गुणवत्ता की मदिरा का भी प्रबन्ध किया। कहने की आवश्यकता नहीं कि पासों और गोटियों की जमावट में मेरा कोई जोड़ नहीं था। शुरुआती दाँव जीतने के पश्चात् मैंने योजना के तहत युधिष्ठिर को जीतने का अवसर दिया। मेरे हर दाँव के हारने पर युधिष्ठिर की आँखों में एक विचित्र–सी चमक आ रही थी। ये चमक किसी द्‌यूत व्यसनी की आँखों में ही दिखायी देती है। युधिष्ठिर के साथ इस द्‌यूत में मैंने भारी सम्पत्ति गँवा दी और इस विजय का उन्माद युधिष्ठिर के मन–मस्तिष्क पर हावी दिखायी देने लगा। एक चक्रवर्ती सम्राट को साधारण से द्‌यूत में मिली इस विजय को लेकर इतना प्रसन्न होना आश्चर्यचकित करने वाला था। स्पष्ट था कि शौर्य और बल में शून्य युधिष्ठिर का द्‌यूत का व्यसन चरम पर था। मैंने युधिष्ठिर की इसी कमज़ोरी का लाभ उठाने की योजना बना ली।

दूसरे दिन हस्तिनापुर रवाना होने से पूर्व मैंने युधिष्ठिर से कहा कि दुर्योधन के साथ माया भवन में जो कुछ हुआ, वह ठीक नहीं था। निश्चित ही दुर्योधन इससे काफ़ी आहत है, परन्तु मेरे पास स्थिति को सामान्य करने का एक उपाय है। जिस प्रकार मैंने आप लोगों के साथ कुछ समय व्यतीत कर अपने मन का सारा मैल धो दिया, उसी प्रकार यदि आप भी हस्तिनापुर पधारकर दुर्योधन के साथ अच्छा समय बितायेंगे तो उसके मन की कटुता भी समाप्त हो जायेगी। युधिष्ठिर से विनोद करते हुए मैंने ये भी कहा कि सम्राट ने तो अपनी द्‌यूत कुशलता से मुझे पराजित कर

गान्धार को कंगाल बना दिया है। यदि हस्तिनापुर में भाग्य ने साथ दिया तो अपनी कुछ सम्पत्ति पुनः प्राप्त कर लूँगा। युधिष्ठिर भी ठहाका लगाकर हँस पड़ा। द्यूत क्रीड़ा के इस प्रस्ताव से अन्य पाण्डव प्रसन्न दिखायी नहीं दे रहे थे, लेकिन चौसर में युधिष्ठिर की रुचि से मुझे विश्वास हो गया था कि वह द्यूत क्रीड़ा का प्रस्ताव अस्वीकार नहीं कर सकेगा। ये तय हो गया कि पाण्डव शीघ्र ही हस्तिनापुर आयेंगे और चौसर की बाज़ी पर नाराज़ दुर्योधन को मना लिया जायेगा।

इन्द्रप्रस्थ से लौटकर जब मैं हस्तिनापुर पहुँचा तो जैसी मुझे अपेक्षा थी, दुर्योधन क्रोध से भरा किसी नाग की तरह फुंफकार रहा था। मुझे देखते ही वह व्यंग्य में भिगोए बाण चलाते हुए बोला–"आइये गान्धार नरेश, हस्तिनापुर में आपका स्वागत है। लगता है कि नरेश को अपने प्रिय पाण्डवों का आतिथ्य बहुत भा गया है। कहीं गान्धारराज, इन्द्रप्रस्थ का वैभव देखते हुए स्थायी रूप से वहीं निवास करने का तो विचार नहीं कर रहे?"

मैंने भी दुर्योधन के इस व्यंग्य का मुस्कुराकर उत्तर दिया–"लगता है, मेरे इन्द्रप्रस्थ में रुकने से युवराज को अति कष्ट है!" मेरी बात पूरी करने से पहले ही दुर्योधन का गुस्सा फट पड़ा। इस बार उसने व्यंग्य का सहारा लिए बिना सीधे–सीधे ही कहा–"कष्ट कैसे नहीं होगा, मामाश्री? आपकी आँखों के सामने माया भवन में मेरा इतना अपमान हुआ। उसके बाद मेरा सबसे बड़ा हितैषी मेरे साथ आने की बजाय मेरे शत्रुओं का आतिथ्य ग्रहण कर रहा है! उनके साथ चौसर की बाज़ी जमा रहा है! मदिरा का आनन्द ले रहा है! मामाश्री, आपको द्यूत या मदिरा इतनी ही प्रिय है तो बताइए कि हस्तिनापुर या गान्धार में क्या इसकी कोई कमी है? उन पाण्डवों का अतिथि बनने की क्या आवश्यकता थी?" दुर्योधन की वाणी से स्पष्ट था वह काफ़ी आहत है।

मैंने कहा–"न केवल आवश्यकता थी दुर्योधन, बल्कि मेरा वहाँ रुकना बेहद महत्त्वपूर्ण था। यदि मैं भी तुम्हारी ही तरह व्यवहार

करने लगूँ तो हो चुका कल्याण! इन्द्रप्रस्थ में तुम्हारा अपमान हुआ, ये बात मैं कदापि नहीं भूला हूँ और तुम यहाँ पहले व्यक्ति भी नहीं हो, जिसको अपमान का सामना करना पड़ा। अपमान हुआ है तो उसका प्रतिशोध लेने की योजना सोचनी चाहिए। इस प्रकार व्यर्थ क्रोध में आगबबूला होने से भला क्या लाभ!"

कर्ण जो अब तक चुप्पी साधे बैठा था, तपाक से बोला– "दुर्योधन, तुम केवल संकेत करो। मैं अभी तुम्हारा प्रतिशोध लेने के लिए तैयार हूँ। महादेव की सौगन्ध पाँचों पाण्डवों को बन्दियों की तरह तुम्हारे सामने प्रस्तुत करता हूँ।" मैंने कर्ण को टोकते हुए कहा–"मेरे लिए एक मूर्ख क्या कम था, जो ये दूसरा मूर्ख भी मुझे भाग्य ने भेंट कर दिया! तुम लोगों को युद्ध और रक्तपात के अतिरिक्त भी कुछ सूझता है! ध्यान रहे अंगराज, दुर्योधन का अपमान उसका व्यक्तिगत मामला है। तुम उसके अभिन्न मित्र होने के नाते इसे लेकर मरने--मारने को तैयार हो, लेकिन इस युद्ध में दुर्योधन और पाण्डवों की ओर से जो सैकड़ों–हज़ारों सैनिक मरेंगे, उसका दायित्व किसका होगा? क्या दुर्योधन के अपमान का प्रतिशोध हज़ारों सैनिकों के प्राण देकर लेना तुम्हें उचित लगता है? क्या तुम आश्वासन दे सकते हो कि इस युद्ध अभियान में एक भी सैनिक की मृत्यु नहीं होगी?"

मेरी बात सुनकर कर्ण सकपका गया और बोला–"युद्ध में किसी की मृत्यु होने या न होने का आश्वासन भला मैं कैसे दे सकता हूँ! मैं क्या, कोई भी विश्वास के साथ ये नहीं कह सकता कि वह स्वयं भी युद्धभूमि से जीवित वापस लौटेगा या नहीं।"

"इसीलिए तो मैं कह रहा हूँ अंगराज कि तुम दोनों हमेशा व्यर्थ के रक्तपात की बातें न किया करो, विशेषकर उस स्थिति में, जहाँ बिना रक्त बहाये ही आसानी से लक्ष्य हासिल किया जा सकता है।" अधीर होकर दुर्योधन ने मुझसे पूछा–"भला कैसे?"

"द्यूत के माध्यम से।" मैंने कहा। दुर्योधन और कर्ण दोनों ने ही एक–दूसरे की ओर इस प्रकार देखा, मानो मैं कोई अति

मूर्खतापूर्ण बात कर रहा हूँ, परन्तु मैंने जब दुर्योधन को स्वयं के इन्द्रप्रस्थ में रुकने और युधिष्ठिर के द्‌यूत व्यसन के बारे में बताया तो उसकी आँखों में चमक आ गयी। मैंने दुर्योधन को समझाया किस प्रकार से मेरे चौसर के पासे और गोटियाँ उसकी झोली में इन्द्रप्रस्थ का राज्य डाल सकते हैं। हालाँकि अंगराज को अब भी इस योजना में छल नज़र आ रहा था। उसने दुर्योधन के सामने धर्म–अधर्म, न्याय–अन्याय और वीरता व कायरता की बड़ी–बड़ी बातें कीं, लेकिन ईश्वर का शुक्र है कि दुर्योधन पर उसका अधिक प्रभाव नहीं हुआ। योजना के अनुसार दुर्योधन ने महाराज धृतराष्ट्र से कहकर पूरी राजकीय औपचारिकता के साथ पाण्डवों को हस्तिनापुर आने का निमन्त्रण भेजा। युधिष्ठिर का मन मैंने पहले ही भाँप लिया था और जैसी मुझे आशा थी, युधिष्ठिर ने निमन्त्रण स्वीकार कर लिया। पाण्डवों के हस्तिनापुर आने का दिन तय हो गया और हस्तिनापुर ने भी 'चक्रवर्ती सम्राट' युधिष्ठिर के आगमन में स्वागत हेतु पलक–पाँवड़े बिछा दिये। पाण्डवों के हस्तिनापुर आने पर उनका जैसा स्वागत हुआ, वैसा स्वागत कदाचित् पहले किसी का न हुआ हो। चक्रवर्ती सम्राट के सम्मान में मनोरंजन के सारे साधन और सुविधाएँ जुटाई गयी थीं। नृत्य, संगीत, विहार, मदिरा, आखेट सभी की व्यवस्था की गयी थी, परन्तु मुझे ज्ञात था कि इन सबसे हटकर युधिष्ठिर की रुचि किसी बात में है तो वह था–द्‌यूत। युधिष्ठिर के अनुज द्‌यूत के पक्ष में कदापि नहीं थे। ऐसे में 'धर्मराज' युधिष्ठिर ने अपने अनुजों को मनाने के लिए सहारा लिया 'धर्म' का। उन्हें समझाया कि क्षत्रियों के लिए द्‌यूत का निमन्त्रण अस्वीकार करना वैसा ही है, जैसे युद्ध का निमन्त्रण अस्वीकार करना। क्षत्रिय मर्यादा की दुहाई देते हुए द्‌यूत का निमन्त्रण स्वीकार कर ही लिया गया। आख़िरकार वह प्रसंग भी आ ही गया, जिसे आप सब 'महाभारत' के सबसे काले प्रसंग के रूप में जानते हैं।

हस्तिनापुर में कौरव–पाण्डव द्यूतक्रीड़ा

द्यूत का खेल आरम्भ हो गया। स्पष्ट कर दूँ कि मैं द्यूत के खेल को मात्र भाग्य पर आधारित नहीं मानता। ये सत्य है कि इसमें खेलने वाले के भाग्य की भूमिका होती है, लेकिन चौसर पर गोटियों की जमावट व पासों को फेंके जाने की योग्यता को भी कमतर नहीं आँका जा सकता था और यहाँ मैं युधिष्ठिर से कहीं आगे था। भले ही युधिष्ठिर इस तथ्य से अवगत नहीं था, लेकिन मैं अपनी इसी योग्यता के बल पर अपनी जीत को तय मान रहा था। शुरुआती बाज़ियाँ मैंने जान–बूझकर युधिष्ठिर को जीतने दीं। खेल की रोचकता बनाए रखने के लिए कुछ छोटी–छोटी बाज़ियाँ मैंने भी जीतीं। फिर मैंने स्वयं की हार का सिलसिला कुछ इस प्रकार आरम्भ किया, जो समाप्त होने का नाम ही नहीं ले रहा था। एक–एक कर मैंने दुर्योधन की सारी सम्पत्ति दाँव पर लगा दी और उसे हारता गया। पहले से तय योजना के अनुसार हर दाँव के हारने पर दुर्योधन और मैं बेहद निराश और हताश दिखायी दे रहे थे। लगातार हार का ये सिलसिला जारी रहा और दुर्योधन पूरी तरह से कंगाल हो गया। निरन्तर हो रही पाण्डवों की जीत के कारण युधिष्ठिर के अनुज भी अब द्यूत में काफ़ी रुचि लेने लगे। उधर मैं और दुर्योधन स्वयं को बेहद निराश और हताश दर्शा रहे थे।

इसी नाटकीय हताशा में दुर्योधन ने अपना युवराज पद भी दाँव पर लगा दिया। धन और सम्पत्ति से आगे बढ़कर युवराज पद को दाँव पर लगाना किसी भी स्थिति में नैतिक नहीं कहा

जा सकता था। मुझे लगा था कि द्यूत सभा में जो ज्ञानी बैठे हैं, अब वे इस खेल को वहीं रुकवा देंगे, लेकिन ऐसा नहीं हुआ। युवराज पद को दाँव पर लगाये जाने पर किसी ने आपत्ति नहीं की। राजा या युवराज जैसे पदों को प्रजा के प्रतिनिधि के रूप में देखा जाता है। कई राष्ट्रों में तो इन पदों को ईश्वर के प्रतिनिधि का भी स्थान दिया जाता है। ये पद कोई व्यक्तिगत सम्पत्ति नहीं होता, बल्कि प्रजा के पालन के लिए एक गम्भीर उत्तरदायित्व होता हैं, लेकिन हस्तिनापुर में इन बातों का कोई मूल्य नहीं रह गया था। दुर्योधन ने अपना युवराज पद दाँव पर लगाया तो किसी ने कोई आपत्ति नहीं की। जी हाँ, ये वही सभा थी, जिसमें भीष्म, द्रोण, कृपाचार्य और विदुर जैसे तथाकथित ज्ञानी उपस्थित थे। युधिष्ठिर तो पहले से ही द्यूत व्यसनी था, लेकिन निरन्तर मिल रही विजय से अब तो अन्य पाण्डव भी द्यूत के उन्माद में पागल होते दिखायी दे रहे थे। पासे युधिष्ठिर के हाथों में थे और सभी की नज़रें परिणाम पर लगी थीं। पासे एक बार फिर युधिष्ठिर के पक्ष में गिरे और दुर्योधन का युवराज पद जाता रहा। भीम तो इस बार प्रसन्नता से नाचने लगा। अपनी पराजय के बाद दुर्योधन ने अपना मुकुट भी शीश से उतार दिया। सब समझ रहे थे कि अब खेल समाप्त हो गया, क्योंकि अब दुर्योधन के पास दाँव पर लगाने के लिए कुछ भी शेष नहीं रह गया था, परन्तु दुर्योधन ने कुछ ऐसा दाँव पर लगाया जिसकी किसी ने कल्पना भी नहीं की थी। दुर्योधन ने अपनी हताशा में पागल होने का अभिनय करते हुए अपने अनुज दुःशासन को दाँव पर लगा दिया।

द्यूत में मनुष्यों को दाँव पर लगाने की कोई परम्परा नहीं रही थी। दुर्योधन ने इस परम्परा के विपरीत जाकर अपने अनुज को दाँव पर लगाया था। दुःशासन ने भी योजनानुसार इस पर कोई आपत्ति नहीं की, परन्तु इस द्यूत क्रीड़ा में मानव का वस्तु या सम्पत्ति की तरह उपयोग निश्चित ही अनैतिक था। मैं लगातार विदुर की ओर देख रहा था। मुझे ज्ञात था कि द्यूत सभा में यही

एक ऐसा मनुष्य था, जो मेरी योजना पर पानी फेर सकता था और वही हुआ, जिसका मुझे डर था। कदाचित् विदुर मेरी योजना को भाँप गया और इसीलिए इस बार विदुर ने अपने आसन से उठकर कहा–"मेरे विचार में ये क्रीड़ा काफ़ी हो गयी है और अब इस खेल को बन्द कर दिया जाना चाहिए। द्यूत में मनुष्य को दाँव पर लगाना उचित नहीं है।" मुझे पहले से ही अन्देशा था कि ऐसी स्थिति आ सकती है, इसीलिए मैंने इससे निपटने के लिए भी योजना बना ली थी। उसी योजना के अन्तर्गत दुःशासन ने विदुर की बात का प्रतिकार किया। यह राजसभा नहीं, बल्कि द्यूत सभा थी, इसलिए दुःशासन ने विदुर को 'महामन्त्री' की बजाय 'काकाश्री' सम्बोधित किया–"काकाश्री, द्यूत में जुआरी उसके अधिकार की प्रत्येक वस्तु या मनुष्य दाँव पर लगा सकता है। दासों को ख़रीदे–बेचे जाने की परम्परा को भी हम समाप्त नहीं कर पाये हैं। मैं स्वयं को अपने अग्रज दुर्योधन का दास स्वीकार करता हूँ। अब दास को तो पण पर लगाया जा सकता है। हो सकता है कि इस अवसर से भैया दुर्योधन जुए में हारा हुआ अपना युवराज पद भी पुनः पा सकें, क्योंकि द्यूत तो वह खेल है, जिसमें कभी निरन्तर विजय होती है तो कभी निरन्तर पराजय का भी सामना करना पड़ता है। एक बार पासे यदि मामाश्री के हाथों में आ जायें तो बाज़ी भैया दुर्योधन के पक्ष में पलट भी सकती है।" और कोई अवसर होता तो सदा धर्म और नीति की बात करने वाले पाण्डव दुःशासन के तर्क को क़तई स्वीकार नहीं करते, परन्तु विजय के जिस रथ पर वे सवार थे, उसने धर्म और नीति के ज्ञान को फीका कर दिया था। विजय के मद में चूर भीम बोला–"जब दुःशासन स्वयं को दुर्योधन का दास स्वीकार कर रहा है तो किसी को क्या आपत्ति हो सकती है?" भीम की बात को युधिष्ठिर का भी मौन समर्थन मिला और दुःशासन को दाँव पर लगाकर फिर से पासे फेंके गये। परिणाम फिर वही रहा युधिष्ठिर की विजय।

भीमसेन ने भीषण अट्टहास किया। पूरी द्यूत सभा भीम के अट्टहास में डूबे विषाक्त स्वर से गूँज गयी–"दुःशासन, अब तू दुर्योधन का दास नहीं रहा, बल्कि सम्राट युधिष्ठिर का दास हो गया है।" द्यूत का रोमांच और तनाव चरम पर पहुँच चुका था। दुर्योधन का पूरा खेमा अवसादग्रस्त दिखायी दे रहा था। दुःशासन एक दास की तरह सिर झुकाये बैठा था। युधिष्ठिर ने दुर्योधन की ओर मुस्कुराकर देखा और कहा–"अब क्या दाँव पर लगाओगे प्रिय अनुज?" दुर्योधन हताश, निराश और अवसादग्रस्त होने का अभिनय कर रहा था और उसी बनावटी हताशा में उसने कहा कि अब मैं स्वयं को दाँव पर लगाता हूँ। यदि ये दाँव मैं हारा तो फिर दुर्योधन भी तुम्हारा दास हो जायेगा। दाँव पर अब दुर्योधन लगा हुआ था। पासे फेंकने की बारी अब मेरी थी। मैं जानता था कि यही वह अवसर है, जहाँ मुझे पूरी द्यूत क्रीड़ा की दिशा बदलनी है। आर्यावर्त की राजनीति के सबसे महत्त्वपूर्ण निर्णय अब मेरे हाथों में रखे पासों के आधार पर होने थे। जीवनभर ये पासे मेरे इशारे पर नाचते रहे हैं, परन्तु आज यदि इन्होंने मेरी बात न मानी तो अनर्थ होना तय था। मेरी योजना के अनुसार दुर्योधन ने अपनी धन–सम्पत्ति की एक–एक पायी द्यूत में लगा दी थी। यहाँ तक कि दुःशासन को दास तक बना दिया गया था और दुर्योधन भी दास बनने के निकट ही था। मैंने अपनी पूरी योग्यता के साथ ईश्वर का स्मरण किया और पासे फेंके। मेरी मंशा के अनुरूप इस बार परिणाम दुर्योधन के पक्ष में गया। दुःशासन को दासत्व से मुक्ति मिल गयी।

द्यूत क्रीड़ा के इस दूसरे चरण में पासे अब हर बार मेरे ही पक्ष में गिर रहे थे। पाण्डवों को इस बात का तनिक भी सन्देह नहीं हुआ कि द्यूत के प्रथम चरण में दुर्योधन की पराजय और दूसरे चरण में उसकी विजय, सब मेरी ही योजना के अनुसार था। पहले विजय और फिर निरन्तर मिल रही पराजय से पाण्डव पूरी तरह से बौखला गये। इस शकुनि के पासों ने दुर्योधन के युवराज

पद सहित उसकी सारी सम्पत्ति पुनः जीत ली। अब बारी पाण्डवों के अपनी सम्पत्ति और वैभव हारने की थी। युधिष्ठिर की सारी सम्पत्ति जीतने में मुझे कोई कष्ट नहीं हुआ। प्रश्न ये था कि क्या युधिष्ठिर अपना राजपाट दाँव पर लगायेगा। द्यूत का मद जिस प्रकार से उस पर हावी हो चला था, उसने उसकी बुद्धि को हर लिया था। वैसा ही हुआ, जिसकी मुझे आशा थी। युधिष्ठिर ने बिना सोचे–समझे इन्द्रप्रस्थ के सिंहासन को दाँव पर लगा दिया। युधिष्ठिर के इस निर्णय से विदुर पूरी तरह से बेचैन हो गया और द्यूत में हस्तक्षेप करते हुए कहा–"क्षमा कीजिए सम्राट युधिष्ठिर, राजपाट को द्यूत में दाँव पर लगाना नीतिगत नहीं है। राजा या सम्राट का पद आपकी निजी सम्पत्ति भी नहीं है, जिसे दाँव पर लगाया जा सके।"

विदुर की बात को बीच में ही काटते हुए मैंने कहा–"महाज्ञानी विदुर, आप हस्तिनापुर के महामन्त्री हैं या फिर इन्द्रप्रस्थ के? क्षमा कीजिएगा, मेरी मंशा आपकी निष्ठा पर प्रश्नचिह्न लगाने की नहीं है, परन्तु नीति की जिस प्रकार से पक्षपातपूर्ण व्याख्या आप करते हैं, वह अवश्य सन्देह को जन्म देती है। प्रिय युधिष्ठिर जब इन्द्रप्रस्थ को दाँव पर लगा रहा है तो आप उसे अनीति बता रहे हैं! यही आपत्ति आपने उस समय क्यों नहीं की थी, जब दुर्योधन ने युवराज पद को अपनी सम्पत्ति की तरह दाँव पर लगाया था? अब जब युधिष्ठिर की पराजय की स्थिति में हस्तिनापुर को इन्द्रप्रस्थ जैसे सम्पन्न राज्य की प्राप्ति हो सकती है तो आपको नीति और धर्म का स्मरण हो आया? क्या यह दोहरी नीति नहीं है?" मेरे प्रश्नों का विदुर के पास कोई ठोस उत्तर नहीं था।

उधर युधिष्ठिर का तो मेरे और विदुर के बीच चल रहे इस संवाद पर ध्यान ही नहीं था। वह तो इन्द्रप्रस्थ का सिंहासन दाँव पर लगाकर हारी हुई हर वस्तु वापस पाने की योजना बना रहा था, परन्तु शकुनि को द्यूत में उसकी इच्छा के विरुद्ध कोई हरा दे, ये सम्भव ही नहीं था। मेरे फेंके पासों के सामने इन्द्रप्रस्थ की

सत्ता गँवाने के बाद तो युधिष्ठिर विक्षिप्तों के जैसा व्यवहार करने लगा। द्यूत के मद में विवेकशून्य होकर उसने दुर्योधन की ही तरह पहले सहदेव, फिर नकुल और फिर अर्जुन व भीम को दाँव पर लगाया और हार गया। चूँकि दुर्योधन पहले ही अपने अनुज को दाँव पर लगा चुका था, ऐसे में मनुष्यों को दाँव पर लगाये जाने का विरोध विदुर सहित कोई भी नहीं कर सका। अब मेरी योजना का अन्तिम चरण आ चुका था और आशा के अनुरूप युधिष्ठिर ने स्वयं को भी दाँव पर लगा दिया। इसी दाँव के साथ ही मैंने न केवल पाण्डवों की पूरी सम्पत्ति व राजपाट रक्त की एक बूंद बहाए बिना दुर्योधन के क़दमों में रख दी, बल्कि पाण्डवों को दुर्योधन का दास भी बना दिया।

मेरी समझ में अब दुर्योधन की विजय के साथ द्यूत का अन्त हो चुका था, लेकिन युधिष्ठिर अब भी चौसर से उठने के लिए तैयार न था। दुर्योधन ने कहा–"उठो दास युधिष्ठिर, अब तुम ये राजवस्त्र पहनने के भी अधिकारी नहीं रहे।" लेकिन युधिष्ठिर पर तो जैसे दुर्योधन के इन कटु शब्दों का भी कुछ असर न हुआ हो। युधिष्ठिर ने उत्तर दिया–"द्यूत क्रीड़ा अब तक समाप्त नहीं हुई है दुर्योधन और क्रीड़ा समाप्त होने से पूर्व मुझे दास कैसे कहा जा सकता है?"

दुर्योधन ने चकित भाव से प्रश्न किया–"अब रह ही क्या गया है तुम्हारे पास दाँव पर लगाने को? तुम तो स्वयं को भी हार चुके हो।" द्यूत के उन्माद में काँपते हुए युधिष्ठिर ने कहा–"मैं पाण्डव पत्नी और इन्द्रप्रस्थ की सम्राज्ञी द्रौपदी को दाँव पर लगाता हूँ। पांचाली के सौभाग्य से ही मैं चक्रवर्ती सम्राट बना था और आज एक बार पुनः मैं उसी के भाग्य से हारी हुई प्रत्येक वस्तु को दुर्योधन से वापस ले लूँगा।" युधिष्ठिर के ये कहते ही द्यूत सभा में उपस्थित हर व्यक्ति सन्न रह गया। क्या युधिष्ठिर पूरी तरह विक्षिप्त हो गया है! वहाँ उपस्थित प्रत्येक व्यक्ति ये भली–भाँति जानता था कि द्यूत जैसी क्रीड़ा में पत्नी को दाँव

पर लगाने से अधिक अनैतिक और नीच कर्म कुछ नहीं हो सकता और 'धर्मराज' कहलाये जाने वाला ये मूर्ख अपनी पत्नी को ही दाँव पर लगा रहा है। युधिष्ठिर की बातें सुनकर दुर्योधन की आँखों में चमक आ गयी। कदाचित् उसे माया भवन में हुआ अपना अपमान स्मरण हो आया। बिना एक क्षण गँवाये दुर्योधन इस दाँव पर सहमत हो गया। अब दुर्योधन ने अपनी अर्थपूर्ण दृष्टि मुझ पर गड़ा दी और मैं संज्ञाशून्य ढंग से उसे देखता रह गया। दोनों जुआरी द्यूत में इतना डूब चुके थे कि युधिष्ठिर और दुर्योधन, दोनों ही ने भीष्म और विदुर के कड़े हस्तक्षेप और आपत्ति की पूरी तरह से अनदेखी कर दी।

पासे मेरे हाथ में थे। मेरा पूरा जीवन ही इन पासों के साथ बीता था, लेकिन इससे पहले दाँव पर कोई सम्राज्ञी नहीं लगी थी। मेरे सामने द्यूत के किसी भी प्रतिभागी ने अपनी पत्नी को दाँव पर नहीं लगाया था। स्पष्ट था कि द्यूत का स्तर अब मेरी योजना से कहीं नीचे चला गया था, परन्तु अब ये सोचना मेरे हाथ में नहीं था। मेरे हाथ में था पासे फेंकना। वे पासे फेंकना, जो मेरे इशारे पर नाचते थे। द्यूत में किसने क्या लगाया है, हारने पर उसका परिणाम क्या होगा, ये सोचना मेरा काम नहीं था। सो मैंने अपनी योग्यता का पूरा उपयोग किया और अन्तिम दाँव भी मेरे ही पक्ष में गया। अब पागलों की तरह नाचने की बारी दुर्योधन की थी। आनन्द के अतिरेक में दुर्योधन ने अपने स्थान पर खड़े होकर प्रतिगामी को आतुरतापूर्वक आदेश दिया कि दासी द्रौपदी को तुरन्त द्यूत सभा में उपस्थित किया जाये।

द्रौपदी का चीरहरण

मैं सोच रहा था कि दुर्योधन ये क्या कर रहा है! पूरे साम्राज्य के साथ पाण्डव उसके दास हो ही चुके हैं। अब द्रौपदी को द्यूत सभा में बुलाने का क्या औचित्य है! सामान्यतः द्यूत सभा में राजस्त्रियों का आना उचित नहीं माना जाता था। केवल सेवा कार्य के लिए दासियाँ ही बुलाई जाती थीं। मुझे लगा कि दुर्योधन पांचाली को दासी के रूप में सभा में बुलाकर अपने अपमान का प्रतिशोध लेना चाहता है। प्रतिगामी तुरन्त लौट आया। द्यूत सभा में जो कुछ घटा था, उसकी जानकारी द्रौपदी को नहीं थी और अहंकारी तो वह पहले से ही थी। सो प्रतिगामी को न केवल डाँटकर भगा दिया, बल्कि ये सन्देश भी भिजवाया कि जाकर कह दो दुर्योधन से, पांचाल नरेश की पुत्री और चक्रवर्ती सम्राज्ञी द्रौपदी को आदेश देने की सामर्थ्य उसमें नहीं है। पांचाली का उत्तर सुनकर दुर्योधन आगबबूला हो गया। इस बार दुर्योधन ने दुःशासन से पांचाली को लाने के लिए कहा। दुःशासन के जाने पर भी द्रौपदी के तेवर वैसे ही कड़े बने हुए थे। दुःशासन और पांचाली के बीच तीखा संवाद भी हुआ। पांचाली ये मानने को तैयार ही नहीं थी कि अब वह दासी बन चुकी है। दुःशासन ने भी शिष्टाचार की सीमाएँ लाँघ लीं और द्रौपदी को लगभग खींचते हुए सभा में बलपूर्वक ले आया। द्रौपदी लगातार दुःशासन को अपशब्द कह रही थी। उसे लगा कि उसके पराक्रमी पतियों को जैसे ही पता चलेगा कि दुःशासन ने उसके साथ अपमानजनक व्यवहार किया है तो उसके पाँचों पति दुःशासन पर एक साथ टूट

पड़ेंगे, लेकिन उसके पति स्वेच्छा से जुए में सब–कुछ हार कर दुर्योधन की दासता स्वीकार कर चुके थे। मुझे लगा कि द्यूत सभा में अब जो कुछ भी हो रहा है, वह अनावश्यक है। द्रौपदी और पाँव दुर्योधन के दास बन चुके थे। दुर्योधन के क्रोध को शान्त करने के लिए इतना सब पर्याप्त था। अब इस विषय को व्यर्थ बढ़ाना मेरे विचार में अनावश्यक था। इससे जमा–जमाया खेल बिगड़ सकता था। मैंने हस्तक्षेप करते हुए कहा–"दुर्योधन, पाण्डव भले ही अब तुम्हारे दास हैं और द्रौपदी भी दासी बन गयी है, परन्तु दासों से भी दुर्व्यवहार करना शिष्टाचार के विपरीत है।"

मेरी बात सुनकर दुर्योधन हँस पड़ा–"उचित कहा मामाश्री आपने, परन्तु दासों का व्यवहार भी तो अपने स्वामी के सम्मान के अनुरूप होना चाहिए। आपने देखा नहीं कि इस दासी पांचाली के व्यवहार में कितना अहंकार है? ये दासी स्वामी का सम्मान करना तो दूर उसके लिए अपशब्दों का प्रयोग कर रही है। मैं इसे आदेश देता हूँ कि इन राजसी वस्त्रों के स्थान पर दासियों के समान सूती वस्त्र धारण करे और दासी के रूप में अपनी मर्यादा का पालन करे।" परन्तु द्रौपदी की अवस्था घायल शेरनी–सी हो गयी थी। उसके पतियों ने उसके साथ जो कुछ किया, वह उसे पूर्णतः अविश्वसनीय लग रहा था। वह स्वयं को दासी के रूप में स्वीकार ही नहीं कर पा रही थी। उसने क्रोध से दुर्योधन की ओर देखा और कहा–"दुर्योधन, तू मुझे दासियों के वस्त्र पहनाएगा? मुझसे दासी का कार्य करवाएगा? नीच! भूल गया वह दिन, जब मेरे पिता के चक्रव्यूह में तेरे प्राण तक संकट में पड़ गये थे? तब किस प्रकार तुझे और तेरे मित्र को रणभूमि से पीठ दिखाकर भागना पड़ा था।"

द्रौपदी की बातें सुनकर दुर्योधन की आँखों में ख़ून उतर आया। उसने मुझे सम्बोधित करते हुए कहा–"देखा मामाश्री, यह दासी कैसी अहंकारी और वाचाल है। दासों के वस्त्र पहनने का साधारण–सा आदेश भी इसे स्वीकार नहीं है। ये ऐसे नहीं मानेगी।

यदि ये दासों के वस्त्र नहीं धारण करना चाहती तो इसे राजसी वस्त्र पहनने का भी कोई अधिकार नहीं है। दु:शासन खींच लो इसके शरीर से ये राजसी वस्त्र।"

दुर्योधन की बात सुनकर मेरे चेहरे का रंग उड़ने लगा। ये क्या कर रहा है ये मूर्ख दुर्योधन! इसका उद्देश्य तो पूरा हो चुका है। बिना रक्तपात के इसने एक चक्रवर्ती राजा को परास्त कर अपना दास बना लिया है। अब ये सब करने की क्या आवश्यकता है! पिछले कुछ समय से दुर्योधन ने युवराज के रूप में उत्तम कार्य कर प्रजा के हृदय में भी स्थान बना लिया था, लेकिन अब द्रौपदी के साथ जिस प्रकार का व्यवहार ये कर रहा है, उससे न केवल इसकी कीर्ति कलंकित हो जायेगी, बल्कि प्रजा की सहानुभूति जुआरी और विवेकहीन सिद्ध हो चुके युधिष्ठिर के पक्ष में भी जा सकती थी। वही हुआ, जिसका मुझे डर था। जिस सभा में युधिष्ठिर को अपने भाइयों और पत्नी को दाँव पर लगाने के लिए अपराधी माना जा रहा था, अब उसी सभा में दुर्योधन अपराधी बन गया। सारी द्यूत सभा उस पर थू–थू करने लगी। भीष्म, द्रोण, कृपाचार्य और स्वयं महाराज धृतराष्ट्र जैसे लोग, जो अब तक मौन बैठे थे, उन्होंने भी इसका प्रतिकार किया। इन लोगों का समर्थन पाकर द्रौपदी का आत्मविश्वास और भी बढ़ गया। वह परिस्थिति को देखते हुए झुकने की बजाय अपने कड़वे और अभिमानपूर्ण वचनों से दुर्योधन के क्रोध को निरन्तर हवा देती जा रही थी। दुर्योधन ने तो उसे केवल दासियों के वस्त्र धारण करने के लिए कहा था, परन्तु द्रौपदी ने द्यूत सभा में ये प्रश्न खड़ा कर दिया कि क्या स्वयं को हार जाने के बाद युधिष्ठिर को ये अधिकार था कि वह पांचाली को दाँव पर लगा सके। द्रौपदी का गुस्सा पाण्डवों, विशेषकर युधिष्ठिर पर फट पड़ा। युधिष्ठिर को लक्ष्य करते हुए उसने कहा–"हे धर्मराज युधिष्ठिर, ये किस धर्म का पालन कर रहे हैं आप? किस धर्म में लिखा है कि पत्नी को द्यूत में लगाना धर्मसंगत होता है? यदि

धर्म का पालन करने वाले ऐसे होते हैं तो अधर्मी और पापी कौन होते हैं? धर्मराज, आपके सभी शुभचिन्तकों ने आपको द्यूत का निमन्त्रण स्वीकार न करने का परामर्श दिया था, लेकिन आपका धर्म उसमें भी आड़े आ गया। तर्क ये था कि क्षत्रिय द्यूत और युद्ध का निमन्त्रण कभी अस्वीकार नहीं कर सकते। युद्ध से हमेशा घबराने वाले धर्मराज, द्यूत की चौसर पर जो क्षत्रिय मर्यादा आपने दिखायी है, उससे आधी भी रणक्षेत्र में दिखला पाते तो मैं मानती कि आप वास्तव में क्षत्रिय हैं। ये दुर्योधन और कर्ण आपको बार–बार युद्ध के लिए ललकारते रहे, तब तो आपको कभी क्षत्रिय धर्म की मर्यादा का स्मरण नहीं हुआ? धिक्कार है आप जैसे धर्मराज और कायर क्षत्रिय पर, जो अपने द्यूत व्यसन को क्षत्रिय मर्यादा का नाम देता है। आप ही के प्रभाव में आपके चारों भाई भी नपुंसक हो चुके हैं, जो अपनी पत्नी का इतना अपमान होने पर भी मौन हैं।"

पांचाली के शब्दों ने अर्जुन को झकझोर दिया। अर्जुन ने कहा–"शुक्र करो दुर्योधन कि मेरे हाथ में गाण्डीव नहीं है, अन्यथा मेरी धर्मपत्नी के इस अपमान का मूल्य तुम्हें अपने प्राण देकर ही चुकाना पड़ता।" अर्जुन यदि दुर्योधन को चेतावनी दे तो भला कर्ण कैसे चुप बैठ सकता है। अर्जुन को सम्बोधित करते हुए कर्ण बोला–"अर्जुन, तुम्हारे हाथ में यदि तुम्हारा गाण्डीव नहीं है तो उसे जुए में हारने का दोष किसी और का नहीं, बल्कि तुम्हारा ही है। रही बात धर्मपत्नी के अपमान की तो द्रोणाचार्य के सर्वश्रेष्ठ शिष्य, क्या तुम्हें ये नहीं पता कि धर्मपत्नी जुंए में दाँव पर लगाने की वस्तु नहीं होती, परन्तु तुम इन बातों को क्या समझोगे। जिस व्यक्ति ने अपनी पत्नी को भी अपने भाइयों के साथ शयन के लिए बाँट लिया हो, उसके लिए पत्नी और वेश्या में भला क्या अन्तर!"

कर्ण के कटु शब्दों ने मानो अर्जुन के घावों पर नमक मल दिया हो। वह क्रोध से विक्षिप्त होकर बोला–"नीच सूतपुत्र, दुर्योधन

की कृपा से मिले साम्राज्य से तू क्षत्रिय नहीं हो जायेगा। इस द्यूत सभा में केवल शब्दों के तीर चलाने वाले सूत, मैं प्रतिज्ञा करता हूँ कि रणभूमि में तेरा अन्त मेरे ही हाथों होगा।"

इस पर दुर्योधन हँसते हुए बोला–"तुम दासों के मुँह से ऐसी प्रतिज्ञाएँ शोभा नहीं देतीं। तुम्हारा दायित्व है कि अपने स्वामी दुर्योधन की आज्ञा का पालन करो। मैं एक बार फिर अपनी दासी द्रौपदी को आज्ञा देता हूँ कि दासियों के वस्त्र पहनकर मेरी सेवा में उपस्थित हो, अन्यथा मुझे अपना दुःशासन को दिया पिछला आदेश दोहराना पड़ेगा।"

काफ़ी देर से स्वयं को नियन्त्रित करता हुआ भीम अब अपने आक्रोश पर क़ाबू नहीं रख सका और दुर्योधन को मारने के लिए दौड़ा, लेकिन युधिष्ठिर ने उसे संकेत से रोक लिया। गुस्से से भरे भीम ने कहा–"दुर्योधन, यदि तूने पांचाली के लिए एक भी अनर्गल शब्द कहा तो महादेव की सौगंध तेरा वध मेरे ही हाथों होगा।"

भीम की इस प्रतिज्ञा को सुनकर दुर्योधन भी भीम को ललकारते हुए बोला–"पहले ये अहंकारी दासी अपने स्वामी के आदेश पर भी दासियों के वस्त्र धारण करना स्वीकार नहीं कर रही और अब यह उद्दण्ड दास भी अपने स्वामी की हत्या का संकल्प ले रहा है। अरे दुर्बुद्धि, मैं तुझे अभी और इसी समय तेरी प्रतिज्ञा पूरी करने का अवसर देता हूँ। आ और दुर्योधन से युद्ध कर। जो हाल तुम्हारा द्यूत की बिसात पर किया है, युद्ध में भी मैं तेरी उससे भी बुरी गत बना दूँगा। मैं कोई बकासुर या हिडिम्बा जैसा वनवासी नहीं हूँ, जिसे मारकर तू स्वयं की छवि चमकाता रहे। तेरी गीदड़ भभकियों का दुर्योधन पर कोई असर नहीं होगा।" इसके बाद दुर्योधन ने दुःशासन को पुनः आदेश दिया–"दुःशासन, इस दास भीमसेन का कदापि भय मत कर। मैं देखता हूँ कि ये क्या करता है। तुम्हें आदेश है कि यदि दासी द्रौपदी दासियों के वस्त्र पहनना स्वीकार न करे तो उसके वस्त्र ही खींच लो।"

मुझे लगा कि कुछ समय पहले जो स्थिति पूरी तरह से मेरे नियन्त्रण में थी, वह अब बिगड़ती जा रही है। मेरे पैरों के तले भूमि सरकने लगी। दुर्योधन और दुःशासन ये क्या अनर्थ करने जा रहे हैं! भीष्म, विदुर की बातों का भी उन पर कोई असर नहीं हो रहा था। मुझे लगा कि अब ये द्यूत सभा युद्धभूमि में परिवर्तित हो जायेगी। मैं दुर्योधन के निकट पहुँचकर उसे समझाने का प्रयास करने लगा कि ये सब किसी भी दृष्टि से उचित नहीं है, लेकिन दुर्योधन ऐसे उन्माद में था कि कोई बात सुनने को तैयार न था। उसका कहना था कि पांचाली उसकी जीती हुई एक वस्तु है, जिसका वह जैसे चाहे उपयोग कर सकता है। मैं चाहते हुए भी दुर्योधन के इस आचरण का सार्वजनिक रूप से विरोध नहीं कर सकता था। करता भी कैसे? द्यूत की ये पूरी बिसात मेरी ही तो बिछायी हुई थी। क्या कहता कि पाण्डवों से राजपाट छीनने तक की योजना तो मैंने बनायी थी, मगर द्रौपदी के चीर–हरण का दृश्य मेरी लिखी पटकथा का भाग नहीं है।

पूरी द्यूत सभा में एक ही व्यक्ति ऐसा था, जो इसका खुले तौर पर विरोध कर रहा था। वह था विदुर। ये मेरे जीवन का एकमात्र ऐसा क्षण था, जिसमें विदुर जो कुछ कर रहा था, वह मुझे उचित प्रतीत हो रहा है। विदुर के मुख से दुर्योधन के विरोध में भी जो शब्द निकल रहे थे, वे भी सत्य प्रतीत हो रहे थे। एक स्त्री के अपमान के विरोध में विदुर का खुलकर सामने आना उसके जीवन का सबसे बडा पुण्य रहा होगा। भले ही उसके पीछे उसका अपना स्वार्थ ही क्यों न छिपा हो। और मैं, भले ही मेरी अन्तर्रात्मा इसके विरोध में रही हो, परन्तु प्रकट रूप में इसका विरोध न कर पाना मेरे जीवन का सबसे बड़ा पाप सिद्ध हुआ।

उधर इतना सब होने के बाद भी अपने पतियों को मौन बैठे देखकर पांचाली को अनुभव हुआ कि जिन 'पराक्रमियों' के बल पर वह इतनी बातें कर रही थी, वे उसे बचाने की स्थिति में नहीं हैं। दुःशासन को अपनी ओर बढ़ता देखकर अब पांचाली

सुध–बुध खोकर कृष्ण का स्मरण करने लगी। मैं दोनों कौरव भ्राताओं को समझाने का प्रयत्न कर रहा था कि जो कुछ वे कर रहे हैं, वह न तो नैतिक रूप से उचित है और न ही उसका कोई राजनीतिक लाभ मिलने वाला है। अब इसे कृष्ण के नाम का चमत्कार कहें या फिर मेरे समझाने का प्रभाव कि जिस दुःशासन के हाथ पांचाली के वस्त्रों तक जा पहुँचे थे, वह अचानक शिथिल पड़ गया। कदाचित् उसके समक्ष इन्द्रप्रस्थ की सभा में शिशुपाल वध का दृश्य उपस्थित हो गया हो। भय से उसका मुख पीला पड़ गया। ऐसा लगने लगा, मानो दुःशासन के हाथों में द्रौपदी के वस्त्र खींचने की शक्ति ही न बची हो और उसके हाथों से द्रौपदी का चीर छूट गया।

मेरे और द्यूत सभा में उपस्थित सभी लोगों की जान में जान आयी। इतने में गान्धारी ने सभा में प्रवेश किया। गान्धारी का मुख क्रोध से तमतमाया हुआ था। उसे द्यूत सभा में द्रौपदी को बलपूर्वक लाये जाने का समाचार मिल चुका था। मैं जानता था कि गान्धारी किसी भी महिला के इस प्रकार से सार्वजनिक अपमान को कदापि सहन नहीं करेगी। गान्धारी के आते ही द्रौपदी उससे लिपटकर रोने लगी। गुस्से में तमतमाई गान्धारी ने द्रौपदी के साथ हुए व्यवहार के लिए महाराज को आड़े हाथों लिया। गान्धारी के कहने पर ही महाराज ने पासों के बल पर मेरे द्वारा जीती गयी सारी सम्पत्ति और राज्य पाण्डवों को लौटा दिया। मेरे लिए ये एक बड़ा झटका था। जिस राज–पाट को मैंने अपनी बुद्धि, योजना और द्यूत कौशल के बल पर जीत लिया था, वह दुर्योधन की मूर्खता के कारण एक झटके में जा रहा था।

द्यूत का एक और दाँव

द्यूत सभा विसर्जित होने के पश्चात् दुर्योधन ने जैसे ही मेरे कक्ष में प्रवेश किया मेरा क्रोध दुर्योधन पर फूट पड़ा। मैंने कहा– "दुर्योधन, तुम्हारे जैसा महामूर्ख न तो मैंने इस जन्म में देखा है और कदाचित् सम्पूर्ण विश्व में तुम जैसा मूर्ख कोई होगा भी नहीं। मैंने बिना रक्तपात के एक चक्रवर्ती सम्राट को तुम्हारा दास बना दिया और तुमने क्या किया? एक महिला से अपमान का प्रतिशोध लेने के लिए इतना नीचे गिर गये कि इतनी कठिनता से जीता हुआ समस्त राजपाट गँवा बैठे! इतना ही नहीं, बल्कि अपने इस मूर्खतापूर्ण कुकृत्य से तुमने इतिहास के पन्नों में भी स्वयं को स्त्री पर अत्याचार करने वाले नराधम के रूप में अंकित कर लिया। जो कुछ भी तुमने आज द्यूत सभा में किया है, उससे हमें कोई राजनीतिक लाभ मिलना तो दूर, बल्कि तुम्हारे साथ–साथ ही मेरी साख भी मिट्टी में मिल गयी। पांचाली के साथ तुम अपना प्रतिशोध किसी शालीन तरीक़े से भी ले सकते थे, परन्तु तुमने जो कुछ किया, वह न केवल घोर अनैतिक था, बल्कि पाप था।" दुर्योधन सिर झुकाये खड़ा था। उसे भी अपनी ग़लती का एहसास हो चुका था। मैं अपने क्रोध के आवेग में काफ़ी देर तक उसे काफ़ी भला–बुरा कहकर कोसता रहा और दुर्योधन केवल और केवल चुपचाप सुनता रहा।

द्यूत सभा में जो कुछ भी हुआ था, उसके कारण कौरवों और पाण्डवों के मध्य कटुता चरम पर पहुँच गयी थी, लेकिन अब समय जो कुछ हो चुका था, उस पर विलाप करने का नहीं था। मैं

अभी भी इस स्थिति को नियन्त्रित करने के लिए उपाय सोचने में लगा हुआ था। ये स्पष्ट था कि इस घटनाक्रम पर विदुर चुप बैठने वाला कदापि नहीं था। अब इससे पहले कि वह कोई चाल चले, मुझे दुर्योधन को सुरक्षित करना था। बिना समय गँवाये मैं दुर्योधन को लेकर महाराज के पास पहुँचा। द्यूत सभा के घटनाक्रम से महाराज भी काफ़ी व्यथित दिखायी दे रहे थे। पूरे घटनाक्रम के लिए दुर्योधन के साथ–साथ मुझे भी दोषी समझा जा रहा था। स्वाभाविक रूप से हमें उनका कोपभाजन बनना पड़ा। जब महाराज के क्रोध का आवेग कुछ क्षीण हुआ तो मैंने कहा–"महाराज, इसमें कोई सन्देह नहीं कि द्यूत सभा में जो कुछ भी हुआ, वह उचित नहीं था, परन्तु महाराज, ज़रा ये भी तो सोचिए कि क्या इसके लिए उत्तरदायी केवल दुर्योधन या मैं हूँ। क्या मैंने युधिष्ठिर को अपनी पत्नी दाँव पर लगाने के लिए कहा था? क्या युधिष्ठिर की तरह दुर्योधन अपना युवराजत्व या राज्य हार जाता तो क्या पाण्डव अपनी जीत का दावा छोड़ देते? स्मरण रहे कि द्यूत में एक समय ऐसा भी आया था, जब दुर्योधन भी पाण्डवों का दास बनने के निकट था। तब भीम ने कैसा अट्टहास किया था, इतना तो आपको भी स्मरण होगा। क्या आपको द्यूत में अपनी प्रत्येक विजय पर पाण्डवों द्वारा प्रयुक्त शब्द और व्यवहार याद नहीं रहा? क्या वह उचित था? और अगर वह अनुचित था तो फिर न्याय और नैतिकता की तुला पर मात्र मैं और दुर्योधन ही क्यों? अब यदि द्यूत में विजित सम्पत्ति पर दुर्योधन पुनः अपना अधिकार चाहता है तो इसमें अनुचित क्या है?"

धृतराष्ट्र ने कहा–"शकुनि, यदि ये मान भी लिया जाये कि पूरे प्रकरण में दुर्योधन से अधिक त्रुटि युधिष्ठिर की है तो भी अब कोई लाभ नहीं है। मैं तो उन्हें उनकी सम्पत्ति वापस कर ही चुका हूँ। वह सम्पत्ति उनसे वापस तो ले नहीं सकता।"

अब बारी दुर्योधन की थी। मेरी योजना के अनुसार दुर्योधन ने अपने पत्ते खोलते हुए कहा–"मेरी धृष्टता को क्षमा करें पिताश्री, लेकिन मैं आपसे कुछ प्रश्न पूछना चाहता हूँ। "पूछो।"

"हमारे राज्य में कुल कितने शासकीय द्यूत क्रीड़ा केन्द्र हैं?"

"ज्ञात नहीं। विदुर को सही संख्या पता होगी।"

"इन द्यूत केन्द्रों पर यदि कोई जुआरी दूसरे जुआरी से कोई मूल्यवान वस्तु हारता है तो क्या महाराज को ये अधिकार है कि वे जीतने वाले से उस वस्तु को लेकर हारने वाले को दे दें?"

धृतराष्ट्र को अब दुर्योधन का प्रश्न समझ में आ रहा था, परन्तु उत्तर देना भी आवश्यक था। धृतराष्ट्र ने कहा–"जुआ खेलना दोनों का निजी विषय है और यदि किसी ने स्वेच्छा से कोई वस्तु या सम्पत्ति दाँव पर लगायी है तो राजा को भी ये अधिकार नहीं है कि जीते हुए जुआरी से वह वस्तु लेकर हारने वाले को वापस दे दें, परन्तु वत्स दुर्योधन, युधिष्ठिर के साथ खेले गये खेल में मर्यादाओं की सीमा पार कर तुम लोगों ने जीते–जागते मनुष्यों को दाँव पर लगा दिया था, इसीलिए मुझे हस्तक्षेप करना पड़ा।"

मैंने कहा–"महाराज, ये तो पक्षपात है। युधिष्ठिर को उसकी तमाम ग़लतियों के बाद भी ससम्मान सारी सम्पत्ति लौटायी जा रही है।" मेरी बात बीच में ही काटकर महाराज बोले–"तो क्या फिर से द्यूत की अनुमति दूँ, ताकि ये दोनों पुनः अपने भाइयों और पत्नियों को दाँव पर लगाकर वही कहानी दोहराएँ?"

मैंने कहा–"नहीं। मनुष्यों को सम्पत्ति की तरह दाँव पर लगाने की परम्परा का मैं भी पक्षधर नहीं हूँ, लेकिन जिस द्यूत को खेलने के लिए पाण्डवों को बुलाया गया था, वह बाज़ी तो खेली जाये। केवल एक ही दाँव, जिसमें हारने वाले को बारह वर्ष का वनवास और एक वर्ष का अज्ञातवास स्वीकार करना पड़े।"

दूसरी बार द्यूत के लिए धृतराष्ट्र को मनाना आसान नहीं था। उन्होंने कहा–"मैं इस सर्वनाशी क्रीड़ा की अनुमति और नहीं दे सकता।"

"तो फिर इससे भी बड़े सर्वनाश के लिए तैयार रहें। इतना तो तय है कि कौरवों और पाण्डवों के बीच अब इतना कुछ घट गया है कि वे मित्रतापूर्वक तो नहीं ही रह सकते। लगता है कि

आप अर्जुन और भीम की प्रतिज्ञाएँ भूल गये हैं। क्या राज्य वापस कर देने से वे अपनी प्रतिज्ञा भी भूल जायेंगे? कदापि नहीं।"

मेरी बात सुनकर महाराज गहरी सोच में डूब गये। मुझे अपने इस प्रयास में किंचित मात्र सफलता का अनुभव पहली बार हुआ। कुछ क्षण रुककर मैंने अपनी बात जारी रखी–"मेरा सुझाव केवल सुन भर लीजिए। कदाचित् मेरे सुझाव से स्थिति को कुछ सीमा तक सामान्य किया जा सके। द्यूत के इस अन्तिम दाँव में यदि दुर्योधन जीता तो पाण्डवों को राज्य त्यागकर वन में रहना होगा और यदि युधिष्ठिर विजयी रहा तो दुर्योधन को वन की राह पकड़नी होगी, यानी दोनों ही स्थितियों में युद्ध या हिंसा टल जायेगी। यदि ऐसा नहीं होता है तो इस सम्भावना से क़तई इनकार नहीं किया जा सकता कि युधिष्ठिर के इन्द्रप्रस्थ पहुँचते ही युद्ध की तैयारी शुरू हो जायेगी।"

मुझे धृतराष्ट्र की अन्धी आँखों में भी युद्ध का भय दिखायी दे रहा था। अब तक द्यूत के प्रस्ताव को सिरे से नकारने वाले धृतराष्ट्र ने प्रश्न किया–"पाण्डव इसके लिए कभी राज़ी नहीं होंगे।"

मैंने कहा–"क्यों नहीं, द्यूत के निमन्त्रण को अस्वीकार न कर पाने की जिस क्षत्रिय मर्यादा को लेकर उन्होंने अपनी धर्मपत्नी तक को दाँव पर लगा दिया था, क्या उसी क्षत्रिय मर्यादा के अन्तर्गत वे एक और बाज़ी खेलने को राज़ी न होंगे? आप चाहें तो पाण्डवों तक ये प्रस्ताव लेकर मैं स्वयं जा सकता हूँ।"

"क्या ये सम्भव है।?" धृतराष्ट्र ने शंका जतायी।

"आप मुझे एक प्रयास तो करने दें।"

"ठीक है। जैसा तुम उचित समझो, लेकिन स्मरण रहे कि मैं किसी भी मूल्य पर रक्तपात नहीं चाहता।"

"विश्वास करें महाराज, मैं भी हर स्थिति में रक्तपात रोकना ही चाहता हूँ।" महाराज से आज्ञा लेकर मैं सीधे युधिष्ठिर के कक्ष की ओर रवाना हो गया। युधिष्ठिर अपने भ्राताओं के साथ कक्ष में उपस्थित था। मेरे आने की सूचना के कारण उनमें संवाद बन्द

हो गया था, लेकिन मुझे यह आभास हो गया कि चारों अनुजों में अपने ज्येष्ठ के प्रति काफ़ी आक्रोश था। मेरा आगमन उनके लिए आश्चर्य का विषय था। औपचारिकतावश ही सही, युधिष्ठिर ने मुझे स्थान ग्रहण करने के लिए कहा। मैंने युधिष्ठिर से एकान्त में वार्ता की इच्छा प्रकट की। भीम को इसे लेकर काफ़ी आपत्ति थी, परन्तु युधिष्ठिर ने भीम की आपत्ति को अनदेखा कर मुझे अपने व्यक्तिगत कक्ष में आमन्त्रित किया।

मैंने अपनी बात आरम्भ करते हुए युधिष्ठिर को सम्राट की बजाय नाम से सम्बोधित करते हुए कहा–"प्रिय युधिष्ठिर, द्यूत सभा में जो कुछ भी हुआ, वह निश्चित ही उचित नहीं था, परन्तु इस बात से आप भी इनकार नहीं कर सकते कि उसमें स्वयं आपका दोष भी कम नहीं था। आपने स्वयं वस्तुओं की तरह मनुष्यों को दाँव पर लगाया। महाराज ने भले ही आपको हारी हुई सारी सम्पत्ति लौटा दी हो, परन्तु सत्य तो यही है कि द्यूत महाराज नहीं, बल्कि दुर्योधन खेल रहा था। द्यूत में जीती हुई सम्पत्ति पर केवल और केवल द्यूत खेलने वाले का अधिकार होता है। वस्तुतः महाराज ने जो सम्पत्ति आपको लौटायी है, उसे लौटाने का उन्हें अधिकार ही नहीं था, परन्तु युवराज दुर्योधन अपने पिता के शब्दों का सम्मान करते हुए उनके आदेश को स्वीकार करते हैं। आप पाँचों भाई और पांचाली को दासता से मुक्त करने और राज्य व सम्पत्ति लौटाने में भी उन्हें कोई आपत्ति नहीं है, परन्तु इस सत्य की भी अनदेखी नहीं की जा सकती कि जिस प्रकार एक म्यान में दो तलवारें नहीं रह सकतीं, एक वन में दो व्याघ्र नहीं रह सकते, उसी प्रकार इन परिस्थितियों में अविभाजित हस्तिनापुर में कौरव व पाण्डव भी साथ नहीं रह सकते। अब कौन कहाँ रहेगा, इसका निर्णय रणक्षेत्र में रक्तपात के साथ भी किया जा सकता है या फिर बिना रक्तपात के द्यूत के पासे भी ये निर्णय ले सकते हैं। मेरा प्रस्ताव है कि द्यूत का एक अन्तिम दाँव खेला जाये, जिसमें हारने वाला बारह वर्षों का

वनवास और एक वर्ष का अज्ञातवास काटे। सम्भव है कि इन तेरह वर्षों में कौरवों और पाण्डवों के मध्य की कटुता कम हो जाये, अन्यथा भीम और दुर्योधन के मध्य जिस प्रकार का वैमनस्य जन्म ले चुका है, उससे युद्ध निकट ही दिखायी दे रहा है।"

मुझे पूरा विश्वास था कि युद्ध की सम्भावना सुनते ही कायर युधिष्ठिर मारे भय के काँपने लगेगा। ये सत्य है कि उसके पक्ष में भीम और अर्जुन जैसे योद्धा थे, लेकिन वह स्वयं भी जानता था कि दुर्योधन और कर्ण की जोड़ी उनसे किसी भी स्थिति में कम नहीं थी। ये भी स्पष्ट था कि यदि इस परिस्थिति में युद्ध होता है तो भीष्म, द्रोण और कर्ण को भी दुर्योधन की ही ओर से लड़ना पड़ेगा, यानी स्थितियाँ किसी भी दृष्टि से पाण्डवों के पक्ष में नहीं थीं। युधिष्ठिर को विश्वास हो गया कि उसे द्यूत और युद्ध में से किसी एक को चुनना ही होगा। ऐसी स्थिति में युधिष्ठिर ने वही किया, जो उससे अपेक्षित था। उसने द्यूत का विकल्प चुना। पिछली बार मेरी विजय को लेकर ये भी प्रचारित किया गया था कि शकुनि ने अपने पिता की अस्थियों से ऐसे पासों का निर्माण करवाया था, जो उसके इशारे पर नाचते थे। मैं भली–भाँति जानता था कि इस दुष्प्रचार के पीछे किसका हाथ था। युधिष्ठिर ने इस बार अतिरिक्त सावधानी बरतते हुए ये शर्त रख दी कि एक दाँव के इस द्यूत में पासों का चयन मैं नहीं, बल्कि वह ही करेगा। युधिष्ठिर ने पुनः द्यूत खेलने के इस निर्णय पर अपने भाइयों को कैसे सहमत किया होगा, ये तो मुझे नहीं पता, लेकिन मेरा विश्वास है कि उसे अपने अनुजों के भारी विरोध का सामना करना पड़ा होगा।

द्यूत आख़िर द्यूत ही होता है। खिलाड़ी कितना भी कुशल क्यों न हो, पासे फेंकने और गोटियों की जमावट का कितना ही अनुभव उसे क्यों न हो, त्रुटि की सम्भावना बनी रहती है और त्रुटि की इसी आशंका के साथ–साथ पासे बदल जाने का मनोवैज्ञानिक दबाव भी मुझ पर था। मैं ये सोचने पर विवश हो

गया कि जो दाँव मैं दुर्योधन के पक्ष में खेलने जा रहा हूँ, उसका परिणाम यदि मेरी अपेक्षा के अनुरूप न हुआ तो क्या होगा। क्या दुर्योधन वनवास झेल सकेगा? निश्चित रूप से मुझे भी उसके साथ वनगमन करना ही पड़ेगा। अब ये न केवल दुर्योधन, बल्कि मेरे अपने भी भविष्य का प्रश्न बना हुआ था, परन्तु परमात्मा ने मुझ पर कृपा की और द्यूत के इस अन्तिम दाँव का परिणाम मेरे ही पक्ष में आया। पाण्डवों को वनगमन करना पड़ा और मैंने कुछ समय के लिए ही सही, चैन की साँस ली।

पाण्डवों का वनवास

पाण्डवों के वनवास के वर्ष बीतने लगे। दुर्योधन अब निश्चिन्त दिखायी देता था, लेकिन मुझे पता था कि दुर्योधन की यह प्रसन्नता स्थायी नहीं हो सकती। आज नहीं तो कल पाण्डवों के साथ युद्ध तय है। मुझे सबसे अधिक चिन्ता थी तो श्रीकृष्ण की पाण्डवों से बढ़ती घनिष्ठता की। दुर्योधन ये मानने को बिलकुल भी तैयार नहीं था कि श्रीकृष्ण साक्षात् ईश्वर के अवतार हैं, परन्तु मुझे पूरा विश्वास था कि वे कोई साधारण मानव नहीं हैं। वनवास के दौरान भी ऐसे कई प्रसंग सुनने में आये, जो कृष्ण की अलौकिक शक्ति को प्रमाणित करते थे। प्रश्न ये था कि ऐसी अलौकिक शक्ति का स्वामी पाण्डवों के पक्ष में आख़िर क्यों है। ईश्वर तो हमेशा सत्य और धर्म का साथ देता है। मैं पूरी तरह से धर्म के मार्ग पर चल रहा हूँ, इस बात का दावा तो मैंने कभी नहीं किया था, परन्तु मैं ये मानने को भी कदापि तैयार नहीं कि पाण्डव, कुन्ती, द्रौपदी, विदुर भीष्म या द्रोण जैसे लोग, जिन्हें आप धर्मात्माओं की श्रेणी में गिनते हैं, वे सभी धर्म का पालन कर रहे थे। तो फिर क्यों कृष्ण पाण्डवों के ही पक्ष में दिखायी दे रहे हैं?

कुन्ती कृष्ण की बुआ लगती थी और अपनी अनुजा सुभद्रा का विवाह अर्जुन से करवाकर कृष्ण ने उससे बहनोई का सम्बन्ध भी जोड़ लिया था। दुर्योधन को श्रीकृष्ण और यादवों के निकट लाने के लिए मैंने काफ़ी प्रयत्न किया। गदा युद्ध में श्रीकृष्ण के अग्रज बलराम का कोई जोड़ नहीं था। मैंने दुर्योधन को बलराम से

गदा युद्ध का प्रशिक्षण लेने भेज दिया। दुर्योधन कृष्ण का हृदय तो नहीं जीत पाया, लेकिन बलराम से उसे काफ़ी स्नेह मिला। श्रीकृष्ण का पुत्र साम्ब भी दुर्योधन की पुत्री लक्ष्मणा पर मोहित हो गया और इसी के चलते दुर्योधन और श्रीकृष्ण को समधियों के नाते में बँधना पड़ा। बलराम के दुर्योधन के प्रति झुकाव और श्रीकृष्ण और दुर्योधन के रिश्तों की डोर में बँध जाने से मुझे कुछ राहत अवश्य मिली थी।

पाण्डवों के वनवास का समय तेज़ी से बीतता जा रहा था और अज्ञातवास शुरू होने को था। बारह वर्ष के इस वनवास में विदुर के परामर्श से पाण्डवों ने पांचाल, मद्र, मत्स्य, मणिपुर जैसे राज्यों को अपने पक्ष में कर लिया था। ये बेहद ज़रूरी था कि पाण्डव इस अज्ञातवास में पहचान लिए जायें और द्यूत की शर्तों के अनुसार उन्हें फिर से वनवास झेलना पड़े। दुर्योधन ने अपने गुप्तचर तन्त्र को सक्रिय कर दिया था। उसे पूरा विश्वास था कि उसके गुप्तचर पाण्डवों के ठिकाने का पता लगा ही लेंगे, लेकिन दुर्योधन को कृष्ण की शक्ति और चतुराई का अन्दाज़ा नहीं था। मैं दावे से कह सकता हूँ कि कृष्ण की सहायता के बिना पाण्डव अज्ञातवास तो दूर वनवास के बारह वर्ष भी पूर्ण नहीं कर सकते थे। दुर्योधन के गुप्तचरों को हर ओर से निराशा ही हाथ लग रही थी। अज्ञातवास का वर्ष तेज़ी से बीतता जा रहा था। उसी बीच मत्स्य देश की राजधानी विराटनगर से समाचार आया कि उनके सेनापति कीचक की किसी अज्ञात व्यक्ति ने हत्या कर दी है। विशेष बात ये थी कि हत्यारे ने कीचक को मारने के लिए किसी अस्त्र या शस्त्र का प्रयोग नहीं किया था, बल्कि मुष्ठिका प्रहार से ही कीचक के प्राण–पखेरू उड़ गये थे। कीचक को अपने राज्य में राजा से भी अधिक महत्त्व दिया जाता था। वह न केवल शारीरिक रूप से अत्यधिक बलशाली था, बल्कि राज्य की सैनिक सत्ता भी उसी के हाथ में थी। कीचक जैसे बलशाली व्यक्ति को मुष्ठि युद्ध में मारना किसी साधारण व्यक्ति के बस

का नहीं था। मैं समझ गया कि कीचक का वध करने वाला कोई और नहीं, भीम ही रहा होगा। दुर्योधन को जब मैंने ये बताया तो वह प्रसन्नता से उछल पड़ा, परन्तु पाण्डवों का अज्ञातवास भंग करना सरल नहीं था। अभी तो हमें केवल सन्देह था कि कीचक की हत्या करने वाला भीम है। पहले तो हमें स्वयं को ये सुनिश्चित करना था कि हमारा सन्देह सही है और पाण्डवों की उपस्थिति के प्रमाण भी उपलब्ध करवाने थे। बिना विलम्ब किये गुप्तचरों को विराट नगर में सक्रिय कर दिया गया। शीघ्र ही गुप्तचरों के माध्यम से ये सूचना भी मिल गयी कि कीचक का वध करने वाले व्यक्ति का नाम वल्लभ है। वल्लभ विराटनगर में रसोइये का काम करता था। वल्लभ को देखकर गुप्तचरों ने स्पष्ट कर दिया कि वल्लभ के नाम से विराटनगर में रहने वाला कोई और नहीं, बल्कि भीम ही है। ये भी स्पष्ट हो गया कि अन्य चार पाण्डव और द्रौपदी भी विराटनगर में ही हैं। युधिष्ठिर कंक के नाम से विराट नरेश का सहयोगी बना हुआ है। द्रौपदी विराट की महारानी सुदेष्णा की दासी सैरन्ध्री के रूप में रह रही है। नकुल और सहदेव तन्तिपाल और ग्रन्थिक नाम से अश्वशाला और गौशाला में कार्य कर रहे हैं और सबसे आश्चर्यजनक अर्जुन बृहन्नला के रूप में राजकुमारी उत्तरा को नृत्य व गायन की शिक्षा दे रहा है।

पाँचों पाण्डवों के विषय में मिली इस ठोस और पुष्ट जानकारी को उत्साहित दुर्योधन ने राजसभा में सबके सामने रखा और कहा कि पाण्डव अज्ञातवास में पहचान लिए गये हैं, इसलिए उन्हें पुनः इतने ही वर्षों के लिए वनगमन करना पड़ेगा। अपनी जानकारी को सत्य सिद्ध करने के लिए दुर्योधन ने अपने गुप्तचरों को भी राजसभा में प्रस्तुत किया। गुप्तचरों ने स्वयं अपनी आँखों से पाण्डवों को विराटनगर में देखा था। उसका विवरण उन्होंने सभा के समक्ष रख दिया। अज्ञातवास की अवधि प्रकट होने से कुछ दिवस पूर्व ही पाण्डवों के अज्ञातवास का भेद प्रकट हो चुका था,

परन्तु विदुर के तरकश में कुटिलता और योजनाओं के बाणों की कमी न थी। विदुर ने राजसभा में ये प्रश्न उठाया कि दुर्योधन के गुप्तचरों की जानकारी सही है, इस बात के क्या प्रमाण हैं। हस्तिनापुर में गुप्तचरों की सूचना या जानकारी पर प्रश्नचिह्न लगाये जाने की परम्परा पहले नहीं थी। गुप्तचरों की जानकारी को सत्य मानकर ही योजनाएँ तैयार की जाती थीं। अब विदुर के इस प्रश्न को द्रोण और भीष्म का भी समर्थन मिला और हमारी पूरी मेहनत पर पानी फिरता नज़र आने लगा।

विदुर की इस हठधर्मिता से दुर्योधन खीज उठा और बोला–"महामन्त्री, और क्या प्रमाण चाहिए आपको? यह सुमौली हैं, हमारे गुप्तचर विभाग के प्रमुख। स्वयं इन्होंने अपनी आँखों से भीम को वल्लभ के रूप में विराटनगर में देखा है। इनके सहयोगियों ने एक–एक पाण्डव के छद्म नाम और वेश–भूषा की जानकारी भी दी है। यदि आपको कोई सन्देह हो तो पाण्डवों के प्रकट होने के पश्चात् स्वयं उनसे पूछ सकते हैं। यदि ये सूचना ग़लत सिद्ध हुई तो पाण्डव दूसरी बार के वनवास से मुक्त होंगे।"

विदुर ने कहा–"सुमौली अवश्य ही गुप्चतर विभाग के प्रमुख हैं, परन्तु उनकी युवराज और गान्धार नरेश से निकटता सर्वविदित है। ऐसे में बिना किसी ठोस प्रमाण के उनकी बातों पर विश्वास नहीं किया जा सकता।" गुप्तचर विभाग के प्रमुख सुमौली की आयु आचार्य द्रोण से भी अधिक रही होगी। सुमौली पाण्डु के राजा बनने से भी पहले से गुप्तचर विभाग दायित्व सँभाल रहे थे। विदुर का ये आक्षेप उनसे सहन नहीं हुआ। उन्होंने इस पर आपत्ति लेते हुए कहा–"क्षमा करें महामन्त्री, मैं किशोर वय से राज्य के लिए गुप्तचर का कार्य कर रहा हूँ। अपनी पूरी युवावस्था और प्रौढ़ावस्था भी मैंने राज्य की सेवा के लिए समर्पित कर दी। मेरे पूरे केश श्वेत हो चुके हैं, लेकिन जो आक्षेप आपने मुझ पर लगाया है, वह घृणित है। गुप्तचर विभाग के प्रमुख की राष्ट्र के युवराज से निकटता न होगी तो फिर किससे होगी? महाराज

धृतराष्ट्र ज्ञानचक्षु हैं और शासन के समस्त सूत्र युवराज के ही हाथ में हैं। आप ही बताइए ऐसे में मैं युवराज के आदेश पर कार्य न करूँ तो फिर किसके निर्देशों की प्रतीक्षा करूँ? अपनी सेवा के लम्बे कार्यकाल में मैंने महामहिम भीष्म के मातहत भी कार्य किया है और मेरी ही सूचनाओं के आधार पर महामहिम ने बड़े–बड़े सैनिक अभियान भी किये हैं। आज तक मेरी दी गयी एक भी सूचना असत्य नहीं निकली है। इसके साक्षी स्वयं भीष्म, स्वर्गीय महाराज पाण्डू, महाराज धृतराष्ट्र और युवराज दुर्योधन तक सभी रह चुके हैं। आज भी मैं चुनौती देता हूँ कि यदि मेरी सूचना असत्य निकली तो सदा के लिए राज्य त्यागकर वन में रहूँगा।"

अपना पक्ष दुर्बल पड़ता देख विदुर ने तुरन्त पैंतरा बदला–"मैं आपकी सूचना पर संशय नहीं कर रहा, परन्तु इसके सत्य होने का प्रमाण क्या है?" सुमौली ने मुस्कुराते हुए विदुर की ओर इस तरह से देखा, मानो उसने कोई बचकानी बात कह दी हो। बोले–"सूचना के सत्य होने का प्रमाण! महामन्त्री कहीं आप विनोद तो नहीं कर रहे हैं? आप क्या कहना चाहते हैं कि मैं भीम को विराटनगर से बन्दी बनाकर प्रमाण के रूप में सभा में प्रस्तुत कर देता। वे पाण्डव हैं, कोई बकरी का बच्चा नहीं, जिन्हें मैं अपने साथ हस्तिनापुर ले आता। यदि पाण्डवों में से किसी को ये सन्देह भी हो जाता कि मैं गुप्तचर के रूप में उनकी जानकारी हस्तिनापुर पहुँचाने के लिए आया हूँ तो जो हश्र कीचक का हुआ, वही मेरा भी होता और ये सूचना देन के लिए मैं आपके सामने खड़ा न होता।"

विदुर ने कहा–"हम विराट नरेश को पत्र लिखकर उनसे पाण्डवों की उपस्थिति की पुष्टि कर सकते हैं।"

इस बार मैंने हस्तक्षेप करते हुए कहा–"महामन्त्री, आपकी समझ को हो क्या गया है! एक तो विराट राज्य से हस्तिनापुर के मैत्री सम्बन्ध नहीं है। दूसरा पत्र के आदान–प्रदान में जितना समय नष्ट होगा, उसमें अज्ञातवास की अवधि पूरी हो जायेगी।

अभी अज्ञातवास की अवधि पूरी होने में दो दिन का समय शेष है। मेरे विचार में तो हमें कुछ भी करने की आवश्यकता ही नहीं है। पाण्डव जब हस्तिनापुर लौटेंगे तो स्वयं युधिष्ठिर से पुष्टि की जाये कि उनकी विराटनगर में कंक, वल्लभ, बृहन्नला तन्तिपाल, ग्रन्थिक और सैरन्ध्री के वेश में रहने की बात सत्य थी या नहीं। युधिष्ठिर सत्यवादी है, वह असत्य नहीं बोलेगा और पाण्डवों को फिर से वनवास भोगना ही पड़ेगा।" तर्कों के आधार पर मेरी बात को झुठलाया नहीं जा सकता था, परन्तु राजसभा में कदाचित् कोई भी तर्कों पर बात करने को राज़ी नहीं था। विदुर, भीष्म, द्रोण सभी यही चाहते थे कि पाण्डवों का वनवास समाप्त हो जाये। यही कारण था कि अज्ञातवास भंग होने की सही सूचना के बाद भी सभी आँखें मूँदे थे।

विदुर ने एक ऐसा प्रस्ताव रखा, जो बिलकुल अप्रत्याशित था। उसने कहा–"तब तो पाण्डवों को विराटनगर से निकालने का एक ही उपाय है कि विराट पर आक्रमण कर दिया जाये। अपने संरक्षक राष्ट्र पर हुए आक्रमण की स्थिति में पाण्डव छिपकर नहीं रह पायेंगे।"

विदुर की ओर से ऐसे प्रस्ताव की कल्पना किसी ने नहीं की थी। दुर्योधन और कर्ण तो इस प्रस्ताव से काफ़ी प्रसन्न दिखायी दे रहे थे, परन्तु मैंने विदुर से असहमति दर्शाते हुए कहा–"अज्ञातवास में केवल दो दिवस शेष रह गये हैं। क्या इतनी शीघ्रता से बिना किसी तैयारी के युद्ध अभियान करना सम्भव है? बिना किसी कारण के विराटनगर पर आक्रमण क्या हस्तिनापुर की विदेश नीति का भी उल्लंघन नहीं होगा?"

विदुर ने कहा–"हस्तिनापुर की नीति का उल्लंघन तो तब होगा, जब हम विराट पर आक्रमण करेंगे। हम विराटनगर पर आक्रमण नहीं करेंगे, बल्कि सेना को लेकर केवल विराटनगर तक जायेंगे। जैसा कि दुर्योधन का अनुमान है, यदि पाण्डव विराट नगर में होंगे तो स्वतः ही प्रकट हो जायेंगे।"

यद्यपि मैं इस योजना से पूर्णतः असहमत था, तथापि बहुमत

के आगे मेरी एक न चली। बिना किसी तैयारी के ही हस्तिनापुर का सैन्य दल कूच कर गया। तर्क ये दिया गया कि अज्ञातवास में केवल दो दिन शेष हैं। अतः विलम्ब करना उचित नहीं होगा। विदुर की शीघ्रता कुछ ऐसी थी कि महारथियों को अपने रथों में युद्ध सामग्री को भी भरने का अवकाश नहीं दिया गया।

पूरे लाव–लश्कर को लेकर हस्तिनापुर सैन्य दल विराटनगर की ओर कूच कर गया। अगला दिन अज्ञातवास का अन्तिम दिवस था। हस्तिनापुर की सेना विराटनगर के बाहर खड़ी थी, परन्तु विराटनगर से कोई प्रतिकार दिखायी नहीं दे रहा था। यदि वास्तव में इस सैन्य अभियान का उद्देश्य विराटनगर पर विजय प्राप्त करना रहा होता तो हस्तिनापुर की सेना के लिए ये एक सुनहरा अवसर हो सकता था, परन्तु विदुर नीति के अनुसार पहले और बिना कारण के आक्रमण करना युद्ध नीति के विरुद्ध था। ऐसे में विराट नरेश के पास हस्तिनापुर का दूत भेजने का निर्णय लिया गया। मैं जानता था कि विदुर ये सब प्रपंच केवल इसलिए कर रहा था कि अज्ञातवास का समय पूर्ण होने के पूर्व पाण्डव प्रकट न हो सकें। जैसा विदुर ने चाहा था, वैसा ही हुआ और अज्ञातवास का समय पूर्ण हो गया। अब पाण्डव सुरक्षित थे और ऐसे में पूरी हस्तिनापुर की सेना से लड़ने के लिए अर्जुन अकेला ही सामने आया। स्पष्ट था कि यह कोई युद्ध था ही नहीं। युद्ध के नाम पर मात्र औपचारिकता निभायी गयी। अर्जुन ने मोहिनी अस्त्र का प्रयोग किया और किसी भी कौरव महारथी के रथ या तूणीर में इस साधारण से अस्त्र की काट के लिए प्रयोग किया जाने वाला रसायन भी नहीं था। अर्जुन के अस्त्रों के प्रभाव से कौरव योद्धा मूर्छित हो गये और इससे विदुर की योजना सफल हुई। कुटिल विदुर ने इसे अकेले अर्जुन की भीष्म, द्रोण, कर्ण और दुर्योधन पर विजय के रूप में प्रचारित किया। यदि अर्जुन के लिए इन सभी को परास्त करना इतना ही सरल होता तो महाभारत के महारण में उसे कपट का सहारा क्यों लेना पड़ता?

पाण्डव प्रकट हो चुके थे और अब विवाद इस बात का

था कि उनके अज्ञातवास को सफल माना जाये या असफल। विदुर पाण्डवों के अज्ञातवास को पूरी तरह से सफल सिद्ध करने में जुटा था। भीष्म, द्रोण और कृपाचार्य पहले ही पाण्डवों के वनवास से प्रसन्न नहीं थे। स्वाभाविक रूप से तीनों का समर्थन विदुर के साथ था। पूरी राजसभा पाण्डवों को ससम्मान बुलाकर उन्हें इन्द्रप्रस्थ का राज्य लौटाने के पक्ष में थी। मेरे लिए ये एक निर्णायक क्षण था। ये सत्य है कि दुर्योधन पूरी तरह से मेरे प्रभाव में था और मेरा परामर्श ही उसका निर्णय बन जाता था। इन्द्रप्रस्थ का राज्य वापस न किये जाने की दशा में युद्ध होना निश्चित था। अब ये मुझ पर निर्भर था कि युद्ध हो या युद्ध को टाल दिया जाये।

क्या मैं रोक सकता था महारण...?

महायुद्ध यानी महाविनाश। क्या मैं इसे रोक सकता हूँ? क्यों नहीं। दुर्योधन मेरे प्रभाव में है। जो मैं कहूँगा, वही होगा, लेकिन युद्ध न होगा तो क्या होगा? पाण्डवों को इन्द्रप्रस्थ लौटा दिया जायेगा। क्या पाण्डवों को राज्य लौटाने से शान्ति मिल जायेगी? क्या भीम दुर्योधन की जंघा तोड़ने और दुःशासन की छाती का लहू पीने की प्रतिज्ञा भूल जायेगा? क्या दुर्योधन अपना अपमान भूल पाया है? नहीं, ये नहीं हो सकेगा। कभी नहीं। और मैं क्यों इसे रोकना चाहता हूँ? इसी युद्ध से तो इस कुरुवंश का विनाश होगा। यही तो शकुनि हमेशा से चाहता था। युद्ध में कोई भी पक्ष विजयी रहे, भीष्म की पराजय तो दोनों ही स्थितियों में तय है। आज भीष्म को युद्ध में होने वाले विनाश की इतनी चिन्ता हो रही है, भीष्म की ये अहिंसक, परोपकारी विचारधारा उस समय कहाँ थी, जब वह धृतराष्ट्र के विवाह का प्रस्ताव लेकर गान्धार आया था? तब तो केवल विवाह प्रस्ताव अस्वीकार करने मात्र से ही पूरे गान्धार को श्मशान में बदलने की धमकी दी जा रही थी। स्वयं के नीति ज्ञान का ढिंढोरा पीटने वाले विदुर ने भी भीष्म को परामर्श नहीं दिया कि स्त्री की इच्छा के विरुद्ध बलात

पत्नी बनाना भी बलात्कार से कम नहीं है? द्रोण जो युद्ध के लिए पूरी तरह से दुर्योधन और शकुनि पर दोषारोपण कर रहे थे, क्या उन्होंने स्वयं के मामूली से अपमान के लिए पांचाल के विरूद्ध युद्ध नहीं छेड़ा था और स्वयं बाहर बैठकर तमाशा नहीं देख रहे थे? आज नैतिकता का पाठ पढ़ा रहे इस द्रोण में तो इतना भी साहस नहीं था कि अपने अपमान के कारण करवाये गये युद्ध में स्वयं भी हिस्सा लें तो आज ही इन सब को युद्ध में होने वाली हिंसा और मार–काट की पीड़ा क्यों होने लगी है? क्योंकि ये युद्ध शकुनि का प्रतिशोध है। द्रोण यदि उसके बालसखा के कुछ वचनों से आहत होकर युद्ध कर सकता है, भीष्म अपने भ्राताओं और भतीजों के विवाह के लिए युद्ध कर सकता है, तो शकुनि के प्रतिशोध का युद्ध अनुचित कैसे कहा जा सकता है? इस युद्ध को कुछ समय के लिए टाला तो जा सकता है, लेकिन युद्ध होना निश्चित है। इसे रोकना शकुनि तो क्या परमात्मा के बस में भी नहीं है। श्रीकृष्ण को तो साक्षात नारायण का अवतार माना जाता है। नारायण चाहेंगे तो स्वयं इस महाविनाश को रोक लेंगे। तू तो एक साधारण मनुष्य है शकुनि। तू भला इस सम्बन्ध में क्यों चिन्तित हो रहा है।

ये भी सत्य है कि इस महायुद्ध में विजय किसी की भी हो, कुरुवंश लगभग समाप्त हो जायेगा। यही तो मैं चाहता था। यही तो मेरा प्रतिशोध है। जिस भीष्म ने अपनी शक्ति के बल पर वर्षों पूर्व मुझे और मेरे पिता को विवश कर दिया था। वही भीष्म आज अपनी पूरी शक्ति के बावजूद असहाय है। इस युद्ध में या तो उसे स्वयं मरना होगा या फिर अपने ही परिजनों को मारना होगा। यही मेरी विजय है। मैं इस युद्ध को रोकने के बारे में सोच भी क्यों रहा हूँ? जिस वंश के विनाश की मैंने प्रतिज्ञा ली थी, वह विनाश अब सामने दिखायी दे रहा है। शकुनि, तेरा प्रतिशोध पूरा हुआ। अब तो तू अपने राज्य गान्धार लौट सकता है। समूचा हस्तिनापुर, इन्द्रप्रस्थ और इनसे सम्बन्ध रखने वाले

आर्यावर्त का हरेक राज्य युद्ध की अग्नि में जलेगा और तू गान्धार में बैठकर अपने प्रतिशोध का समाचार प्राप्त कर आनन्दित हो सकेगा, लेकिन अपनी सफलता पर भी मेरा मन प्रसन्नता का अनुभव क्यों नहीं कर रहा है। जो मैं चाहता था, वही तो हो रहा है। फिर भी विजय का सन्तोष मुझे क्यों नहीं मिल पा रहा है।

जाने क्यों, हस्तिनापुर छोड़कर गान्धार लौट जाने का विचार मुझे रास नहीं आ रहा था। दुर्योधन और कर्ण युद्ध के बिना मानने को तैयार नहीं थे। उन्होंने युद्ध की रणनीति बनाना भी आरम्भ कर दिया था। दुर्योधन के लिए सामरिक दृष्टि से मेरा कोई उपयोग न था, परन्तु उसका मेरे प्रति स्नेह व आदर अपार था। वह स्वयं मुझे युद्ध से दूर गान्धार जाने या फिर हस्तिनापुर में ही रहकर रणक्षेत्र से दूर रहने का सुझाव दे रहा था। विदुर और धृतराष्ट्र की भी तो युद्ध में यही भूमिका रहनी थी। मैं अनिश्चय की स्थिति में था। वैसे विजय किसी की भी हो, मेरा उद्देश्य तो पूरा हो ही रहा था, परन्तु दुर्योधन के प्रति मेरा स्नेह मुझ पर हावी होने लगा था। मुझे दुर्योधन के जन्म और उसके साथ बिताया गया प्रत्येक क्षण याद आने लगा। जन्म लेने से पहले ही दुर्योधन को मार डालने का विदुर का षड्यन्त्र, बाल्यकाल में भीम और दुर्योधन के झगड़े, भीम को विष देने का आरोप, दुर्योधन को लेकर प्रजा के मध्य किया जा रहा दुष्प्रचार। कैसे निपटेगा दुर्योधन विदुर के छल से? अब तो स्वयं नारायण पाण्डवों के पक्ष में दिखायी दे रहे हैं। दुर्योधन को विश्वास था कि भीष्म, द्रोण व कर्ण जैसे योद्धाओं के चलते उसकी पराजय असम्भव है, लेकिन श्रीकृष्ण को लेकर वह बेपरवाह दिखायी देता था। वह मानने को तैयार ही नहीं था कि श्रीकृष्ण साधारण मनुष्य नहीं हैं।

सम्भावित युद्ध के लिए कौरव व पाण्डव दोनों ही अपना पक्ष मज़बूत करने के लिए विभिन्न राजाओं का समर्थन प्राप्त करने में जुटे थे। पांचाल और विराट जैसे शक्तिशाली राज्य पहले ही पाण्डवों के पक्ष में थे। मेरा प्रयास था कि यादवों की

शक्ति पाण्डवों के पक्ष में न जा सके और दुर्योधन था कि यादवों से सहायता माँगना ही नहीं चाहता था। ये सत्य था कि पाण्डव कृष्ण के फुफेरे भाई लगते थे और कृष्ण की बहन सुभद्रा का विवाह भी अर्जुन से हुआ था, परन्तु दुर्योधन को भी बलराम का स्नेह प्राप्त था। कृष्ण के पुत्र साम्ब का विवाह दुर्योधन की पुत्री लक्ष्मणा से हुआ था। इस नाते कृष्ण और दुर्योधन में भी निकट की रिश्तेदारी थी। मेरा मानना था कि दुर्योधन को यादवों की शक्ति को अपने पक्ष में करने का प्रयास तो करना ही चाहिए। मेरे परामर्श या फिर यूँ कहें कि लगातार आग्रह पर दुर्योधन कृष्ण से सहायता माँगने तो पहुँचा, लेकिन वहाँ भी वह धोखा खा गया। कृष्ण को छोड़कर नारायणी सेना को चुनकर वह ख़ुशी–ख़ुशी लौट आया। आज शताब्दियों के बाद भी ये प्रश्न अनुत्तरित है कि यदि दुर्योधन नारायणी सेना के बजाय निःशस्त्र कृष्ण को चुन लेता तो क्या इस महायुद्ध का परिणाम कुछ और होता! शायद नहीं। विधाता को यदि विजय पाण्डवों के पक्ष में ही डालनी थी तो ईश्वर स्वयं भी पराजय के पक्ष में आने से संकोच नहीं करते।

श्रीकृष्ण का विराट रूप

युद्ध की तैयारियाँ अन्तिम चरण में थीं। कुरुक्षेत्र का रण सजने को तैयार हो ही रहा था कि दुर्योधन ने एक ऐसी मूर्खता कर दी, जिसके चलते मुझे गान्धार वापसी तो दूर, रणक्षेत्र में भी दुर्योधन को अकेला नहीं छोड़ने का निर्णय लेना पड़ा। सूचना मिली कि पाण्डवों की ओर से शान्तिदूत बनकर श्रीकृष्ण स्वयं हस्तिनापुर राजसभा में पधार रहे हैं। पहले से ही मुझे इस युद्ध के लिए उत्तरदायी माना जा रहा था, कदाचित् इसीलिए कृष्ण के आगमन की पूर्व सूचना मुझे नहीं दी गयी। इस सम्बन्ध में दुर्योधन से मैं कोई चर्चा कर पाता, इसके पूर्व ही कृष्ण का सभा में आगमन हो गया। कैसा प्रभावी व्यक्तित्व था कृष्ण का! कदाचित् नेत्रहीन धृतराष्ट्र और दुर्योधन को छोड़कर पूरी सभा में कोई भी ऐसा नहीं होगा, जो कृष्ण से प्रभावित नहीं था। जिस प्रकार से होने वाले महायुद्ध की ज़िम्मेदारी मुझ पर थोपी जा रही थी, उसके बाद तो मुझे लगता था कि कृष्ण भी मुझसे घृणा ही करते होंगे। सभा में उनके आगमन के समय काफ़ी संकोच के साथ औपचारिकता पूर्ण करने के लिए मैंने उनका अभिवादन किया, परन्तु कृष्ण की प्रतिक्रिया से मुझे लगा कि उनके मन में मेरे प्रति कोई दुराग्रह या मैल है ही नहीं। कृष्ण मुस्कुराते हुए मेरे पास आये। मैं औपचारिकतावश दोनों हाथ जोड़कर उनका अभिवादन कर रहा था। कृष्ण ने मन्द मुस्कान के साथ मेरे नमस्कार का प्रतिउत्तर देते हुए स्नेह से मेरे दोनों हाथ अपने हाथों में लेते हुए कहा–"कैसे हैं मातुल?"

'मातुल' या 'मामाश्री', मेरे सन्दर्भ में ये सम्बोधन दुर्योधन या उसके भाइयों के अलावा शायद ही किसी ने प्रयोग किया हो। पाण्डव कभी–कभार अवश्य मुझे इस सम्बोधन से पुकारते थे, लेकिन उसमें आदर या स्नेह मैंने कभी अनुभव नहीं किया था, लेकिन मधुसूदन के श्रीमुख से मातुल सुनकर मैं भाव–विभोर हो गया। मैंने मधुसूदन से प्रश्न किया–"क्या जो कुछ हो रहा है, उसका एकमात्र अपराधी मैं ही हूँ?"

कृष्ण ने अपनी चिर–परिचित मोहक मुस्कान के साथ उत्तर दिया–"मातुल, क्या इसके पूर्व जो कुछ भी हुआ है, वह सभी आपकी इच्छा या अभिलाषा के अनुरूप हुआ है? नहीं न? तो फिर आप ये क्यों सोच रहे हैं कि ये महायुद्ध आपके कारण हो रहा है। आपने वह किया, जो आपको सही लगा और आगे भी आप वही करें, जो आपको उचित लगे। चाहे आपका सामना साक्षात ईश्वर से भी क्यों न हो। वैसे भी इस महागाथा में किसकी भूमिका सही है और कौन ग़लत है, ये तय करना मनुष्य तो क्या, ईश्वर के लिए भी सरल नहीं है।"

इतने में मेरी और कृष्ण की वार्ता से चिन्तित विदुर तुरन्त मेरे आसन के निकट आ गया और कृष्ण को आग्रहपूर्वक उनके लिए नियत स्थान पर ले जाने लगा। कृष्ण ने शान्तिदूत के रूप में पहले आधे राज्य और फिर पाँच गाँव पाण्डवों को दिये जाने का प्रस्ताव किया। दुर्योधन ने काफ़ी उद्दण्डता से कृष्ण के प्रस्ताव को अस्वीकार कर दिया। दुर्योधन की ऐसी वाणी सुनकर मैं बेचैन हो गया, इसलिए नहीं कि दुर्योधन कृष्ण के प्रस्ताव को ठुकरा रहा था, बल्कि मेरी परेशानी का कारण था दुर्योधन की उद्दण्डता। दुर्योधन जिस स्वर में कृष्ण से बात कर रहा था, वह बिलकुल उचित नहीं था। क्रोध के आवेग में दुर्योधन क्या अनर्गल बोल रहा है, उसका उसे भान ही नहीं था। मैं चाहते हुए भी दुर्योधन को रोकने में असमर्थ था। युद्ध होकर रहेगा, इसमें तो कदाचित् श्रीकृष्ण को भी सन्देह नहीं था, परन्तु दुर्योधन के असभ्य व्यवहार ने कृष्ण को भी क्रोधित कर दिया। कृष्ण ने दुर्योधन को चेतावनी

दी, परन्तु नादान दुर्योधन पर चेतावनी का उल्टा असर हुआ और उसने कृष्ण को बन्दी बनाने का आदेश दे दिया। मेरा हृदय भय से काँपने लगा। मेरे समक्ष इन्द्रप्रस्थ की सभा में शिशुपाल वध का दृश्य उभर आया। मुझे लगा कि कहीं से कानों का पर्दा चीर देने वाली ध्वनि के साथ आया कोई सुदर्शन चक्र दुर्योधन की ग्रीवा धड़ से अलग ही न कर दे। जिन सैनिकों को कृष्ण को बन्दी बनाये जाने का आदेश दिया गया था, वे भी स्तब्ध खड़े थे। जिस व्यक्ति को नारायण का अवतार माना जा रहा हो, उसे बन्दी बनाने का साहस बेचारे साधारण सैनिक भला किस प्रकार कर सकते थे। कृष्ण का सम्मोहन ही ऐसा था कि कोई उन्हें बाँधने का साहस ही न कर सका। दुर्योधन की इस धृष्टता के बाद तो कृष्ण का रूप ऐसा दिखायी देने लगा, मानो सारे मनुष्य उनके सामने असहाय हों। क्या भीष्म, क्या द्रोण और क्या कर्ण, अपने धनुष के बल पर विश्व को पराजित करने का दावा करने वाले योद्धा कृष्ण के सामने याचक की तरह खड़े थे। मुझे तो कृष्ण किसी दिव्यपुरुष की तरह दिखायी दे रहे थे। उनके शरीर से प्रकाश की किरणें–सी निकलती दिखायी दे रही थीं। ये वास्तविकता थी या भ्रम, ये तो मैं नहीं जानता, लेकिन मुझे सामने दुर्योधन दिखायी दे रहा था, जो स्वेद से पूरी तरह से भीगा हुआ था। भय से काँपते हुए मैं ये सोच रहा था कि क्या मैं दुर्योधन को अन्तिम बार देख रहा हूँ। मेरी आँखें अनजान प्रकाश से चौंधिया रही थीं और मुझ पर मूर्छा–सी छा रही थी।

हस्तिनापुर की इस सभा में जो कुछ भी हुआ, उसके पश्चात् कदाचित् किसी के मन में सन्देह नहीं रहा होगा कि कृष्ण विलक्षण हैं। ये मेरा मूर्च्छित अवस्था में देखा गया स्वप्न था या फिर वास्तविकता, पर मुझे स्मरण हुआ, जैसे कृष्ण ने मुझसे कहा हो कि दुर्योधन का ध्यान रखना। मुझे ये भी विदित हुआ कि कृष्ण हस्तिनापुर राजसभा से निकलते समय कर्ण को स्नेह से उसका हाथ पकड़ कर अपने साथ ले गये हैं।

विदुर के हर षड्यन्त्र का मेरे पास उत्तर था, परन्तु श्रीकृष्ण की लीलाएँ मेरी समझ से परे थीं। कभी ये लगता था कि कृष्ण पाण्डवों के सहयोगी हैं और केवल उनके लाभ के लिए काम कर रहे हैं, लेकिन अगले ही क्षण लगता था कि कृष्ण तो सभी के सहयोगी हैं और पूरे विश्व के कल्याण के लिए कार्य कर रहे हैं। दुर्योधन ने उन्हें बन्दी बनाने का प्रयास किया, लेकिन उसी दुर्योधन का उन्होंने मुझसे ख़याल रखने के लिए कहा। मुझे लगा कि कृष्ण किसी के विरोधी नहीं है। इस महायुद्ध में किसी की विजय होगी तो वह भी कृष्ण की होगी और पराजय होगी तो वह भी उन्हीं की होगी। केवल कृष्ण में ही ये अद्भुत क्षमता है कि अर्जुन के साथ–साथ उसके सबसे बड़े शत्रु कर्ण से भी प्रेम करते हैं। उनके लिए भीम और दुर्योधन भी एकसमान हैं। न वे विदुर के विरोधी हैं और न ही शकुनि से घृणा करते हैं। कृष्ण पांचाली के अपमान से व्यथित हैं तो गान्धारी के साथ हुआ अन्याय भी उन्हें विचलित करता है। कदाचित् इस महागाथा के हरेक पात्र को उसके कर्मों के हिसाब से दण्ड देने के लिए ही कृष्ण ने इस महायुद्ध का आयोजन किया है, अन्यथा वीरों से भरी राजसभा को वे जिस प्रकार सभी को चमत्कृत कर गये हैं, उनके लिए इस युद्ध का परिणाम तय करना कोई कठिन कार्य तो नहीं हो सकता।

महाभारत के इस महायुद्ध को अधर्म के विरुद्ध धर्म के शंखनाद के रूप में देखा जाता है, परन्तु इसका ये अर्थ कदापि नहीं है कि रणभूमि के एक ओर धर्म है और दूसरी ओर अधर्म। यहाँ धर्म और अधर्म बेहद निजी हो जाते हैं। भीष्म के लिए जो धर्म है, वह शकुनि के लिए अधर्म है। शकुनि के लिए जो धर्म है, वह पाण्डवों के लिए अधर्म है। द्रोण का धर्म एकलव्य की दृष्टि से अधर्म हो जाता है। यहाँ विजय या पराजय किसी पक्ष या प्रतिपक्ष की नहीं होने वाली है, बल्कि हरेक को उसके अधर्म का व्यक्तिगत हिसाब भी देना होगा, चाहे वह विजय प्राप्त करने

वाले पक्ष में ही क्यों न हो। वैसे भी युद्ध केवल दो पक्षों तक तो सीमित नहीं है। यदि ऐसा होता तो शकुनि की सबसे अधिक शत्रुता तो भीष्म और विदुर से है तो फिर क्यों हम तीनों एक ही पक्ष में खड़े दिखायी दे रहे हैं। भीष्म, द्रोण और विदुर तो हमेशा से पाण्डवों से स्नेह और दुर्योधन की उपेक्षा ही करते आये हैं। फिर वे क्यों दुर्योधन के पक्ष में दिखायी दे रहे हैं?

कर्ण का जन्म रहस्य

मेरा प्रतिशोध पूरा हो चुका था। युद्ध के कारण भीष्म के मुख पर जो विवशता के भाव दिखायी दे रहे थे, वही मेरी विजय थी। हालाँकि अपनी इस विजय पर भी मुझे किसी प्रसन्नता का अनुभव नहीं हो रहा था, बल्कि मेरी स्वयं की अवस्था भी भीष्म से अलग नहीं थी। हस्तिनापुर में वर्षों पूर्व हुए मेरे आगमन के बाद मैं कभी भी भीष्म से भेंट के लिए उनके भवन में नहीं गया था, परन्तु आज मेरा मन भीष्म से भेंट करने का हुआ। नहीं, उनकी विवशता को देखकर आनन्दित होने के लिए नहीं, बल्कि मेरी मंशा अपना और उनका दुख साझा करने की थी। द्वारपालों ने भीष्म को मेरे आगमन की सूचना पहुँचाई तो भीष्म ने मुझे अपने कक्ष में बुलवा लिया। अपने भवन के गवाक्ष से गंगा तट को निहारते भीष्म की पीठ मेरी ओर थी। मेरी पदचाप सुनते ही भीष्म ने कहा–"आइये गान्धारराज, आपकी कृपा से हज़ारों वीरों के प्राण लील लेने वाला महायुद्ध आरम्भ होने ही वाला है। आप कब गान्धार की ओर प्रस्थान कर रहे हैं?"

भीष्म की वाणी में उनकी पीड़ा और व्यंग्य दोनों ही छिपे हुए थे। कोई और अवसर होता तो मैं भी भीष्म को उनकी ही शैली में उत्तर देता, लेकिन आज न जाने क्यों मुझे इस एक सौ अस्सी वर्ष के वृद्ध पर दया आ रही थी। मैंने संयमित वाणी में प्रश्न किया–"महामहिम को कब से युद्ध में हताहत होने वालों की चिन्ता सताने लगी है? क्या इसलिए कि आज युद्ध के मैदान में मरने की बारी महामहिम के अपनों की आ गयी है? क्या इससे

पहले जो सैन्य अभियान किये गये, उनमें किसी के प्राण नहीं गये हैं? कुरुक्षेत्र में होने वाला ये रण आपको अनावश्यक लग रहा है तो क्या मात्र राजकुमारों के विवाह, सीमाओं के विस्तार और दिग्विजय यात्रा के नाम पर आपने जो रक्तपात किया, वह उचित था? आपके लिए इस युद्ध का दोष मेरे सिर पर मढ़ना सरल है, लेकिन तनिक गहराई से विचार कीजिए कि क्या इस युद्ध के लिए आप दोषी नहीं हैं? आपने अपनी प्रतिज्ञा को जनकल्याण से भी अधिक महत्त्व दिया और इसी प्रतिज्ञा के पालन के लिए आप निरीह राजकुमारियों को अपने भाई या भतीजों की शैय्या पर धकेलते रहे। इसी प्रतिज्ञा के चलते आपने द्रौपदी के अपमान के समय भी चुप्पी साध ली थी। क्या ये आपका अपराध नहीं था? क्या माता सत्यवती की सत्तालोलुपता और आपके पिता शान्तनु की वासना इस युद्ध के लिए दोषी नहीं हैं? आज आप सभी युद्ध की स्थिति निर्मित होने के लिए शकुनि और दुर्योधन को उत्तरदायी ठहरा रहे हैं, लेकिन जिस बालक के पैदा होते ही हत्या कर दिये जाने का परामर्श आपके सामने दिया गया हो, जिस बालक का सारा बचपन आपकी घोर उपेक्षा और पक्षपाती व्यवहार सहन करते बीता हो, उस बालक के हृदय में आप सभी के प्रति घृणा के अतिरिक्त कुछ और होने की अपेक्षा भी कैसे की जा सकती है? नवजात दुर्योधन आपका पौत्र था और उसकी हत्या के प्रस्ताव तक का भी आपने विरोध नहीं किया, क्या यह इस बात का प्रमाण नहीं है कि जन्म के समय से ही आप उसके प्रति पक्षपाती थे? तातश्री, यदि आपको स्मरण हो तो गान्धार से शकुनि नाम का यह विष स्वयं चलकर हस्तिनापुर नहीं आया था, बल्कि आप गान्धारी के साथ इसे लाये थे।"

आमतौर पर मैं भीष्म को महामहिम कहकर सम्बोधित किया करता था, परन्तु आज जाने क्यों मेरे मुँह से उनके लिए 'तातश्री' निकल गया। "ये सत्य है कि मैं इस युद्ध के लिए एक बड़ा कारण हूँ, लेकिन मेरे कर्मों की आड़ में आप अपने पापों को छिपा नहीं

सकते। मैं आज यहाँ आपको अपमानित करने के लिए नहीं आया हूँ, बल्कि ये बताने आया हूँ कि जो परिस्थितियाँ बनी हैं, उनमें आपकी भूमिका भी कम नहीं है। रही बात आनन्द की तो न तो मैं उस समय आनन्दित हुआ था, जब आप बलपूर्वक मेरी बहन को अपने अन्धे राजकुमार के लिए ले गये थे और न ही आज आनन्दित हूँ, जब मेरा दुर्योधन मौत के मुहाने पर खड़ा है। ये भी सत्य है कि मेरे पास गान्धार लौट जाने का सीधा व सरल विकल्प है, लेकिन तातश्री मैं गान्धार नहीं लौटूँगा। मैं युद्धभूमि में प्रत्येक पग पर अपने दुर्योधन के साथ रहूँगा। मैं जानता हूँ कि मैं कोई योद्धा नहीं हूँ, लेकिन मुझमें इतना नैतिक साहस है कि मैं इस रणभूमि में अपनी आहुति देने को भी तैयार हूँ। जिस विदुर की नीति पर आप आँख मूँदकर विश्वास करते रहे, क्या उसमें ये साहस है?"

अब तक मौन खड़े भीष्म ने एक गहरी साँस ली और कहा–"पता नहीं कि हम लोगों में से कौन कितना सही है। हो सकता है कि तुम्हारे तर्कों में भी सत्यता हो, लेकिन अब मेरी चिन्ता युद्ध की भयावहता को लेकर नहीं है। युद्धभूमि में रक्तपात तो होता ही है, परन्तु यहाँ तो भ्राताओं के बीच रक्त की होली खेली जानी है। दुर्योधन, भीम, अर्जुन, कर्ण एक–दूसरे के प्राण लेंगे। सहोदरों में होने वाले युद्ध में विनाश की कल्पना करना भी कठिन है।"

भीष्म की बात सुनकर मेरे कान खड़े हो गये। कौरव और पाण्डव चचेरे भाई थे और उनके मध्य युद्ध भीष्म की पीड़ा का कारण था, ये बात तो मेरी समझ में आ रही थी, लेकिन चचेरे भाइयों को सहोदर (एक ही गर्भ से जन्म लेने वाले) तो नहीं कहा जाता और कर्ण का इससे क्या लेना–देना था। आख़िर भीष्म ने 'सहोदर' और 'कर्ण' इन शब्दों का संयुक्त प्रयोग क्यों किया! जब मैंने इस सम्बन्ध में भीष्म से प्रश्न किया तो उनकी प्रतिक्रिया ऐसी थी, मानो वे भावावेश में ऐसा कुछ कह गये हों, जो उन्हें नहीं कहना चाहिए था। भीष्म ने तात्कालिक रूप से

मेरे प्रश्नों को भले ही टाल दिया हो, लेकिन मेरे लिए इसका उत्तर ढूँढ़ना आवश्यक हो गया था। दुर्योधन तो अपने शत्रु पक्ष में किसी का सहोदर नहीं लगता था। पाण्डव या उनके पक्ष के किसी योद्धा का सहोदर कौरवों की ओर से युद्ध कर रहा है, ऐसी जानकारी भी मुझे नहीं थी। फिर इस युद्ध में सहोदर कहाँ आमने–सामने हैं? पितामह कर्ण का उल्लेख क्यों कर रहे थे? कृष्ण जब हस्तिनापुर में शान्तिदूत बनकर आये थे, तब वे भी जाते समय कर्ण को अपने रथ पर बिठाकर कहीं ले गये थे। अचानक से कर्ण इतना महत्त्वपूर्ण क्यों हो चला था? केशव और कर्ण के बीच क्या वार्ता हुई होगी? ये सभी प्रश्न मेरा पीछा नहीं छोड़ रहे थे। मेरे मन में कर्ण की छवि बार–बार उभरकर सामने आने लगी। कर्ण का महत्त्व मेरे लिए दुर्योधन के अभिन्न मित्र के रूप में ही रहा है। उसके मुख पर दमकते तेज़ को देखकर मुझे वह हमेशा किसी राजपुरुष के जैसा ही लगता था। दुर्योधन, भीम और अर्जुन जैसे योद्धा जहाँ केवल अपने अस्त्रों के विशेषज्ञ थे, वहीं कर्ण गदा, धनुष, खड्ग, भाला सहित व्यूह रचनाओं तक में निपुण था। मल्ल युद्ध में दुर्योधन भी उसे पराजित नहीं कर पाता था। मुझे विश्वास था कि उसकी कुशलता ऐसी है कि भीम भी शायद ही उससे पार पा सकता था। कर्ण को पहले बार मैंने हस्तिनापुर की रंगशाला में देखा था, जब उसने सर्वश्रेष्ठ समझे जाने वाले अर्जुन को द्वन्द्व की चुनौती दी थी। मुझे ये भी स्मरण हुआ कि कैसे कुन्ती उस घटनाक्रम के बाद मूर्च्छित हो गयी थी। उस समय मुझे लगा कि पुत्र को द्वन्द्व की चुनौती मिलने की बात कुन्ती का कोमल नारी हृदय सहन नहीं कर पाया होगा, लेकिन अब इस बात के मूल में जाना आवश्यक हो गया था।

कुरुक्षेत्र में रणभूमि सज रही थी और मैं ये सब छोड़कर कर्ण की वास्तविकता पता करने के लिए चम्पानगरी जा पहुँचा। चम्पानगरी वही नगरी थी, जो कर्ण का जन्म स्थान बतायी जाती

थी। हालाँकि यहाँ अब कर्ण के परिवार का कोई भी सदस्य मौजूद नहीं था, परन्तु स्थानीय लोगों से विस्तृत पूछताछ करने के बाद मुझे ये पता चल चुका था कि कर्ण राजसारथी अधिरथ का औरस पुत्र नहीं था। अश्व नदी की लहरों पर एक टोकरी में मिले इस बालक का अधिरथ की पत्नी राधा ने बड़े स्नेह से लालन–पालन किया था।

कर्ण का रहस्य जानने के लिए मैं इतना लालायित हो गया कि मैंने अपने श्रेष्ठ गुप्तचरों को कर्ण, कृष्ण, भीष्म और कुन्ती की गतिविधियों पर केन्द्रित कर दिया। गुप्तचरों से मिली सूचना ने तो मेरे पैरों के नीचे से ज़मीन ही सरका दी। जी हाँ, मैं भी महाभारत के रण से पूर्व ही यह रहस्य जान चुका था कि कर्ण कुन्ती के गर्भ से उत्पन्न उसी का जैविक पुत्र है। मेरे सर्वाधिक विश्वासपात्र गुप्तचरों ने ये भी बताया कि कर्ण को स्वयं भी यह रहस्य उस समय तक ज्ञात नहीं था, जब तक कि श्रीकृष्ण ने उसके समक्ष रहस्योद्घाटन नहीं किया था। कर्ण को युद्ध से विमुख करने के लिए रणभेरी बजने के बाद उसे यह रहस्य बताया गया था। ज्येष्ठ पाण्डव के रूप में उसे हस्तिनापुर सम्राट और पांचाली के सौन्दर्य का भी लालच दिया गया, परन्तु कर्ण ने दुर्योधन के प्रति निष्ठा दिखाते हुए उसका पक्ष छोड़ने से साफ़ इनकार कर दिया।

मेरे सामने बड़ा प्रश्न यह था कि क्या दुर्योधन को इस सम्बन्ध में बताना उचित होगा। कर्ण, दुर्योधन की सबसे बड़ी शक्ति था और अब मैं ये जान चुका था कि दुर्योधन का सबसे विश्वस्त मित्र ही उसके शत्रुओं का सहोदर है, लेकिन यह भी सत्य था कि कर्ण की निष्ठा व समर्पण में कोई कमी नहीं थी। अपने जन्म के रहस्य को जानने के पश्चात् भी वह दुर्योधन के पक्ष में पूरी दृढ़ता के साथ डटा रहा था। मैंने निर्णय लिया कि इस बारे में न तो दुर्योधन और न ही कर्ण से कोई चर्चा कि जाये। दो मित्रों का प्रेम, जो कि सगे भाइयों से भी बढ़कर था,

उसमें दरार डालने का कोई औचित्य नहीं था। कुरुवंश के इन रहस्यों के बारे में ज्यों–ज्यों मुझे पता चल रहा था, इस विचित्र राजवंश के प्रति मेरी घृणा बढ़ती ही जा रही थी। भीष्म ने मेरी बहन के साथ अन्याय किया था, इसलिए भीष्म के सम्बन्ध में मेरी धारणा अच्छी नहीं थी, लेकिन अभी मुझे कुन्ती के बारे में जानना शेष था।

जन्मदात्री का ये रूप

कुन्ती, शूरसेन की जैविक पुत्री और कुन्तीभोज के यहाँ पली–बढ़ी इस राजकन्या के बारे में मुझे अधिक जानकारी नहीं थी। पाण्डु की नपुंसकता के कारण नियोग विधि से युधिष्ठिर, भीम और अर्जुन को जन्म देने वाले कुन्ती के लिए मेरे मन में यदि सम्मान नहीं तो घृणा भी नहीं थी, लेकिन कुन्ती के सम्बन्ध में जानने के पश्चात् मैं सोचने लगा कि क्या कोई स्त्री ऐसी भी हो सकती है? कुमारिका अवस्था में चूकवश गर्भधारण कोई महापाप भले ही न हो, परन्तु अपने नवजात शिशु को नदी की लहरों में छोड़ देना तो उसकी हत्या से कम नहीं कहा जा सकता। लहरों पर तैरती टोकरी कब नदी की गहराइयों में खो जाये या फिर मगरमच्छ जैसे किसी जलीय जीव का भोजन बन जाये, ये जानते हुए भी कोई माता अपने नवजात अबोध शिशु को मरने के लिए छोड़ दे तो उसे माता कैसे कहा जा सकता है? वैसे कुमारिका अवस्था में माता बनना तत्कालीन समाज में इतना घृणित भी नहीं माना जाता था। यदि ऐसा होता तो सत्यवती को भी ऋषि पाराशर से अपना सम्बन्ध और अपनी पहली सन्तान वेदव्यास का परिचय छिपाकर रखना पड़ता, परन्तु सत्यवती ने ऐसा नहीं किया। उसने तो खुलकर पाराशर से हुए अपने प्रथम पुत्र वेदव्यास को महाराज शान्तनु से हुए अन्य पुत्र की पत्नियों से नियोग के लिए प्रयोग किया था।

महायुद्ध से ठीक पहले कुन्ती ने भी कर्ण से सम्पर्क किया और उसे युद्ध से विमुख करने का प्रयास किया। गुप्तचरों के

माध्यम से मुझे इस भेंट का भी पूरा विवरण मिल गया। कैसी स्त्री है ये! वर्षों पूर्व अपने शिशु को नदी में बहा देने का महापाप तो इसने किया ही, परन्तु रंगशाला में भी तो इसने अपने पुत्र को पहचान लिया था, तब भी ये चुप्पी साधे रही। कर्ण और पाण्डवों के बीच दिनोदिन बढ़ती शत्रुता और वैमनस्य से भी कुन्ती अनभिज्ञ नहीं थी। कर्ण और अर्जुन एक–दूसरे के रक्त के प्यासे बने हुए थे। दुर्योधन केवल कर्ण की ही विश्वस्त मैत्री के बल पर पाण्डवों को चुनौती दे रहा था। ये सभी बातें जानते हुए भी कुन्ती मौन थी। आख़िर क्यों? मैंने तो सुना था कि अपने बालक पर ममता उमड़ने पर माता के स्तनों में दूध उतर आता है तो कुन्ती की छाती कैसे सूख गयी थी? अब जब महारण की उल्टी गिनती आरम्भ हो चुकी है तो कुन्ती कर्ण के पास क्यों गयी है? जो प्रस्ताव श्रीकृष्ण और कुन्ती आज कर्ण के सम्मुख रख रहे हैं, वह पहले ही क्यों नहीं दिया गया? हस्तिनापुर की रंगशाला में, द्रौपदी के स्वयंवर में, युधिष्ठिर के राज्याभिषेक के समय या विराट युद्ध के अवसर पर ये रहस्योद्घाटन क्यों नहीं किया गया? यदि इस रहस्य को पहले बता दिया जाता तो क्या यह महासमर टाला नहीं जा सकता था। इस स्थिति में क्यों न कुन्ती को इस रक्तपात का दोषी माना जाये? आज भी कुन्ती और कृष्ण कर्ण के सामने ये रहस्योद्घाटन क्यों कर रहे हैं? केवल उसे दुर्बल बनाकर युद्ध से विमुख करने के लिए ही न? क्यों नहीं कुन्ती पाण्डवों को यह बता देती कि कर्ण उनका ज्येष्ठ भ्राता है और पाण्डव अपने समस्त अधिकार युधिष्ठिर को नहीं, बल्कि अपने ज्येष्ठ भ्राता कर्ण के हाथों में सौंप दें? हो सकता है, तब अपने प्राणप्रिय मित्र के सम्राट बनने पर दुर्योधन को भी कोई कष्ट नहीं होता।

कुन्ती ये भली–भाँति जानती थी कि युद्ध में अर्जुन के वध की सामर्थ्य भीष्म, द्रोण व कर्ण के अतिरिक्त किसी में नहीं है। भीष्म व द्रोण तो अर्जुन वध करेंगे नहीं। ऐसे में भय केवल

कर्ण की ओर से ही था। ये भी तय था कि कृष्ण के प्रस्ताव को अस्वीकार करने के बाद कर्ण का पाण्डवों के पक्ष में आना असम्भव था, तथापि कुन्ती ने भावनाओं का जाल फेंककर अर्जुन के अलावा चार पाण्डवों के लिए जीवनदान ले ही लिया। कुन्ती की इसी कूटनीति ने युद्ध की दिशा ही बदल दी। कर्ण ने युद्ध में ऐसे सभी अवसर निकल जाने दिये, जब वह युधिष्ठिर, नकुल, सहदेव और एक बार तो भीम का भी वध कर सकता था। यदि ऐसा हो जाता तो युद्ध का परिणाम कुछ और हो सकता था।

अब दुर्योधन की पराजय में मुझे कोई भी सन्देह नहीं रह गया था। वैसे तो भीष्म, द्रोण व कर्ण जैसे योद्धाओं से सज्ज उसका पक्ष अत्यधिक शक्तिशाली दिखायी देता था, परन्तु भीष्म और द्रोण के हृदय तो पहले से ही पाण्डवों के पक्ष में थे और अब तो कर्ण भी भुजाओं से न सही, परन्तु भावनात्मक रूप से दुर्बल हो गया था। वैसे भी मुक़ाबला जब स्वयं ईश्वर से हो तो मनुष्य के बस में केवल कर्म करना ही रह जाता है। महासमर की रणभेरी बजने को तैयार थी। कुरुक्षेत्र में कौरवों की ग्यारह अक्षौहणी और पाण्डवों की सात अक्षौहणी सेना आमने–सामने थी। रथों, गजों और अश्वों से सुसज्जित योद्धाओं का ऐसा महासागर पहले कभी नहीं देखा गया था। लगभग पाँच योजन तक फैली इस समरभूमि में आने वाले कुछ दिनों में कितने नरमुंड कटकर गिरेंगे, इसका पता श्रीकृष्ण के अतिरिक्त किसी को नहीं था। वैसे तो रणक्षेत्र का भयानक माहौल मेरे स्वभाव के बिलकुल भी अनुकूल न था, परन्तु युद्ध से विमुख रहने वाला शकुनि भी अब इस रण का हिस्सा बन गया। रणक्षेत्र में उड़ती हुई धूल और धुएँ की आँधी मुझे भयभीत नहीं करती थी। अश्वों की हिनहिनाहट, गजों की चिंघाड़ और घायल होने वाले सैनिकों की चीत्कार भी मुझे विचलित नहीं करती थी। इस महासमर की आहुति केवल मानव–मात्र ही नहीं थे। यहाँ मर्यादा, नैतिकता, नियम सभी कुछ एक–एक करके स्वाहा होने थे। अठारह दिनों

तक कुरुक्षेत्र के रण में रक्त की नदियाँ बहती रहीं। मोह में बँधे अर्जुन का संशय तो श्रीकृष्ण ने गीता के उपदेश से दूर कर दिया, परन्तु समरांगण में उतरे दूसरे किसी योद्धा पर माधव की ऐसी कृपा नहीं हुई। हिमालय की तरह अपने कर्तव्यों के प्रति सदैव अटल रहने वाले भीष्म भी युद्धभूमि में अपना मोह त्याग नहीं सके और पाण्डवों के प्रति सौम्य ही बने रहे। ये सौम्यता उनके युद्ध कौशल में भी परिलक्षित होती रही। भीष्म ने दस दिनों तक कौरव पक्ष का नेतृत्व सँभाला, परन्तु इस दौरान उन्होंने पाण्डव पक्ष के किसी भी प्रमुख योद्धा का वध नहीं किया, जबकि पाण्डव पक्ष पूरी शक्ति से कौरव सेना पर टूट पड़े थे। कौरव सेनापति भीष्म की मुख–मुद्रा ऐसी थी, जैसे युद्ध में नहीं, बल्कि पूजन या यज्ञ में भाग ले रहे हों। अर्जुन और अभिमन्यु के युद्ध कौशल और क्षमता को देखकर वे फूले नहीं समाते थे। पितामह जिस सौम्यता से युद्ध कर रहे थे, स्वाभाविक रूप से दुर्योधन को ये तनिक भी रास नहीं आ रहा था। भीष्म और कर्ण के मध्य तनाव कुछ ऐसा था कि कर्ण को युद्धभूमि से अलग ही रखा गया था। इसके बावजूद कौरव पक्ष में भीष्म और द्रोण, दो ऐसे योद्धा थे, जिनके बाणों का उत्तर अर्जुन के अतिरिक्त कोई नहीं दे सकता था। एक योद्धा यदि अर्जुन को व्यस्त रखे तो दूसरा शेष सेना का सरलता से संहार कर सकता था, लेकिन न तो भीष्म के बाणों में वह तेज दिखायी दे रहा था कि पाण्डव पक्ष में खलबली मच सके और न ही द्रोण का धनुष आग उगल रहा था। हाँ, हिमालय की तरह खड़े भीष्म के होते कौरव पक्ष को कोई बड़ी हानि पहुँचाना भी असम्भव लग रहा था। पाण्डवों की विजय के लिए भीष्म की मृत्यु आवश्यक थी। तमाम प्रयासों के बावजूद भी सौम्य युद्ध कर रहे भीष्म को पराजित करना पाण्डव सेना के लिए असम्भव दिखायी दे रहा था। भीष्म के हाथों पाण्डव सेना का निरन्तर विनाश होता जा रहा था। स्थिति ऐसी आन पड़ी कि कृष्ण स्वयं अपनी प्रतिज्ञा तोड़कर रथ का चक्र लेकर भीष्म

को मारने दौड़ पड़े। नारायण के अवतार समझे जाने वाले कृष्ण का यह आचरण देखकर सभी आश्चर्यचकित रह गये। अर्जुन ने कृष्ण को उनकी प्रतिज्ञा याद दिलाकर उन्हें तुरन्त रोका और उसके बाद युद्ध पुनः आरम्भ हो गया।

क्या यह मान लेना चाहिए कि इस मानवदेह की संरचना ही कुछ ऐसी है कि इसके गुण–दोषों से बच पाना स्वयं मानव रूप में अवतार लिए ईश्वर तक के लिए भी सम्भव नहीं था? युद्ध के तीसरे ही दिन कृष्ण के इस व्यवहार ने सभी को सोचने पर विवश कर दिया। ईश्वरीय अवतार माने जा रहे माधव ने अपनी प्रतिज्ञा क्यों तोड़ दी थी, ये अनसुलझा प्रश्न सभी के मन में कौंध रहा था। भीष्म ने अपनी प्रतिज्ञा के पालन में अपना सर्वस्व न्यौछावर कर दिया। स्वयं मैंने अपनी प्रतिज्ञा का पालन करते हुए सम्पूर्ण कुरुवंश को समाप्ति के कगार पर ला खड़ा किया। भीम भी युद्ध के अन्त में दुर्योधन की जंघा तोड़कर और दुःशासन की छाती का लहू पीकर अपनी प्रतिज्ञा को पूर्ण कर सका। यदि हम साधारण मनुष्य अपनी प्रतिज्ञाओं को पूरा कर सकते हैं तो ईश्वरीय स्वरूप कृष्ण कैसे अपनी प्रतिज्ञा का पालन नहीं कर सके? नहीं, यह सम्भव ही नहीं है। इस चित्र की वास्तविकता उससे कहीं अधिक है, जितना यह दिखायी दे रहा था। कृष्ण के प्रत्येक कार्य में कोई सन्देश छिपा होता है। यदि उन्होंने अपनी प्रतिज्ञा भंग की है तो उसमें भी कोई सन्देश अवश्य छिपा होगा। कदाचित् कृष्ण विश्व को ये बताना चाहते हों कि प्रतिज्ञा पालन से भी अधिक महत्त्वपूर्ण जनकल्याण है। यदि भीष्म जनकल्याण को दृष्टिगत रख राजसिंहासन और विवाह से दूरी बनाये रखने की अपनी प्रतिज्ञा भंग कर देते तो कदाचित् हस्तिनापुर राजसिंहासन के लिए उत्तराधिकारी ढूँढ़ने की आवश्यकता ही नहीं पड़ती। न तो विचित्रवीर्य के लिए किसी राजकुमारी का हरण करना पड़ता, न ही इन राजकुमारियों को वेदव्यास से नियोग के लिए विवश होना पड़ता और न ही सम्पूर्ण आर्यावर्त को इस महायुद्ध के भीषण रक्तपात का सामना करना पड़ता।

भीष्म जैसे हिमालय का युद्ध भूमि में पतन

भीष्म अपनी पूरी क्षमता से युद्ध नहीं कर रहे थे, परन्तु उनका यह सौम्य रूप भी पाण्डवों को धीरे–धीरे पराजय की ओर ले जा रहा था। सेना के लगातार होते विनाश के चलते भीष्म को हटाना आवश्यक था, लेकिन भीष्म से पार पाना स्वयं अर्जुन के वश में भी नहीं था। जब शस्त्रों से बात न बने तो पाण्डवों के पास एक ही मार्ग था। वह मार्ग था, कृष्ण की शरण में जाने का। गुप्तचरों के माध्यम से मुझे लगातार ये जानकारी मिल ही रही थी कि भीष्म के कारण पाण्डव पक्ष काफ़ी आतंकित है और इसी समस्या का निदान जानने पाण्डव कृष्ण से मन्त्रणा करने गये थे। कृष्ण से मिलकर युधिष्ठिर काफ़ी आश्वस्त नजर आ रहा था। गुप्तचरों ने मुझे ये भी बताया कि उसी रात्रि पाण्डवों ने भीष्म से उनके शिविर में जाकर भेंट भी की थी।

युद्ध का दसवाँ दिन था। अब तक के युद्ध में धृतराष्ट्र के सत्रह पुत्र मारे जा चुके थे। वहीं पाण्डव खेमे में भी अर्जुन का पुत्र इरावान, विराट नरेश के तीन पुत्र उत्तर, श्वेत व शंख, सात्यकि के दस पुत्र मारे जा चुके थे। कौरव सेना की तुलना में पाण्डव सैनिक बड़ी संख्या में मारे गये थे। युद्ध में कौरव पक्ष स्पष्ट रूप से हावी दिखायी दे रहा था। पाण्डव सेना में निराशा और अवसाद गहराता जा रहा था, परन्तु दसवें दिन एक बार पुनः पाण्डव सेना उत्साह से भरी दिखायी दे रही थी। कारण पता चला कि अर्जुन ने सेना प्रमुखों को भरोसा दिलाया था कि वह आज भीष्म का अन्त करके ही दम लेगा। मेरी नज़रें तेज़ी से

अर्जुन को ढूँढ़ने लगीं। मैं जानना चाहता था कि पिछले नौ दिनों से जिस अर्जुन का भीष्म पर तनिक भी बस नहीं चला, वह दसवें दिन किस आधार पर भीष्म को युद्ध से हटाने का भरोसा अपने सैनिकों को दे रहा था। शीघ्र ही मारुति ध्वज वाला अर्जुन का रथ नन्दीघोष मुझे दिखायी दिया। श्रीकृष्ण और अर्जुन के अतिरिक्त इस रथ पर कोई और भी दिखायी दे रहा था। क़द–काठी या डील–डौल से वह कोई योद्धा तो नहीं लग रहा था। मैंने सारथी को अपना रथ अर्जुन की ओर ले जाने का आदेश दिया। कुछ निकट जाने पर मुझे पता लगा कि इस रथ पर अर्जुन के साथ योद्धा वेश में जो व्यक्ति उपस्थित है, वह द्रुपद का पुत्र शिखण्डी है। द्रौपदी का भ्राता शिखण्डी हमेशा से पांचाल राजवंश में एक रहस्यमय व्यक्ति के रूप में पहचाना जाता रहा है। उसके शरीर की कोमलता पुरुषोचित नहीं जान पड़ती थी। योद्धा तो दूर, उसके एक साधारण पुरुष होने में भी सन्देह था। कदाचित् इसीलिए शिखण्डी का दर्शाणराज की कन्या से करवाया गया विवाह भी सफल नहीं हो सका था। दबे स्वर में शिखण्डी के नपुंसक होने की चर्चा होती थी। वहीं कुछ लोग ऐसे भी थे, जो यह मानते थे कि वह पुरुष देहधारी स्त्री है। शिखण्डी के सम्बन्ध में एक कथा भी चर्चित थी कि स्त्री रूप में जन्मे शिखण्डी को एक यक्ष ने पुरुषत्व प्रदान किया था।

पौरुषहीन शिखण्डी की अर्जुन के रथ पर उपस्थिति ने मुझे अचरज में डाल दिया। उसके शरीर को देखकर उसके धनुष धारण कर पाने को लेकर भी सन्देह दिखायी दे रहा था। भीष्म से सम्मुख युद्ध में जहाँ अर्जुन भी लगातार असफलता ही पा रहा हो, वहाँ ऐसे दुर्बल व्यक्ति को भला क्यों लाया गया है? मैं भाँप गया कि ये कृष्ण की ही कोई योजना है भीष्म को हटाने की। मैं अपनी स्मरण शक्ति से भीष्म के जीवन के पृष्ठों को पलटने का प्रयास करने लगा। भीष्म की ऐसी कौन–सी दुर्बलता है, जिसका लाभ उठाने के लिए पौरुषहीन शिखण्डी को रण में

लाया गया है। मैं कुछ समझ पाता, इसके पूर्व ही कृष्ण, अर्जुन का रथ भीष्म के ठीक सामने ले आये। भीष्म, अर्जुन के रथ में शिखण्डी को देखकर तनिक भी अचम्भित नहीं हुए। श्रीकृष्ण को श्रद्धापूर्वक नमन कर भीष्म मुस्कुराये। अर्जुन अपना गाण्डीव ताने हुए था। भीष्म ने आशीर्वाद की मुद्रा में हाथ उठाए और फिर अपना धनुष नीचे झुका लिया। शिखण्डी को रथ के अग्र भाग में अपने ठीक सामने कर अर्जुन ने पितामह को औपचारिक चेतावनी दी। कृष्ण की योजना अब पूरी तरह से मेरी समझ में आ चुकी थी, परन्तु एक दर्शक के अतिरिक्त मैं कुछ भी करने की स्थिति में नहीं था। अपनी प्रतिज्ञा पर प्राण देने वाले भीष्म ऐसे किसी भी व्यक्ति पर शस्त्र नहीं उठा सकते थे, जिसने स्त्री के रूप में जन्म लिया हो। भीष्म शस्त्र पूरी तरह से त्याग चुके थे और इसी का लाभ उठाकर अर्जुन के बाण उनके शरीर को छलनी कर रहे थे। कई बाण भीष्म के शरीर को भेद चुके थे। अर्जुन का एक ही बाण प्राणपखेरू उड़ाने के लिए पर्याप्त था, परन्तु भीष्म पता नहीं कौन–सी मिट्टी के बने थे कि पूरा शरीर छलनी हो जाने के पश्चात् भी उनके प्राण शेष थे। हिमालय की तरह अडिग ये वृद्ध और महायोद्धा समरभूमि में धराशायी हो चुका था। भीष्म के गिरते ही सबसे पहले अश्रुओं से भीगा अर्जुन उनके निकट पहुँचा। युधिष्ठिर, दुर्योधन, द्रोण सहित कई योद्धा भीष्म के धराशायी होने का समाचार पाकर उनके निकट एकत्रित हो गये थे। अर्जुन फूट–फूटकर रो रहा था।

शीघ्र ही ये भी स्पष्ट हो गया कि पाण्डवों के मोह में भीष्म ने ही स्वयं को युद्धभूमि से हटाये जाने का मार्ग अपने प्रतिद्वन्द्वियों को बता दिया था। शिखण्डी की आड़ से निःशस्त्र भीष्म पर बाण चलाने में अर्जुन को कष्ट भले ही हुआ हो, लेकिन कृष्ण ने विजय के लिए ऐसा करना आवश्यक बताया। युद्ध और प्रेम में कुछ भी अनुचित नहीं है, सम्भवतः इस कहावत का बीज यहीं से पड़ा होगा।

अश्वत्थामा हतो नरो वा कुंजरो वा

भीष्म के धराशायी होने के बाद ग्यारहवें दिन सेनापतित्व–पताका थामने वाले द्रोण की कृपा भी अर्जुन पर बनी रही, परन्तु पाण्डवों के प्रति सौम्यता दिखाने के बावजूद द्रोण ने द्रुपद और विराट जैसे कुशल योद्धाओं का वध किया। दुर्योधन के काफ़ी दबाव के बाद आचार्य ने चक्रव्यूह–रचना की और चक्रव्यूह भेदन की क्षमता रखने वाले अर्जुन को योजनाबद्ध ढंग युद्धभूमि के दूसरे छोर पर उलझा दिया गया। योजना युधिष्ठिर को बन्दी बनाने की थी, परन्तु सौभाग्यहीन अभिमन्यु वीरगति को प्राप्त हुआ। ये सत्य है कि अभिमन्यु ने चक्रव्यूह भेदन में असाधारण वीरता दिखायी, परन्तु बालक अभिमन्यु में इस व्यूह को भेदने की पूर्ण क्षमता नहीं थी। जिस प्रकार द्रोण की गुरुदक्षिणा के समय पांचालों के साथ युद्ध में दुर्योधन द्रुपद के चक्रव्यूह में जा फँसा था, ठीक उसी प्रकार अभिमन्यु इस युद्ध में द्रोण के चक्रव्यूह में फँस गया था। चक्रव्यूह का अर्थ ही उस व्यूह से है, जिसमें कुशल रणनीति के तहत एक योद्धा को चारों ओर से घेर लिया जाये। पांचाल युद्ध में तो दुर्योधन को कर्ण के कौशल ने बचा लिया था, लेकिन यहाँ अभिमन्यु की सहायता के लिए दूर–दूर तक कोई क्षमतावान धनुर्धर नहीं था। इसके बाद भी यदि अभिमन्यु को घेर कर मारने को अधर्म कहा जाये तो प्रश्न पाण्डव पक्ष से क्यों नहीं किया जाता कि अस्त्र त्याग चुके भीष्म को शिखण्डी की आड़ लेकर मारते समय इस अनैतिकता का सूत्रपात किसने किया था?

इन्हीं सब के बीच युद्धभूमि में दिन भी बदल रहे थे और युद्ध का स्वरूप भी। द्रोण भले ही पाण्डव भ्राताओं के विरुद्ध सौम्य युद्ध कर रहे हों, लेकिन युद्ध विशारद आचार्य की ये सौम्यता भी पाण्डवों पर भारी पड़ रही थी। अर्जुन और भीम के अतिरिक्त पूरे पाण्डव पक्ष में कोई भी ऐसा योद्धा न था, जो आचार्य के साधारण से बाणों को भी झेल सके। पाण्डवों की सेना का तेज़ी से विनाश हो रहा था। जीवितों से अधिक संख्या शवों की बढ़ने लगी। मुझे लग रहा था कि आचार्य अपने प्रिय पाण्डवों का वध भले ही न करें, लेकिन युद्धभूमि में शत्रु की सेना का आकार ही यदि इस प्रकार से घटाते रहे तो भी दुर्योधन की विजय को कोई नहीं रोक सकेगा। परन्तु अचानक ही आचार्य को जाने क्या हुआ, वे शोकमग्न हो शस्त्र त्यागकर बीच रणभूमि में पद्मासन लगाकर बैठ गये! हम सभी आश्चर्यचकित थे कि क्यों आचार्य अचानक इस प्रकार बीच समर में असुरक्षित ढंग से विरथ होकर बैठ गये हैं! मैंने दुर्योधन से अश्वत्थामा को बुलवाने को कहा, परन्तु अश्वत्थामा रणक्षेत्र के अन्य छोर पर था। मैं शत्रु पक्ष की कुटिल योजना को भाँप गया। मैंने चीख़कर दुर्योधन से कहा कि आचार्य को सूचित करो कि अश्वत्थामा पूर्णतः स्वस्थ और सुरक्षित है। दुर्योधन मेरी बात को समझ नहीं पाया और इससे पहले कि ये सन्देश आचार्य तक पहुँचता, धृष्टद्युम के खड्ग से आचार्य का मस्तक कटकर भूमि पर पड़ा हुआ था। सभी कौरव योद्धा स्तब्ध थे। किसी को समझ ही नहीं आ रहा था कि कुछ ही क्षणों पहले तक पाण्डव पक्ष में मृत्यु का ताण्डव करने वाले आचार्य इतनी सरलता से कैसे मारे जा सकते थे। पद्मासन में बैठे निःशस्त्र आचार्य के शीश काटे जाने का दृश्य देखकर अर्जुन अपने क्रोध पर नियन्त्रण नहीं रख सका। अर्जुन से आचार्य का स्नेह किसी से छिपा नहीं था। क्रोध से काँपता अर्जुन अपनी तलवार लेकर धृष्टद्युम को मारने दौड़ पड़ा। यदि मधुसूधन ने मध्यस्थता करते हुए अर्जुन को न रोका होता तो कदाचित् वह उसी क्षण धृष्टद्युम के प्राण ले लेता।

कुटिल षड्यन्त्र या योजना बनाने में मेरा और विदुर का कोई मुक़ाबला न था, परन्तु श्रीकृष्ण को जानने के पश्चात् मुझे लगा कि उनके विचारों का आदि और अन्त समझना तो दूर, देख पाना भी मेरे लिए सम्भव नहीं था। मुझे पूरा विश्वास है कि द्रोण के वध के लिए जो योजना बनाई गयी थी, उसे कृष्ण के अतिरिक्त कोई बना ही नहीं सकता था। शस्त्र धारण किये हुए द्रोणाचार्य को पराजित या उनका वध करने की क्षमता पाण्डव पक्ष के किसी भी योद्धा में नहीं थी। द्रोण–वध के लिए योजना बनाकर उनके पुत्र अश्वत्थामा की मृत्यु का भ्रामक समाचार उन तक पहुँचाया गया। कृष्ण ये भली–भाँति जानते थे कि पुत्र मोह से ग्रसित द्रोण के लिए अश्वत्थामा की मृत्यु एक ऐसा समाचार होगा, जो उनके हृदय को चीर देगा और इसके बाद वे शस्त्र धारण करने की स्थिति में ही नहीं रह जायेंगे, परन्तु समस्या ये थी कि भीष्म के वध के लिए पाण्डवों ने जिस कुटिलता का परिचय दिया था, उससे आचार्य भी परिचित हो चुके थे। ऐसे में अश्वत्थामा की मृत्यु के भ्रामक समाचार को वे सत्य मान लेंगे, इसमें भी सन्देह था। द्रोणपुत्र अश्वत्थामा भी कोई साधारण योद्धा नहीं था, जिसे सरलता से मारा जा सके। आचार्य अवश्य ही इस समाचार की सत्यता को परखना चाहेंगे। धर्मराज युधिष्ठिर महान सत्यवादी के रूप में पहचाने जाते थे। यदि युधिष्ठिर समाचार की सत्यता प्रमाणित कर देंगे, फिर तो आचार्य को कोई सन्देह ही नहीं होगा। युधिष्ठिर के लिए असत्य भाषण सम्भव नहीं था तो कृष्ण ने इसके लिए भी योजना बनायी और युधिष्ठिर को अर्धसत्य बोलने के लिए मना लिया गया। अश्वत्थामा का वध सम्भव नहीं था। अतः उसे युद्ध में उलझाकर रणक्षेत्र के दूसरे छोर पर ले जाया गया। इसी बीच भीम ने अश्वत्थामा नाम के गज का वध कर दिया और यह अर्द्धसत्य समाचार प्रसारित किया गया कि युद्ध में अश्वत्थामा का वध कर दिया गया है। कृष्ण ने जैसा सोचा था, वैसा ही हुआ। आचार्य ने इस समाचार पर विश्वास नहीं किया और सत्य जानने के लिए सीधे युधिष्ठिर के पास

पहुँचे। युधिष्ठिर ने अश्वत्थामा के मारे जाने की बात तो उच्च स्वर में कही, परन्तु मरने वाला अश्वत्थामा मनुष्य नहीं, बल्कि गज था, यह बात इतने मन्द स्वर में कही कि आचार्य सुन ही नहीं सके। पुत्र की मृत्यु का विश्वास होते ही आचार्य निराशा से घिर गये तत्क्षण शस्त्र त्याग पद्मासन में बैठ गये। भीष्म और द्रोण के पतन के लिए पाण्डव पक्ष ने जो कुकृत्य किया था, उसे भविष्य युक्ति कहेगा या फिर कपट, ये तो मुझे ज्ञात नहीं था, परन्तु एक बात निश्चित थी कि इसे पराक्रम तो निश्चित ही नहीं कहा जा सकता। युद्ध के सोलहवें दिन कौरव पक्ष की कमान कर्ण के हाथ में थी। कौरव पक्ष अभी पाण्डवों से किसी भी प्रकार से दुर्बल नहीं था। कर्ण अपने शौर्य और पराक्रम से युद्धक्षेत्र में हाहाकार मचाने में पूर्ण सक्षम था, लेकिन मुझे विश्वास हो चला था कि चाहे कौरव पक्ष में भीष्म, द्रोण या कर्ण जैसे सैकड़ों योद्धा भी क्यों न हों, कृष्ण के आगे सब निस्तेज़ हैं।

सेनापति कर्ण

अपने ही गुरु परशुराम से मिला शाप, इन्द्र के माध्यम से छीने गये कवच और कुण्डल, कुन्ती को चार भाइयों के प्राणदान का दिया वचन, यह दानवीर कर्ण कई सीमाएँ लेकर युद्धभूमि में उतरा था। भीष्म और द्रोण पाण्डवों के प्रति अपने स्नेह के चलते उनका वध नहीं कर सके थे और कर्ण को कुन्ती ने वचन में बाँध लिया था। कुल मिलाकर स्थितियाँ इस बार भी पाण्डवों के पक्ष में ही नज़र आ रही थीं। पाण्डव सेना पर कर्ण काल बनकर टूट पड़ा था और पांचाल युद्ध के समय मैं कर्ण का युद्ध कौशल भी साक्षात देख चुका था, लेकिन इस बार तो उसका स्वरूप अति विकराल और रौद्र था। उसे देखकर ऐसा लगता था कि मानो जीवनभर जिस अपमान और पक्षपात का विष वह पीता रहा है, उस एकत्रित विष का अग्नि के रूप में वमन कर वह सम्पूर्ण युद्ध क्षेत्र को ही भस्म कर देगा। कर्ण के सामने आने वाला प्रत्येक योद्धा या तो पराजित होकर पलायन करने पर विवश था या फिर कर्ण उसे यम का द्वार दिखा रहा था। युधिष्ठिर, नकुल और सहदेव को तो कर्ण ने बार–बार पराजित कर न केवल प्राणदान दिया, बल्कि अपमानित भी किया। भीम जैसे योद्धा को भी कर्ण से पराजय का स्वाद चखना पड़ा, लेकिन कर्ण की रुचि तो इन पाँचों में से केवल और केवल अर्जुन से युद्ध करने की थी। उसके नेत्र अर्जुन के नन्दीघोष को ही ढूँढ़ रहे थे। कृष्ण युद्धभूमि में रहकर भी अर्जुन के रथ को कर्ण से दूर ही रख रहे

थे। कर्ण द्वारा अर्जुन को दी जा रही खुली ललकार के बाद भी अर्जुन का युद्ध के लिए सम्मुख उपस्थित न होना अचरज में डालने वाला था। पता नहीं कर्ण इस बात को कितना समझ पाया था, परन्तु मुझे यह स्पष्ट था कि इसके पीछे भी श्रीकृष्ण द्वारा रचित ही कोई योजना कार्य कर रही थी। अर्जुन को तो बस कृष्ण के कहने पर शरसंधान करना था। मैं स्पष्ट देख सकता था कि श्रीकृष्ण का पूरा प्रयास था कि अर्जुन का सामना कर्ण से न होने पाये। युद्ध के पूर्व नियम बनाया गया था कि सूर्यास्त के बाद युद्ध रोक दिया जायेगा, परन्तु यह और इसके जैसे स्थापित किसी भी नियम का अब कोई अर्थ नहीं रह गया था। राक्षस जाति की शक्तियाँ रात्रि में जागृत होती हैं। अपनी राक्षसी और मायावी शक्तियों का लाभ उठाकर भीम पुत्र घटोत्कच ने कौरव सेना में हाहाकार मचा दिया। कर्ण का लक्ष्य अर्जुन पर केन्द्रित था, परन्तु घटोत्कच कौरव खेमे में जो विनाशलीला मचा रहा था, उसे रोकने का सामर्थ्य कर्ण के अतिरिक्त किसी में नहीं था। परिस्थितियाँ ऐसी निर्मित हो गयीं कि कर्ण को इन्द्र द्वारा प्रदत्त वैजयन्ती शक्ति का प्रयोग घटोत्कच पर करना पड़ा। इधर घटोत्कच का वध हुआ और उधर अर्जुन सुरक्षित हो गया, क्योंकि केवल एक बार प्रयोग की जा सकने वाली कर्ण की वैजयन्ती शक्ति समाप्त हो चुकी थी।

कवच--कुण्डल विहीन, शापदग्ध और वैजयन्ती शक्ति खो चुके कर्ण को अब भी विश्वास था कि वह अर्जुन से कमतर नहीं सिद्ध होगा। इसी आत्मविश्वास के साथ आख़िरकार कर्ण और अर्जुन के मध्य वह ऐतिहासिक युद्ध हुआ, जो न तो इससे पहले कभी हुआ था और काल के अन्त तक कदाचित् ही कभी ऐसा युद्ध हो। कुरुक्षेत्र की वह युद्धभूमि, जहाँ पिछले सोलह दिनों से रक्त की नदियाँ बहायी जा रही थीं, वहाँ ऐसा लग रहा था कि मानों पूरी समर भूमि में केवल दो ही योद्धा मौजूद हों। दोनों ही ओर

से आक्रमण इतना प्रचण्ड था कि शेष योद्धा अपने अस्त्र–शस्त्र थामे केवल कर्ण–अर्जुन के संग्राम को ही देख रहे थे।

युद्ध की तीव्रता अपने चरम पर थी और इसी दौरान नाग वंश के अश्वसेन ने कर्ण के पास आकर उसे अपने अचूक विष का प्रयोग करने का प्रस्ताव दिया। ये एक ऐसा विष था, जिसे बाण पर चढ़ाने से साधारण बाण भी एक अमोघ दिव्यास्त्र की भाँति ही उपयोगी हो सकता था। कर्ण ने इस विष का प्रयोग किया या नहीं, ये तो मुझे स्पष्ट नहीं हुआ, परन्तु इसके अगले ही क्षण कर्ण द्वारा छोड़ा गया एक बाण अर्जुन की ग्रीवा छेदने को ही था कि श्रीकृष्ण ने अद्‌भुत सारथ्य का परिचय देते हुए अश्वों को पलक झपकते घुटनों के बल बैठा दिया और कर्ण का बाण अर्जुन की ग्रीवा के स्थान पर उसके मुकुट को ही भेद पाया। कर्ण–अर्जुन का युद्ध अब कुरुक्षेत्र के उस भाग में पहुँच चुका था, जहाँ इतने दिनों से बहकर आ रहे रक्त की अधिकता के कारण भूमि नम और कीचड़मय हो गयी थी। दोनों ओर से पूरे वेग से चल रहे बाणों को सभी साँस रोके देख रहे थे। कर्ण और अर्जुन दोनों लहूलुहान हो चुके थे। अचानक कर्ण के रथ का चक्र कीचड़ के कारण बने गड्ढे में फँस गया। कर्ण रथ से उतरकर पहिये को निकालने का प्रयास करने लगा। अर्जुन ने भी अपने गाण्डीव को विश्राम दिया, परन्तु श्रीकृष्ण ने अर्जुन से कुछ कहा, अर्जुन ने आश्चर्य से कृष्ण की ओर देखा, मानो कृष्ण के निर्देश से वह कदापि सहमत न हो। कृष्ण ने अपनी बात को दोहराया और अर्जुन ने गाण्डीव निःशस्त्र कर्ण की ओर तान दिया। अर्जुन के ऐसा करने से न केवल कर्ण, बल्कि कुरुक्षेत्र में उपस्थित हर योद्धा अचरज में था। अर्जुन की छवि एक महावीर की थी और वह एक निःशस्त्र योद्धा पर बाण चलायेगा, इसकी कल्पना तक किसी ने नहीं की थी, लेकिन जिसकी कल्पना नहीं थी, वही हुआ और अपने धनुष की टंकार मात्र से पूरी युद्धभूमि को थर्रा देने वाले कर्ण का शीश अर्जुन द्वारा चलाये बाण से पलभर में उसके धड़ से पृथक् हो गया।

इस महायुद्ध में धर्म किसके पक्ष में था, मुझे पता नहीं, लेकिन युद्ध में सहभागी प्रत्येक योद्धा, चाहे वह भीष्म हों, द्रोण हों, कर्ण हो या फिर एक साधारण सैनिक ही क्यों न हो, सभी अपना–अपना धर्म निभाने में लगे थे। कौरवों के तीन सेनापति रणभूमि की भेंट चढ़ चुके थे। तीनों ही के हाथों में शस्त्र रहते उन्हें मारना किसी पाण्डव सूरमा के लिए सम्भव नहीं हो पाया था। जिस प्रकार से इन तीनों को शस्त्रहीन करने के बाद ही समाप्त किया जा सका, क्या वह सब कृष्ण की कूटनीति का भाग था?

कर्ण के वध के बाद तो दुर्योधन स्वयं को अपूर्ण ही अनुभव कर रहा था। उसकी शक्ति, उसका बल, उसका आत्मविश्वास, सभी कुछ अधूरा हो गया था। शल्य को सेनापतित्व सौंप दिया गया था, पर मैं जानता था कि अब दुर्योधन और मेरा अन्त भी निकट ही है। कुरुक्षेत्र की धरा पर अब तक मैं इतने शव देख चुका था कि मृत्यु का भय समाप्त हो चुका था। उत्सुकता केवल इस बात की थी कि मेरी मृत्यु दुर्योधन के पूर्व होगी या बाद में। तभी युद्धभूमि में महत्त्वहीन समझे जा रहे सहदेव ने मुझे युद्ध के लिए ललकारा। मेरे मुख पर मुस्कुराहट आ गयी। मुझे लगा कि श्रीकृष्ण ने मुझ पर असीम कृपा कर सहदेव को मेरे पास भेजा है, ताकि दुर्योधन की दुर्गति देखने से पहले ही मुझे मृत्यु प्राप्त हो सके। मैंने सहदेव का युद्ध निमन्त्रण सहर्ष स्वीकार कर लिया।

मैं जानता था कि ये युद्ध मेरे जीवन का प्रथम और अन्तिम युद्ध है। सहदेव के लिए यह अपना पराक्रम दिखाने का सबसे उचित व सुरक्षित अवसर था। इस महायुद्ध के पासे बिछाने वाले व्यक्ति के वध का श्रेय सहदेव के खाते में जा रहा था। कुछ ही क्षणों के मुक़ाबले के बाद सहदेव का खड्ग मेरे शरीर के आर–पार हो गया। अब मेरे पास जीवन के कुछ ही क्षण शेष थे। इन अन्तिम क्षणों में भी मेरे मन में कई प्रश्न बार–बार उभर रहे थे। मैं ये नहीं कहता कि इस महायुद्ध में कौरवों ने या शकुनि ने छल या कपट का सहारा नहीं लिया, लेकिन शकुनि

की प्रत्येक योजना को षड्यन्त्र, विदुर की योजना को नीति और यदि योजना श्रीकृष्ण की हो तो उसे लीला मान लेना कैसे स्वीकार किया जा सकता है?

सवाल आपसे भी है कि क्या मैं अकेला या सबसे बड़ा खलनायक हूँ इस महागाथा का?

❑❑